みぢかな商法入門

酒巻 俊雄 編
石山 卓磨

不磨書房

はしがき

　本書は，商法の全体像を把握してもらうことを目的とした，初学者向けの入門書である。商法の対象領域は広範であり，全体を認識した上で個別領域の学習を深めていくことは決して容易なことではない。どうしても知識は断片的となりがちである。そこで，われわれは，まず手頃な1冊の書物を通じて商法の全体が鳥瞰でき，その後に各自が強く関心を抱いた分野に研究を集中していくための契機となるような書物がないものか，という思いを久しく胸にひめてきた。本書は，日頃同じ思いを抱きながら教壇に立つ者同士が分担して執筆したものであり，各人各様の講義体験をふまえつつ，初学者にどうしても基本として知っておいてもらいたいことが述べられている。

　昨今の経済動向ならびにそれに対応しての法的環境にはめまぐるしいほどの変化が見られるが，その顕著な例の一つが商法の改正動向である。普遍的な根本原理に立脚しつつ積み重ねられていく個別的な改正の内容を十分に理解するためにも，初学者には高度な基本的知識の修得が要求されている。その点，本書においては高度かつ今日的な問題も平易に説かれており，将来特定テーマで研究を深化させる段階にいたっても，その問題の位置づけを確認するにあたり，本書は役に立つことであろう。商法という大海原に船出しようとする諸君にとって，本書がよき導きの書であることを願ってやまない。

　本書を出版するに際しては，不磨書房の稲葉文彦氏のご助力を得た。執筆者の方々と同氏に対し，衷心より感謝の意を表したいと思う。

2000年3月

編者　酒巻　俊雄
　　　石山　卓磨

目　次

はしがき

第1編　商法総則

第1章　商法とはどのような法か……………………………………2
1　商法と民法はどうちがうか　*2*
2　商法の特色　*6*

第2章　企業の主体……………………………………………………10
1　商人とはなにか　*10*
2　商行為にはどのような種類があるか　*14*
3　いつ商人となり，いつ商人でなくなるか　*20*

第3章　企業に関する諸制度…………………………………………22
1　商号はどのように保護されるか　*22*
2　名板貸とはなにか　*26*
3　商業登記を行うとどんな効果が生じるか　*28*
4　商業帳簿にはどのようなものがあるか　*31*
5　営業の譲渡とはなにか　*33*

第4章　企業の組織……………………………………………………37
1　商業使用人と代理商にはどのようなちがいがあるか　*37*
2　本店と支店はどうちがうか　*42*

第2編　会　　社

第1章　会社の種類……………………………………………………48
1　合名会社はどのような会社か　*48*
2　合資会社はどのような会社か　*49*

vi　目　次

　　　　3　有限会社はどのような会社か　*50*
　　　　4　株式会社はどのような会社か　*53*

　第 2 章　株 式 会 社 ……………………………………………………*57*
　　　　1　株式会社はどのようなものか　*57*
　　　　2　株式会社を設立するにはどうすればよいか　*60*
　　　　3　株式にはどのような種類があるか　*67*
　　　　4　株主にはどのような権利があるか　*77*
　　　　5　株主名簿はどのような機能を持つ制度か　*83*
　　　　6　端株と単位未満株はどうちがうか　*89*
　　　　7　株式会社の機関構造はどのようになっているか　*96*
　　　　8　株主総会ではなにが決議されるか　*98*
　　　　9　取締役・取締役会・代表取締役の相互関係とはどのような
　　　　　ものか　*103*
　　　10　取締役は会社に対してどのような義務と責任を
　　　　　負っているか　*109*
　　　11　株主代表訴訟制度とはなにか　*112*
　　　12　取締役の違法行為の差止請求権とはなにか　*114*
　　　13　取締役は第三者に対してどのような責任を負うか　*115*
　　　14　株式会社の監査システムはどうなっているか　*119*
　　　15　資本と準備金はどうちがうか　*125*
　　　16　会社の計算と利益の配当はどのように行われるか　*128*
　　　17　資本調達方法にはどのようなものがあるか　*135*
　　　18　会社の合併・分割はどのように行われるか　*138*

第 3 編　各種の企業取引

　第 1 章　企業取引の特則 ……………………………………………*148*
　　　　1　商行為一般に関してどのような特則があるか　*148*
　　　　2　当事者の一方が商人である場合どのような特則
　　　　　があるか　*153*

3　当事者双方が商人である場合の商行為に関する特則にはどのようなものがあるか　*154*

第2章　普通取引約款 ·· *156*
　　　1　普通取引約款にはどのようなものがあるか　*156*
　　　2　普通取引約款はなぜ法的効果をもつのか　*156*

第3章　商 事 売 買 ·· *161*
　　　1　民事売買と商事売買はどうちがうか　*161*
　　　2　消費者保護のためにどのような法律が定められているか　*166*

第4章　代理営業・仲立営業・問屋営業 ································ *170*
　　　1　代理営業と仲立営業はどうちがうか　*170*
　　　2　問屋をめぐる法律関係とはどのようなものか　*174*

第5章　運送営業・運送取扱営業 ······································ *176*
　　　1　運送営業にはどのような種類があるのか　*176*
　　　2　運送取扱人にはどのような権利と義務があるか　*184*

第6章　倉庫営業と場屋営業 ·· *188*
　　　1　倉庫営業者にはどのような義務と責任があるか　*188*
　　　2　場屋営業者にはどのような義務と責任があるか　*190*

第7章　金　融　業 ··· *192*
　　　1　銀行はどのような営業をするのか　*192*
　　　2　信託会社はどのような営業をするのか　*204*
　　　3　保険会社はどのような営業を行っているのか　*208*
　　　4　証券会社はどのような営業を行っているのか　*217*

第4編　企業取引の決済
第1章　各種の資金決済方法 ·· *224*
　　　1　企業の決裁方法にはどのようなものがあるか　*224*
　　　2　銀行振込と銀行振替はどうちがうか　*227*

3　乗車券，回数券，プリペイド・カードは
　　　　どうちがうか　*228*
　　4　クレジット・カードの仕組みとはどのようなものか　*230*
第2章　手形・小切手 …………………………………………………*232*
　　1　手形・小切手にはどのような経済的機能があるか　*232*
　　2　手形・小切手はどのように振り出すか　*238*
　　3　手形・小切手はどのようにして譲渡するか　*242*
　　4　手形・小切手はどのようにして決済されるか　*248*
　　5　手形・小切手の不渡処分とはなにか　*253*
　　6　手形・小切手を紛失した場合にはどうするか　*255*

事項索引

参考文献

江頭憲治郎「商取引法（第2版）」弘文堂（1996年）
森淳二朗・藤田勝利編「商法総則・商行為（エッセンシャル商法2）」有斐閣（1996年）
丸山秀平「商法総則・商行為法」東林出版社（1998年）
弥永真生「リーガルマインド商法総則・商行為法」有斐閣（1998年）
蓮井良憲・森淳二朗編「商法総則・商行為法（新商法講義1）」法律文化社（1998年）
近藤光男「商法総則・商行為法（第3版）」有斐閣（1999年）
酒巻俊雄・森淳二朗編「現代青林講義　会社法」青林書院（1995年）
鈴木竹雄「新版会社法（全訂第5版）」弘文堂（1995年）
森本滋「会社法（第2版）」有信堂（1996年）
龍田節「会社法（第5版）」有斐閣（1996年）
岸田雅雄「ゼミナール会社法入門」日本経済新聞社（1996年）
北澤正啓「会社法（第5版）」青林書院（1998年）
河本一郎「現代会社法（新訂8版）」商事法務研究会（1999年）
石山卓磨「集中講義　会社法（第2版）」成文堂（1999年）
末永敏和「会社法―基礎と展開―」中央経済社（1999年）
永井和之「会社法（第2版）」有斐閣（2000年）
戸田修三「海商法（3訂版）」文真堂（1984年）
酒巻俊雄・石山卓磨編「現代青林講義　保険法・海商法」青林書院（1997年）
山下友信・竹濱修・洲崎博史・山本哲生「有斐閣アルマ保険法」有斐閣（1999年）
前田庸「手形法・小切手法入門」有斐閣（1989年）
蓮井良憲・酒巻俊雄編「青林法学双書　手形・小切手法」青林書院（1993年）
田邊光政「最新手形法小切手法（3訂版）」中央経済社（1997年）
河本一郎・大武泰南「証券取引法読本（第4版）」有斐閣（2000年）

第1編

商法総則

第1章 ■ 商法とはどのような法か

1　商法と民法はどうちがうか

(1)　商法の意義

(a)　**商法入門以前**　商法の初学者の中には，「法律の全体系中に占める商法の位置づけを明確にしないまま，商法の知識を断片的にふやしても何となく不安で足下がおぼつかなく，知識も明確なものになってこない」という気持をいだいている人が多いのではなかろうか。まず，「商法」という言葉は，「実質的意義における商法」として，あるいは，「形式的意義における商法」として使われており，「形式的意義における商法」とは，商法という名称を付された法典すなわち「商法典」を意味することを明らかにしておこう。わが国の商法典は，最初，ドイツ人のヘルマン・ロエスラーの起草により明治23年に公布されたが，これは一部の施行があったにとどまり，現行の商法典は明治32年に公布・施行されている。ドイツ商法を母法としているが，以後，商法典中，とくに会社法分野で頻繁に改正が加えられてきており，昭和25年の改正以降は英米法からの継受・導入も著しい。しかし，ここでは，商法典に限定せず，「理論的な立場において統一的に把握される特別の法領域としての商法」すなわち「実質的意義における商法」について述べることにしよう。

ところで「法（＝広義の法律）」とはなにか。これについては人により，また，時代によりさまざまな解釈がなされてきている。しかし，ここでは，商法の把握を究極の目的とするかぎりにおいて必要な範囲内で考察することにしよう。してみれば，「法」とは「人」と「人」との「権利・義務」関係を定める「社会的生活規範」といえるのではなかろうか。社会的生活規範とは社会活動をなすにあたっての是非善悪の判断基準をいうが，これには「法」のほかに「道徳」もある。道徳に違反しても内面的な良心の呵責を感じたり社会的評価の低

下を招くだけであり、法律違反の場合のように国家による物理的制裁を受けることはない。これに対し、「法」はその違反に対する国家的制裁の存在により実効性が担保された社会的生活規範といえるであろう。なお、「権利」とは法律上の利益の保護ないし享受が法律によって認められたあくまでも法律上の力であり、「義務」とは作為や不作為を内容とする一定の不利益の受忍が強要される法律上の拘束として理解できるであろう。この場合の「人」という言葉も、あくまでも法律用語としての「人」であり、「権利」と「義務」の帰属主体を意味しているのであって、決して日常用語の「人」のように男と女からなる人間を意味するものではない。法律用語としての「人」は、さらに「法人」（法によって権利・義務の帰属主体として創造されたもの、公法人・私法人など）と「自然人」（法人以外の権利・義務の帰属主体である個人）からなりたっていることをも確認しておこう。なお「法人」は、特定の国家目的のために設立された「公法人」（最広義では国家・地方公共団体も含まれる）と内部の法律関係に国家の強制的権力作用が及ばない「私法人」とに大別される。

さて、「法」は、「国家」と「私人」の縦の関係における権利・義務関係を定める「公法」と、「私人」と「私人」の横の関係における権利・義務関係を定める「私法」に大別される（もっとも、所有権の絶対性と契約自由の原則を本質とする近代市民法に対し社会福祉政策の観点から修正をせまる「社会法」という領域もあるがここでは触れない）。そして、「民法は私法の一般法であり、商法は私法の特別法である」といわれている。それでは、商法とは、民法と比較した場合、私法上どのような規制対象を有する法といえるのであろうか。

(b) 商法の対象　商法の対象をめぐる学説史においては、まず、商法の対象は「固有の商」（＝経済上の商・固有の商業）であると解する歴史説が登場した。この場合「固有の商」とは生産者と消費者との中間に介在して財貨転換の媒介をなす営利行為、分かりやすくいえば「安く仕入れて、高く売り、利ざやをかせぐこと」を意味する。この説によれば、商法の対象は、歴史的には、この「固有の商」のみならず、これを補助する「補助商」（＝補助的商業）すなわち仲立業・代理業・問屋業・倉庫業・運送業・銀行業などに拡張し、ついで製造業や加工業も含まれ、さらに、以上の諸営業と同様の営業方式で営まれる「第三種の商」すなわち賃貸業・演劇業・出版業・電気供給業などにまで拡張

してきたと解される。

　しかし，今日の通説である企業説（＝企業法説）は，実質的意義における商法とは「企業関係に特有な法規の総体」であるとして，商法の対象を「企業」に求めている。もっとも「企業」の定義づけは人によりさまざまなのであるが，ここでは「営利獲得を目的として一定の行為を継続的・反復的に行う経済的・法律的な主体」と解しておこう。このように「商法」を「企業」に関する法規範と解すると，商法を構成する二大要素である「商人」と「商行為」とは「企業主体」と「企業活動」を意味することになる。ところで，企業説に立った場合，問題となるのは「手形・小切手法」の扱いである。手形・小切手は，今日，企業以外の一般人にも広く利用されているからである。この点，企業説内部では，これを商法の範囲から除外する手形法非商法説と商法の一部と解する手形法商法説とに分かれている。手形・小切手は沿革的にみて企業取引の手段として発達してきており，今日でもその性格が濃厚である。手形・小切手法はその技術性・合理性において他の商法領域と共通する性質を有していることから，本書では商法に含めて扱うことにする。

（2）　商法の独自性

　(a)　商法と民法の関係　　商法は企業法とはいうものの，商法は企業に関する法律関係をあますところなくすべて規定しているわけではない。企業関係の特殊性にもとづき私法の一般法である民法の規定では不十分・不適当な領域について商法が規定しているわけであって，その意味では，商法は民法の特別法ともいえるであろう。いずれにせよ，企業関係については多かれ少なかれ民法と商法の適用が交錯するのが常であり，たとえば売買ひとつとってみても，民法上の売買規定（民555条以下）と商法上の商事売買規定（524条以下）の双方が適用されるのである。このような関連性を商法規定にみると，おおむね以下の三種類に分かれる。すなわち，①個々の民法規定を補充・変更するにすぎないもの（商事時効（522条）・商事売買（524条以下）），②民法上の一般制度の特殊化された形態を規定するもの（商業使用人（37条以下）・代理商（46条以下）・会社（52条以下）・仲立営業（543条以下）・問屋営業（551条以下）・運送営業（569条以下）・倉庫営業（597条以下）），③民法にまったく存在しない特殊な制度を創設するもの（商業登記（9条以下）・商号（16条以下）・商業帳簿（32条以下）），である。

このような民法と商法の関係をみて，民法に対する商法の自主性・独自性に疑問を呈する民商二法統一論の立場もある。すなわち，①一般生活が進歩発達した今日，商法規定の大部分はすべての生活関係で適用されており，取引の簡易迅速・信用の強化など商法が提供する便益を商法にのみ留保すべき正当な理由はもはや存在しない，②民法典と商法典の並立は法律適用上無用の混乱をもたらし取引の安全・敏活を阻害するので，両法典を一個の法典に統一すべきである，とするものであって，商法典を有さない英国や法典上二法を統一しているスイス債務法などを適例としている。しかし，相対的にせよ企業関係が一般生活関係から区別されており，企業関係における特殊性が独自の法規制を必要としている以上，商法という独自の法領域が形成されているとみるのがわが国の一般的傾向である。

(b) 民法の商化現象　「民法の商化現象」には二つの現象がある。一つは，商法においてはじめて承認・形成された原則や法規が民法の原則に移行していく現象である。これには，契約・取引自由の原則，法律行為の方式自由の原則，損害賠償額に喪失利益を包含させること，債務者が履行補助者の行為につき責任を負担すること，破産制度，などがある。もう一つは，逆に，本来は民法に属する法律制度や法律関係が商法の支配下に移行する現象である。これには，かつては民法の支配に服していた商行為以外の営利行為をなすことを目的とした社団が明治44年の商法改正で民事会社とみなされるにいたったこと（52条2項），店舗その他類似の設備による物品の販売業者が商人とみなされるにいたったこと（4条2項），非営利目的のために会社制度が利用されること，商人の相手方たる非商人にも商法が適用されること（3条），絶対的商行為が認められる非商人も商法の適用に服すること，手形利用が商人から一般人にも解放されるにいたったこと，などがあげられる。このように，商法は一方においてその支配領域を漸次民法に譲りつつ，他方では企業関係における新たな制度・法規を創造しており，民法と商法は支配領域を移動させつつ，併存し続ける関係にあるのである。かつてドイツの大商法学者ゴルトシュミットは，商法と民法とを氷河の上流と下流にたとえて，「下流においては融けゆく万年雪が一般の沈澱物と融合するが，上流においては常に新たな万年雪が形成されている」と説明している。

2 商法の特色

(1) 企業組織の確立にかかわる特色

　商法が企業関係に特有な法として企業の健全な発展をはかることを目的とするものである以上，そこには，「企業組織の確立」と「企業活動の円滑」という二大理念が横たわっている。そこで，まず「企業組織の確立」という理念であるが，これには以下のように分類される特色がある。

　(a) 企業形態の多様性　　企業形態としては，個人企業・組合企業・会社企業に分かれるが，商法は，会社企業として合名会社・合資会社・株式会社・有限会社の四形態を定めて詳細に規定している（さらに船舶共有（693条以下）・匿名組合（535条以下）もある）。企業組織に関しては，商法上，①資本の糾合・集中，②労力の補充，③危険の分散，④有限責任，といった特色が認められる。①は，企業がその機能を十分に発揮するためには物的基礎として多額の資本を必要とするので，商法は，各種の企業形態を定めるほか，資本調達の便宜をはかる各種の方策を講じているということであり，株式や社債などに関する制度がある。②は，企業にとって必要不可欠な人的基礎の需要に関し，商法は，商業使用人（37条以下）・代理商（46条以下）・仲立人（543条以下）・問屋（551条以下）・合名会社（62条以下）・船長（705条以下）といった制度を設けているということである。③は，不断に損出の危険にさらされている企業のため，商法は，株式制度・保険制度・共同海損制度など，各種の危険分散制度を設けているということである。④は，およそ人たるものは，本来，自己の有する全財産をもって責任を負担すべきであり無限責任原則が本則であるが，企業関係にあっては企業の所有と経営の分離によりあるいは衡平の原則により，当事者の責任を一定額あるいは特定財産に限定する有限責任の原則が定められている場合が少なくないということである。責任が一定の額に限定されており，その範囲内で自己の全財産をもって責任を負う場合を人的有限責任といい，責任が一定の物または財産に限定される場合を物的有限責任というが，商法上，合資会社と有限会社の有限責任社員（157条，有17条）・株式会社の株主（200条）・共同海損分担者（791条）・船舶所有者（船主責任制限3条・7条）などについては人的

有限責任が，預証券所持人（607条）・積荷を委付した利害関係人（712条）・海難救助料支払義務者（803条・812条）などについては物的有限責任が規定されている。

(b) **企業組織の段階制**　共同企業においては，商法上，各企業形態に応じて内部組織が整備されている。大企業に適する株式会社においては機関分化が著しく関連規定の多くは強行規定であるが，合名会社の場合には機関分化がほとんどなく任意規定が多い。企業は人的組織についても法的整備がなされる必要があり，商業使用人や船長に関しては代理権を中心とした規定が設けられている（37条以下・713条以下）。

(c) **企業維持の原則**　これは，いったん成立した企業については可能なかぎりその存続をはかろうとする法原則をいい，①存続の基礎を強化して企業の独立性を保持せしめようとする局面と，②企業解体の危険を回避させようとする局面，とがある。

①としては，個人企業の場合には，商人個人とは別個の商号制度（16条以下）・私有財産と企業財産とを分離させるための商業帳簿制度（32条以下）・商人個人の住所とは別個の営業所（9条）・商人個人の家事使用人とは別の商業使用人（37条以下）などに関して規定があり，会社企業の場合には，法人格の付与（54条1項）により，企業は社員から絶対的に独立させられている。

②に関しては，企業ないし営業をそのまま他に譲渡する営業譲渡制度（24条以下）・合併制度（56条・98条以下・408条以下）・会社継続制度（95条・97条・406条）・整理制度（381条以下）・更生制度（会社更生法）・株主や社員が1人になっても会社が解散しない一人会社制度（404条，有69条）などに関して，企業の解消回避を企図した諸規定が設けられている。

（2）　企業活動の円滑にかかわる特色

これには，①自由主義，②営利主義，③迅速主義，④外観主義，⑤公示主義，⑥厳格責任主義，がある。

①としては，契約の締結・方式・内容の自由，企業開始・終了の自由，企業の種類・形態選択の自由，などがある。

②に関しては，商法を構成する二大中心概念である商人と商行為において営利性が盛り込まれており，個々の企業活動においても，商人の報酬請求権

(512条)・商人に関する法定利息請求権（513条)・商行為債務の法定利率（514条）などに関し営利性が承認されている。

③に関しては，商行為ないし契約の締結・履行・関係処理につき迅速化を指向した諸規定が設けられている（商行為代理の非顕名主義（504条)，契約申込の効力（507条・508条)，諾否通知義務（509条)，売主の供託権・競売権（524条)，運送人の運送品供託権・競売権（585条・586条)，確定期売買の解除（525条)，買主の目的物検査・瑕疵通知義務（526条)，商事債権の短期消滅時効（522条・566条・589条・626条・765条）など)。

④は，迅速になされるべき企業取引の安全保護のため，内実を十分に調査しないまま外観を信頼して取り引きした第三者におけるその外観に対する信頼を保護しようとする原則をいう。外観主義の尊重・徹底を支える法理としては，ドイツ法上の外観法理ないし法外観説（Rechtsscheintheorie）と英米法上の禁反言則ないし禁反言の原則（Rule of Estoppel）があるが，いずれにおいても，ⓐ法律上有意義な外観が存在し（外観事実の存在)，ⓑこの外観を第三者ないし取引の相手方が真実と信頼し（第三者の信頼)，ⓒこの外観作出に本人が原因を与えているならば（本人の与因行為・帰責事由)，本人がその外観の不実を主張することは禁ぜられ，第三者の信頼が保護されて，本人が責任を負うことになる。商法中にはこの趣旨に立脚した責任規定が多く，不実登記（14条)・名板貸（23条)・営業譲受人（26条・28条)・表見支配人（42条)・自称社員（83条・159条)・退社員（93条)・擬似発起人（198条)・表見代表取締役（262条)・匿名組合員（537条）などに関する責任規定や，会社の設立・合併の無効判決の不遡及（136条3項＝110条，428条3項＝136条3項・110条)，有価証券の文言性（572条・602条・776条)，善意取得（229条・519条，手16条2項，小21条）に関する規定などがある。

⑤は，企業取引にとって重要と認められる事項をあらかじめ公示させ一般に周知させる主義をいう。商業登記制度（9条以下）が典型であるが，定款における公告方法の表示（166条1項9号・4項)，定款・株主総会や取締役会の議事録・株主名簿・計算書類などの備置（244条3項・260条ノ4第3項・263条・282条)，あるいは株式申込証や貨物引換証の記載事項の法定（175条2項・280条ノ6・571条2項）などに関する規定がある。

⑥は，企業者の責任を強化することにより取引の安全を保護しようとする主義であり，ⓐ商人の注意義務を加重するものとして，商人間売買における目的物の検査・通知義務（526条）が，ⓑ特殊の企業者に無過失責任を課すものとして，場屋取引業者における受寄物に関する責任（594条1項）・船主の堪航能力担保義務（738条）がある。そして，ⓒ多数債務者の連帯債務として，商行為による多数債務者の連帯（511条1項）・相次運送人の損害賠償責任（579条・766条）が，ⓓ特殊な場合の履行担保責任として，仲立人（549条）や問屋（553条）の履行担保責任が，最後にⓔ海上運送人における免責約款の制限（739条）などがある。

第2章 ■ 企業の主体

1 商人とはなにか

(1) 意　義

　わが商法は，その規制の対象たる企業を営業とよび，その営業の主体を商人とよんでいる。商法典は，商行為の概念を定め，この商行為の概念から商人の概念を導き出すという方法をとっている。すなわち，商法は，商人とは自己の名をもって商行為をなすを業とする者をいうと規定する（4条1項）。これは，本来の商人であるという意味において，講学上，固有の商人とよばれる。しかし，このように商行為概念を固定的に定めることは，経済の発展にともなって生じる新たな種類の営業を包摂できないという不都合がある。

　そこで，昭和13年の商法改正に際して，商行為概念を離れて商人概念を拡張し，店舗その他これに類似する設備により物品の販売をなすを業とする者，鉱業を営む者および民事会社も商人とみなされるにいたった（4条2項）。これらの商人は，講学上，擬制商人とよばれる。

(2) 種類（固有商人・擬制商人・小商人）

　(a) 固有の商人　　固有の商人であるためには，以下の要件をみたす必要がある。

　第一に，固有の商人は，「自己の名をもって」商行為をなすことを要する。「自己の名をもって」とは，法律上その行為から生ずる権利義務の帰属主体となることをいい，自ら営業活動を行うかどうかには関係がない。たとえば，親権者が未成年の子のために，または支配人が営業主のために営業を代理する場合，未成年者または営業主が商人であって，親権者または支配人が商人になるのではない。会社の場合，代表取締役が会社のために営業活動をするが，商人となるのは会社であって代表取締役ではない（大判昭和12年11月2日判決全集4

輯1085頁)。また，法律上権利義務の主体となるということは，行政官庁に対する届出名義(大判大正8年5月19日民録25輯875頁，大判昭和5年10月16日新聞3198号15頁)や納税義務(東京地判大正12年2月26日新聞3256号19頁)とは関係ない。さらに，権利義務の帰属主体になるかぎり，営業の資本が誰に帰属するか，誰の計算で行われるか，得た利益が何に使用されるかを問わない。したがって，たとえば夫が妻の財産により営業をなし，子が父の計算において営業をなす場合にも，夫または子が商人であって，妻や父は商人ではない。

　第二に，固有の商人は，「商行為をなす」者である。ここに「商行為」とは，501条・502条および特別法(担信3条・29条2項，信託6条，無尽2条)に商行為として定められている行為，すなわち基本的商行為を意味する。

　第三に，固有の商人は，商行為をなすことを「業とする」者である。ここに「業とする」とは，利益を得る目的すなわち営利の目的をもって同種の行為を反復継続して行うことをいう。要するに営利性ということであるが，この営利性は必ずしも厳格に考える必要はない。すなわち，利益が現実に得られなくてもよく，また得られた利益の多寡も問題とはならない。さらに，営利の目的が唯一の目的であることを要しない(たとえば，百貨店など。大判大正15年9月21日刑集5巻423頁)。また，同種の行為の反復を要するから，一定期間継続してなす意図のあることが必要であり(期間の長短は問わない)，したがって計画的でなければならない。そして，計画に属する最初の行為が行われたときに，営業がなされたものとされる。得られた利益の処分方法についても一般に制限はない。国家その他の公法人が財政目的のために営業を営むことができるのはそのためである。同様に，営利が唯一の目的であることも必要ではなく，同時に公益的・宗教的・政治的などの目的が併存していてもよい。

　ところで，医師・弁護士・画家・音楽家などいわゆる自由職業に従事する者の行為は，実際に営利の目的をもって行われたとしても，それは営業に該当しないと解するのが通説である。ただし，医師が病院を経営して患者を入院宿泊せしめるような場合には，そこに営業性または商人性を認める見解が多い。

　(b) 擬制商人　　商法が規定する擬制商人は，次の三つである。

　(イ) 店舗その他これに類似する設備により物品の販売をなすを業とする者(4条2項前段)　　これは，たとえば，自己がもともとから有していたもの，

または原始取得したもの（農産物，畜産物，水産物など）を店舗を設けて販売する者である。本来，原始取得した物を販売する行為は，商行為とはされていない。しかし営業主体が，同じ物品を，他人から有償取得して販売すれば商人となるが（501条1項・4条1項），原始取得して販売した場合には商人とならないとしたのでは，取引の相手側からすればはなはだ不都合である。この規定は，このような不都合を解消するため，一定の場所的設備をもって物品の販売をなすを業とする者は，その販売行為自体は商行為に属さなくても，これを商人とみなすことにしている。

ところで，このような見地を徹底すれば，物品の販売以外の行為を業とする者でも店舗設備を有するときは商人とみなしてよいともいえそうであるが，商法はこの立場をとっていない。商法は，場所的設備という形式と併せて物品の販売という実質を加味しているわけである。

(ロ) 鉱業を営む者（2項前段）　鉱業も，農業，水産業などと同じく原始産業であり，鉱業を営む者の行為は商行為に属しない。しかし，鉱業は通常，大規模な企業設備をもって経営されるから，商法は，この点に着目してこれを商人としたのである。法文上は，大規模設備であることがとくに要件とはされていないが，大規模設備をもたない鉱業は考えられないからである。

(ハ) 民事会社（2項後段・52条2項）　民事会社とは，営利を目的とはしているが商行為をなすを業としない社団であって，商法会社編の規定によって設立された会社のことである。これは，本来の会社（商行為をなすを業とする目的をもって設立される会社いわゆる商事会社）に対比される講学上の呼称である。商法は，この民事会社をも商人とみなしている。これもまた，商法を企業に関する法であるという立場を一歩すすめる措置であるといえよう。民事会社の例としては，水産業・養鶏業・製塩業・砂利採取業などを目的とする会社があげられる。

(c) 小商人　小商人とは，資本金50万円に満たない商人であって，会社でないものをいう（商施3条）。ここで資本金というのは，営業資金すなわち営業財産の現在の価格をいう。

原則的にいえば，上述の商人の要件を備える者はすべて商人であって，営業の規模の大小によって法律上の取り扱いを異にすべきではない。しかし，商法

上の諸制度を，営業の規模のあまりにも小さいものにまで適用したのでは，かえって不都合な場合もある。そこで，商法は，小商人の観念を認め，これには商業登記・商号および商業帳簿に関する規定の適用を除外している（8条）。

　（3）　形態（個人商人・組合・会社）
　(a)　個人商人　　自然人はすべて権利能力を有するので（民1条ノ3），その性・年齢・行為能力のいかんにかかわらず，商法4条の法定要件を具備することにより，商人となることができる。
　(b)　組合　　民法上の組合は，契約にもとづいて成立する共同企業であるが（民667条），法人ではないから権利主体となりえず，したがって商人とはなりえないと解される。

　いわゆる中間法人と位置づけられる各種の協同組合（中小企業等協同組合，水産業協同組合，農業協同組合，消費生活協同組合など）などがあるが，一般的には商人とはなりえないと解されている。

　しかし，これらの法人は，事業を営むという面では商人の営業と類似性があるから，商法の諸規定が準用される場合が多い。たとえば，最高裁は，「中小企業等協同組合法に基づいて設立された信用協同組合は，商法上の商人に当たらないが，同組合につき同法が商法中の特定の条文を準用する旨を定めている場合のほかは商法の適用が排除されると解すべきではなく，同組合が商人たる組合員に貸付けをするときは，商法503条，3条1項により，577条が適用される」（最判昭和48年10月5日判時726号92頁）と判示している。
　(c)　会社　　商法52条1項によれば，会社は商行為をなすを業とする目的をもって設立されるものをいうとしているので，4条1項にいう商人（固有の商人）に該当する。また，前述のように，同条2項のいわゆる民事会社も同条2項によって商人（擬制商人）とされているので，会社はすべて商人であるということになる。

2　商行為にはどのような種類があるか

（1）絶対的商行為

　絶対的商行為とは，行為の客観的性質からいって強度の営利性があるものとして，当然に商行為とされるものであり，行為の主体がいかなる者であるかを問わない（501条）。

　(a)　投機購買およびその実行行為（501条1号）　　投機購買とは，利益を得て譲り渡す意思すなわち将来有利に転売する意思で動産・不動産または有価証券の有償取得（買入れ）を目的とする行為であって，その実行行為とは，右により買い入れたものを売却する行為をいう。投機購買およびその実行行為は，所有権の取得または譲渡を目的とする債権契約としての行為をいい，その履行のためにする物権行為をさすものではない。安価に買い入れたものを高価に売却して，その差額を利得することを目的とするものであるから，経済的な意味での最も基本的かつ典型的な商の形態である。商人の売買がその典型的なものである。

　投機購買が有償取得を目的とする行為であることは規定の示すところであるが，その実行行為も，利益を得る目的で有償取得した目的物を譲渡する行為であるから，当然に有償行為でなければならない。したがって，贈与または遺贈による取得または譲渡は，これに属しない。また，自分の土地で生産した農作物などを売るような原始生産業のようなものは含まれない（大判明治45年6月20日民録18輯616頁）。

　有償取得した物をそのまま売却するまでの間に製造または加工を加えてもよい（大判昭和4年9月28日民集8巻769頁，大判昭和10年12月9日民集14巻2031頁）。したがって，醸造業・紡績業・機械工業など，原料を他から買い入れて製造したうえ，製品として売却する製造業の場合もこれに含まれることになる。

　投機購買には，営利意思が存在することが必要であるが，その存否は取得行為の時を基準とする。取得行為の時に営利意思が存在しなければ，取得した物をその後利益を得るために譲渡しても投機購買とはならない。反対に，取得行為の時に営利意思が存在すれば，取得したものをその後自家用に供し，または

喪失するなど，実行行為がなされなくても取得行為はやはり投機購買である。なお，営利意思は外部から認めうることを要し，行為者の内心の状態にあるというだけでは足りない（大判昭和14年12月12日新聞4512号13頁）。また，利得の目的が存するかぎり，実際上利益を得たか否かを問わない（大判昭和14年2月18日新聞4391号15頁）。

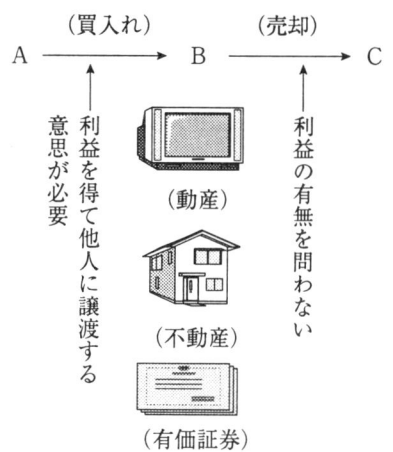

(b) 投機売却およびその実行行為（同2号）　投機売却とは，将来有利に買い入れた物で履行する意思（投機意思）で，あらかじめ動産または有価証券を売却するという供給契約をすること，および，後でその物を買い入れる行為である。(a)の場合と順序が逆になっているだけなので，(a)に述べたことが大体妥当する。たとえば，法文上は明定されていないが，供給契約が利益を得る意思を要することはいうまでもない。いわゆる先物取引がその主要な例である。

供給契約は，契約時に後日他人から有償取得する物をもって履行する意思でなされなければならないが，契約締結時にこのような意思を有してさえおれば，後日自己所有の物をもってこれを履行しても，すでに締結された供給契約はやはり投機売却である。また，このような意思さえあれば，取得した物を実際に供給契約の履行にあてたか否かは問わない。

商法は，投機売却およびその実行行為については，動産または有価証券だけを掲げ，投機購買におけるように，不動産を掲げていない。これは，不動産に

は個性があり，その性質上，先物として高く売っておいて，後から安く買い入れて，ということはできないからである。

(c) **取引所においてする取引（同3号）** 取引所における売買取引は，一定の時期に一定の場所で一定の方式に従って大量的になされる。しかもそれらは技術的，定型的なものであり，いわば典型的な資本主義的取引であるから，商法はこれを絶対的商行為としたのである。

ところで，取引所には取引の目的物により商品取引所と証券取引所とがあり，それぞれ商品取引法および証券取引法がこれについて規定している。現行規定では，そこで取引できる者は，会員たる商人に限られ（商取23条・77条，証取90条・107条），しかも会員の資格は商品取引所にあっては当該取引所の上場商品の売買などを営業とする者（商取23条），証券取引所にあっては証券業者（証取90条）に限定されている。したがって，取引所においてする取引は，会員である商人が，他人からの委託によってこれを行えば問屋の附属的商行為（503条）となり，自らこれを行えば上述の(a)(b)に該当するため，その意味では規定の重複があることになる。結局，現行法上，取引所においてする取引を絶対的商行為としたのは，注意的な意味をもつにすぎないことになる。

(d) **手形その他の商業証券に関する行為（同4号）** 手形その他の商業証券とは，約束手形，為替手形，小切手などはもちろん，商取引の目的とされる有価証券のすべてを含む。これらの証券に関する行為とは，証券上になされる行為，すなわち，振出，裏書，保証，引受などの証券行為をいい，証券を目的とする割引や売買などは含まれないと解すべきである。なぜなら，これらの実質的取引行為は，本条を待つまでもなく，すでに商行為であるからである（501条1号・2号・502条・503条）。

ところで，振出など証券に関する行為は営利行為としての性質を有しないので，商人概念の基礎とはなりえない。商法がこれらの行為を絶対的商行為としたのは，行為者が商人であるか否かにかかわらずこれに一律に商法の規定を適用するためのものである，と解すべきであろう。

なお，担保附社債信託法は，信託の引受および社債総額の引受を商行為とすると規定している（担信3条・29条2項）が，行為の主体が誰であるとか営業性の有無を問題としていないので，通常これは絶対的商行為と解されている。

（2） 営業的商行為

　営業的商行為とは，それ自体としての営業性はそれほど強くないが，営業として反復継続して行われることによって商行為とされるものである（502条）。

　(a) 投機貸借およびその実行行為（同1号）　投機貸借とは，他に賃貸する意思すなわち将来有利に賃貸する意思で動産または不動産の有償取得（買入れ）または賃借を目的とする行為であって，その実行行為とは，右により買入れまたは賃借したものを賃貸する行為をいう。この行為は，媒介の対象が物の所有権ではなく，物の利用である点で前述の投機購買（501条1号）と異なる。貸家業者・貸本屋・貸衣装屋・レンタカー業者などの行為がこれにあたる。

　(b) 他人のための製造または加工に関する行為（502条2号）　これは他人のため，すなわち他人の計算において製造または加工をなすことを引き受け，これに対して報酬を受けることを約する行為（契約）のことである。製造または加工に関する行為というのは，そのような事実行為をいうのではなく，これを引き受け，これに対して報酬を受けることを約する法律行為（請負や雇用）のことをいっているのである。

　製造とは，材料に労力を加えて用途の異なる別個の物を作ることであり，紡績業・酒類醸造業，機械その他の物品の注文生産業などがその例であり，洗濯業・染色業・鍛冶業・精米業などが加工の例である。

　(c) 電気またはガスの供給に関する行為（同3号）　これは，電気またはガスの継続的給付を引き受ける契約であって，電気事業者およびガス事業者の行っている行為がその例である。

　(d) 運送に関する行為（同4号）　これは，運送という事実行為を引き受ける契約である。いわゆる運送取扱契約は，仲立または取次に関する行為の一種であって（(k)参照），ここでいう運送に関する行為とは異なる。

　(e) 作業または労務の請負（同5号）　作業の請負とは，不動産または船舶に関する工事の請負契約をいい，たとえば，鉄道の建設，家屋の建築，船舶の建造やそれらの修繕を請け負う行為などがこれであり，土建業，建設業および船舶業などが代表的な例である。

　労務の請負とは，人夫その他の労働者の供給を請け負う契約をいい，いわゆる請負師の行為がこれである。ただ，労務供給業は，現在では一般に営利事業

としては禁止され，労働組合法による労働組合などが労働大臣などの許可を受けて無償で行う場合が認められているだけであるから（職安44条・53条），本号の規定は，労務の請負に関する限り実質的意義は失われている。

　(f) 出版・印刷または撮影に関する行為（同6号）　　出版に関する行為とは，文書・図画を複製して発売または頒布する行為をいい，出版業者の行為がその例であるほか，新聞業者の行為もその例に属する。

　印刷に関する行為とは，機械力または化学力をによる文書・図画（レコードも含まれる）の複製を引き受ける行為であり，印刷業者がこれである。

　撮影に関する行為とは，撮影を引き受ける行為であり，その例としては，写真師の行為がある。

　(g) 客の来集を目的とする場屋の取引（同7号）　　これは，公衆の来集に適する物的・人的設備をなし，多数の客がこれを利用すべく出入りし，しかも客がある程度の時間そこにいる形で，その設備を利用させる行為である。その例として，旅館・飲食業・パチンコ屋・公衆浴場・遊園地・野球場などを営んで報酬を受ける行為があげられる。契約の性質としては，売買・賃貸借・請負その他これらの混合契約である。

　(h) 両替その他の銀行取引（同8号）　　これは，金銭，有価証券の転換を媒介する行為をいう。すなわち，異種の貨幣の交換である両替のほか，受信・与信をなす金融業者の行為を含む。自己資本のみを貸付ける貸金業者は，これに該当しない（最判昭和30年9月27日民集9巻10号1444頁）。

　(i) 保険（同9号）　　保険は，同一の経済上の危険にさらされている多数人が，あらかじめ金銭を拠出し，これによりこれらの者のうちに一定の事故が生じた場合に一定の金額をその者に給付して，その者の経済的需要を満足させる制度である。したがって，保険は本来，営利保険に限られるものではないが，商行為としての保険は，保険者が保険契約者から有償的に保険を引き受ける場合をいう。そして，営利保険である限り，損害保険や生命保険，陸上保険や海上保険であるかを問わない。

　(j) 寄託の引受（同10号）　　寄託の引受は，他人のために物の保管をなすことを引き受ける行為で，倉庫業者の行為がその代表的な例であるが，駐車場経営者もこれに属する。

(k) 仲立・取次（同11号）　仲立に関する行為とは，他人間の法律行為の媒介を引き受ける契約（仲立契約）をいう。媒介される法律行為は商行為であることを要しない。すなわち，商行為の媒介をなす商法上の仲立人（543条），貸間の斡旋や結婚の媒介などをなす民事仲立人および媒介代理商（46条）のいずれもこれに該当する。しかし，仲立に関する行為は，他人間の法律行為の媒介でなければならないから，単に当事者の一方に取引の機会を提供するにすぎない者（指示仲立人）の行為はこれに含まれない。

なお，宅地建物取引業者は，543条にいう「他人間の商行為の媒介」を業とする者ではないから，いわゆる商事仲立人ではなく，民事仲立人であるが，本条11号にいう「仲立に関する行為」を営業とする者であるから，商人である（最判昭和44年6月26日民集23巻7号1264頁）。

取次に関する行為とは，自己の名をもって他人の計算において法律行為をなすことを引き受ける行為（取次契約）をいう。取次の目的たる行為が物品の販売または買入れであれば，その取次業者を問屋といい（551条），物品運送であれば運送取扱人（559条），その他の法律行為であれば準問屋という（商人558条）。

(l) 商行為の代理の引受（同12号）　商行為の代理の引受とは，委託者のために商行為となる行為となる行為の代理を引き受ける行為をいう。損害保険の代理店のような締約代理商（46条）の行為がその例である。代理の目的たる行為は，商行為であれば，絶対的商行為・営業的商行為・附属的商行為のいずれであるかを問わない。

営業的商行為には，以上のように502条に列挙するもののほか，信託法（信託6条），無尽業法（無尽2条）に規定するものがある。しかし，専ら賃金を得る目的で物を製造し，または労務に服する者の行為は商行為に該当しない（502条但書）。これらの行為は，労働の対価としての報酬を得ることを目的とするものであり，投機性がなく，損失の危険を冒して営利の目的を追求しようとする企業としての性格が認められないからである。

（3）付属的商行為

附属的商行為とは，商人がその営業のためにすることによってはじめて商行為となる行為である（503条1項）。

附属的商行為は，商人資格を取得した商人（4条1項・2項）が，その営業に関連してなす行為をいう。しかし，営業的商行為をすることで商人資格を取得し，その後に附属的商行為である各種の行為をなすという順序を踏むわけでは必ずしもない。すなわち，基本的な商行為を始める前に営業の準備行為をすることもしばしば必要である。この準備行為が基本的な商行為と関連性があれば，それによって商人資格をが与えられ，準備行為もその商人資格をの最初の附属的商行為となるのである。たとえば，企業が成立する以前に，あらかじめ商号を選定したり，従業員を雇い入れたり，あるいは商業帳簿を作成するために出費をすることなどである。この場合には，その準備行為は，その商人の最初の附属的商行為となると解されている。企業法的観点に立って，その組織化に先行して各種の準備行為が必要となることをその根拠とする。

「営業のためにする」というのは，取引安全の考慮から，一般的・客観的に認められることが必要で，商人の主観的・内心的なものではない。したがって，附属的商行為は，財産法上の行為に限られ，身分法上の行為は，たとい商人の主観的意思では営業に関連があっても，これに該当しない。また，附属的商行為は，法律行為に限らず，事務管理・催告・通知などの準法律行為や事実行為・不法行為までも含まれる。

ところで，商人のどのような行為が「営業のためにする」行為となるかについて，商法は，商人の行為はひとまずすべて営業のためにするものと推定している（503条2項）。したがって，行為の非商人性を主張する者は，行為が主観的にも客観的にも営業とは無関係であることを立証しなければならない。ただし，会社は，企業のためにのみ存在するものであるから，会社のする行為は常に営業のためにする行為である。

3　いつ商人となり，いつ商人でなくなるか

商人という資格が認められるか否かは，商法上の商人に関する規定を適用するかどうかに関わることであるから，その資格がいつ得られいつ失われるに至るのかを考察することは重要なことである。これについては，会社とその他の者とに分けて検討する。

（1）会　　社

　会社は，すべて生まれながらの商人であり，その法人格と商人たる資格とが常に一致している。すなわち，会社の商人資格は，その成立によって取得され（57条），清算の終了とともに消滅する。

（2）その他の商人

　会社以外の法人や自然人の商人資格の得喪の時期は，商法の定める一定種類の営業または一定の形式による営業の開始によって取得され，その終了によって失われる。ここに営業の開始というのは，営業の目的たる基本行為自体の開始という意味ではなく，開業準備行為（店舗の借入れ，従業員の雇入など）の開始をも含むと解するのが通説である。

　問題は，その開業準備行為の開始の時期はいつかという点である。これについては，画一的決定説と段階説とが対立している。

　まず，画一的決定説は，①対外的に営業意思を表白する行為を要するとする営業意思表白説（大判大正14年2月10日民集4巻2号56頁），②表白行為がなくても店舗の借入れなどによって営業意思を実現する行為があればよいとする営業意思主観的実現説（最判昭和33年6月19日民集12巻10号1575頁），③営業意思が主観的に実現されるだけでは足りず，営業意思が行為自体の性質から客観的に認識されうるような行為であることが必要であるとする営業意思客観的認識可能説（最判昭和33年6月19日民集12巻10号1575頁），および④準備行為自体の性質から営業意思の存在を客観的に認識する可能性のある場合にのみ限るとする準備行為自体の性質による営業意思客観的認識可能説（最判昭和47年2月24日民集26巻1号172頁）がある。変遷を重ねるが，現在では④が判例の立場である。

　これに対して，⑤段階的決定説は，ⓐ営業意思の主観的実現の段階では相手方は商行為性を主張できるが，行為者は相手方に対し商人資格の取得を主張できない，ⓑ営業意思が特定の相手方だけに認識されるべき行為をした段階では，その相手方に対し商人資格の取得を主張することができる，ⓒ営業意思が一般的に認識されるべき行為をした段階（店舗開設など）では，行為者は何ぴとに対しても商人資格の取得を主張できる，というように段階に応じて商人資格の主張を相対化して，画一説におけるそれぞれの主張の長所をとりいれている。

第3章 ■ 企業に関する諸制度

1 商号はどのように保護されるか

(1) 商号とは

　商人は，営業活動をする上で自分を表示するための名前が必要である。その名前のことを商号という。私たちが名前を持つように，商人は企業としての名前を持たなくてはならない。その名前を持つことにより，対外的に独立した企業として同一性を示し，その名前を使うことにより外部の取引相手との間で経済活動を行うことができることになる。

　そして，その商号を用いた取引を続けることによって，商号自体に社会的な信用が与えられることとなり，信頼を得た商号は，大きな価値を生むことになる。そうなってくると，他人に勝手に自分と同じような名前を使われると，取引相手からは，同じような名前ならば同じ商人だろうと思われてしまうことにもなりかねない。そこで，商号には名前を自分だけものとして利用する権利を認めることが必要となる。つまり，その商号を自分の名前として使用するに際して他人からじゃまされることのないように，また，他人が同じような商号を使用した場合は，その名前を使わないように求めることができるようになっていなければならない。このような権利を商号権という。

(2) 商号権

　商号権には，名前を使用できる権利（商号使用権）と他人が同じような名称を使った場合にはその名前を使うなと求める権利（商号専用権）がある。商号使用権を有する者は商号を違法に妨害した者に対して，不法行為にもとづく損害賠償の請求ができる（民709条）し，また，後から他人が同一商号を登記した場合でも，不正競争の目的がないものとして，そのまま商号を使用できる。とくに，他人が同じような名称を使用した場合に，その名前を使わないように

求める権利，商号専用権は重要である。同じような名称とはどんなものであろうか。まず，全く同じ名称はもちろんであるが，類似の名称となるとどこまでが同じような名称として認められるかが問題となる。

さらに，同じような名称を使用するに際しても，その商号を使うことにより，取引相手を混乱させようとするような不正な目的で使用するような場合とそんな気がない場合では異なるであろう。

(3) 商 号 登 記

商号専用権はその商号を登記することにより，より強い法的な保護を受けることができることになる。他人が登記している商号は同一市町村内（東京都内にあっては区がこれに当たる）において同一営業のため登記することができない（19条）。この同一商号登記の禁止は，同一商号のみならず，これと類似の商号も含まれるとされ（商登27条），すでに登記されている商号と同一と見られる商号が後から登記されたときには，すでに登記している商号権者はその後から登記された商号の登記抹消を請求できることになる（通説・判例）。

さらに，商号を登記した者は，不正の競争の目的をもって同一または類似の商号を使用する者に対して，その使用を差し止め，さらに損害の賠償を請求することができる（20条1項）。ここでいう，不正競争の目的とは自己の営業を商号権者の営業と混同して誤認させ，その信用を自己の営業に利用して競争しようとする意図がある場合である。もっとも，不正競争の目的があったか否かは商号権者が立証しなければならないことになっているが，同一市町村内で同一の営業のためにすでに登記した商号を使用する者は，不正の競争の目的を持っているものと推定（20条2項）され，商号権者の保護が図られている。

先に述べた類似の商号にあたるか否かは混同し誤認する恐れがあるか否かで具体的に判断するしかない（たとえば，判例では「更科」と「更科信州屋」，「森永製菓株式会社」と「株式会社森永製菓総本店」は類似商号であるとされている）。

ところで，21条で，何ぴとも不正の目的をもって他人の営業であると誤認させるような商号の使用を禁止し，この不正使用によって損害を受ける恐れのある者は，その使用を差し止めて損害の請求を認めており，あわせて不正使用者に20万円以下の科料を科せられるとしている。これにより，登記をしていない商号にも一定の保護が与えられていることになる。

（4） 仮登記

商号権が認められているのは同一市町村内ということになると，企業が本店を他の市町村に移転しようとする場合に，それを知った人が妨害しようとして先回りして登記してしまう場合が考えられる。そこで，商号の仮登記をすることによって商号を守ることができる（商登35条2項8号・3項）こととしている。この仮登記は，3年を超えない範囲で，あらかじめ仮登記しておくことにより，商号登記と同一の保護が与えられる（商登27条）。

（5） 不正競争防止法と商号権

商号の保護に関しては商法の規定の他に不正競争防止法による保護も重要である。不正競争防止法は，すでに一定の地域で知られている他人の商号（周知性を有する商号という）と同一または類似の商号を使用して，他人の営業上の施設または活動と混同を生じせしめた者に対して，これにより営業上の損害を受ける恐れがある者に，その行為の差止を認め（不正競争防止法2条1項1号），あわせて，その不正な行為者に故意または過失があれば損害賠償も認めている（同4条）。ここでは，商法と異なり登記と直接関わらずに（未登記の商号であろうと登記された商号であろうと関わりなく排他的な権利を認めたものである），不正な利用から保護しようとするものである。

（6） 商号の付け方

商号は，商人としての名称であるから，どのような名前にするかはその商人が決めることになるが，全く自由に認めると取引上混同されたり，誤認されたりする恐れがある。そこで一定の制限が設けられている。

会社の商号は，その商号中（前部または後部）に会社の種類（株式会社，有限会社，合名会社，合資会社）を示す文字を使用しなければならない（17条）。これは，会社の種類により社員（出資した人）の責任が異なることから，取引相手にとっては会社の種類の違いにより大きな影響があるからである。また，会社でない者が商号中に会社の文字を使用することはできない（18条）。このほかにも，特別法において使用しなければならない文字が定められている場合もある（たとえば，銀行は必ず「銀行」の文字を使用しなければならない（銀行法6条1項））。また，商号は名称であるから，日本語の文字により表示できるものでなければならず，外国文字やアラビア数字は認められない。

(7) 商号の譲渡と財産的権利

　商号は，商人の名称として，その商人の営業と不可分の関係にある。その名称が使われているうちに社会から商人の名称としての信用が与えられるようになり，その結果，信用ある商号は財産的な価値を有することになる。財産的な価値を持つ商号は，それ自体譲渡性があることになる。しかし，自由に商号の譲渡を認めると，たとえば名前だけを譲渡すると，一般の人々（第三者）はその名前を信用した結果，名称と実際の内容が異なり，裏切られることになりかねない。また，商号とともに営業が譲渡される場合には，それにより実際の営業主が変わってしまうことになるが，第三者にとってそれがわかりにくいことから問題が生じる。とりわけ以前から取引をしてきた債権者にとっては重大な問題となる。そこで，その第三者を保護する必要が生じる。そこで商法は，商号を譲渡するに際しては，営業とともに譲渡する場合あるいは自分が営業を停止する場合に限って商号の譲渡を認めている（24条1項）。

　商号の譲渡は当事者間の意思表示により効力が生じるが，すでに登記されている商号の場合は，その変更登記をしなければ，第三者に対して対抗することができない（24条2項）。また，会社の商号の場合は，譲渡会社は名称自体を譲渡してしまうのであるから，新たに会社の商号を選定しておく必要がある（大判昭和7年1月11日民集11巻1頁）。

　商号権には財産的な価値があることから，相続の対象ともなるが，商号の登記がされている場合には，相続人による変更登記が必要である（商登30条3項）。

(8) 商号を続用する場合

　営業の譲受人がその商号を続用する場合は，第三者には見分けがつかないことから，譲渡人の営業によって生じた債務については，譲受人も弁済の責任を負わなければならない（26条1項）。ただし，譲受人が譲渡人の債務につきその責任を負わない旨を登記したとき，あるいはその旨を第三者に通知したときはその責任は免除される（26条2項）。その続用とはどの程度までであろうか。もちろん全く同じ名称を使う場合は続用があったということになるが，加えて営業や経営の承継があることを示す場合もこれに含まれるとされる。たとえば，譲り受けた商号に新たに「株式会社」を付けたような場合や類似の商号の場合（たとえば，「第一化成株式会社」が「第一化成工業株式会社」となった場合など

とも該当することになる。もっとも、「新○○○」のように「新」という文字を加える場合は、旧の会社の債務を承継しないことを示すものとして、26条の商号の続用には当たらないとされている。

（9）商号権の消滅

商号権はその営業の廃止によって消滅するが、商号を登記している場合は商号廃止の登記をしなければならない（15条、商登29条2項）。また、商号を登記した者が正当の事由なく2年間その商号を使用しないときは、商号を廃止したものとみなされる（30条）。商号を廃止または変更したにもかかわらず、その商号を登記したものがその旨の登記をしない場合には、利害関係人（同一の商号や類似の商号の使用をなそうとする者など）は、その登記の抹消を請求できる（31条）。

2 名板貸とはなにか

（1）名板貸と禁反言

名板貸とは、名義の貸し借りをすることであり、名前を貸す者（名義貸与者）を名板貸人といい、その名前を借りる人（名義借用者）を名板借人という。名板貸人の持っている名声や信用を名板借人が利用することにより、名板借人の営業活動が有利に進めることができるために利用されることとなる。この場合、その名前を信用した人は名義を貸した人そのものであると考えるであろうから、保護するために名前を貸した人にも一定の責任を負わせるとするものである。

商法は、自己の氏・氏名または商号を使用して営業をなす事を他人に許諾することによって、その結果として、取引相手である第三者が名前を貸した人と借りた人を混同してしまった場合に、名前を貸した者に対しても、借りた人と連帯して弁済の責任を負わせようとする（23条）。この名板貸の責任が生じる理由は、商法の持つ原則の一つである「外観主義」すなわち、示された外観を信頼して取引した者を保護しようとする考え方の反映である。ところで、このような考え方を権利外観理論（Rechtsschein＝レヒツシャイン）または禁反言（Estoppel＝エストッペル）という。

名板貸の責任が生じるための要件は，自己の氏・氏名または商号を使用して営業をなすことを他人に許諾し，第三者が許諾者を営業主と混同して取引をなしたことである。

（2） 営業としての外観

名板貸人が使用を認めた名称は，自己の氏・氏名そして商号であるが，その名称は全く同一の場合のほかに実質的に名称の同一性が認められる場合も認められることになる。たとえば，支店とか出張所といった名称を加えている場合にも名板貸人に責任が認められることとなる。また，名板貸人と名板借人の間の営業の同一性についても必ずしも同一でなくてもよいとされている。

（3） 許諾の仕方

名板貸人の責任を追及するためには名板貸人が許諾したことが必要となるが，その許諾の仕方には，明示の許諾のほか，黙示の許諾も含まれるとされる。もちろん，勝手に名前を使用した場合にまで名義人が名板貸の責任を負わされることはない。しかし，他人が勝手に名称を使用していることを名板貸人が止めることができたのにも関わらず，それをあえて放置していたような場合には，黙示の許諾があったものとされることがある。

（4） 誤認者の責任

23条は，相手方が外観を信頼した結果，名板貸人の営業であると誤認したことについて相手方も保護するための規定であるから，その相手方が名板貸の事実を知っていた，つまり，悪意の第三者の場合には，保護を与える必要はない。しかし，そのことを知らなかった善意の第三者であったとしても，相手方の責任も問題とされる場合がある。つまり，誤認した相手方の過失をどう取り扱うかということである。この場合，誤認した相手方に重過失（ちょっと事柄を調べればわかったにもかかわらず，それをしなかったこと）がなければ，誤認した相手方は保護されるとするのが多数説・判例の立場であるといえる。したがって，重過失があった場合には，悪意と同視されて相手方は保護されないことになる。相手方に重過失があるとすることについての立証責任は，名板貸人側にあるとされる。

（5） 名板貸人の責任

名板貸人は名板借人が取引によって生じた債務について，名板借人と連帯し

て弁済責任が生じるが，この名板借人との関係は不真正連帯債務である。したがって，相手方は自分の選択で名板貸人または名板借人のいずれか一方か，またはその双方に対して一部または全部の弁済の請求ができることになる。なお，弁済した名板貸人は名板借人に対して弁済額を求償できる。

3　商業登記を行うとどんな効果が生じるか

(1) 商業登記とは

　商人・企業の取引活動には多くの利害関係者が存在することになる。また，その影響は広く社会全般に及ぶこととなる。このため，利害関係者間には複雑な法律関係が生じるし，それぞれの利害関係者間の利益の保護と調整が必要となる。そこで，あらかじめ，商人・企業の一定の情報を公示しておくことにより，商人・企業の社会的な信用を維持し，これと取引をする第三者の利益をも保護し，もって取引の安全に寄与する制度として商業登記制度が整備・運用されている。その商業登記に関しては，一般的な規定を商法におくとともに，具体的な手続は商業登記法で定められている。商業登記簿には，9種類の登記簿が定められており，商号登記簿，未成年者登記簿，後見人登記簿，支配人登記簿，合名会社登記簿，合資会社登記簿，株式会社登記簿，有限会社登記簿および外国会社登記簿がある。これらの登記簿は登記所つまり法務局，地方法務局およびその支所または出張所に備えられている（商登1条・6条）。そして，これらの登記簿を見ることにより，商人・企業の情報を知ることができることになっている。

(2) 登記手続

　登記を申請する登記所は，商法および有限会社法の規定により，登記を申請する者の営業所所在地の法務局・地方法務局・支所もしくは出張所ということになる（商登1条）。また，登記した事項に変更や消滅があった場合には遅滞なく変更や消滅の登記をしなければならない（商登15条）。
　これらの商業登記の登記事項は，営業上の取引に際して関係者の利益保護のために必要な事項ということになるが，具体的に法定化されており（主として責任に関する事項である），必ず登記しなければならない事項（絶対的登記事項）

と登記するか否かは申請者に任されている事項（相対的登記事項）がある。たとえば，会社の設立・合併などは絶対的登記事項とされるが，個人商人の商号などは相対的登記事項である。しかし，相対的登記事項であってもいったん登記されると，その変更または消滅には登記が必要である（15条）。なお，絶対的登記事項であっても，その登記を怠った場合は，善意の第三者に対抗できないという不利益を受ける（12条）だけで，一般には罰則はない（ただし，会社に関する事項には，商法は罰則規定をおいている。498条1項1号）。

　登記は，当事者の申請によって行われることとされている当事者申請主義をとっている（9条・15条および商登14条）。もっとも，例外的に裁判所が職権で登記を行う場合もある（登記所に登記を嘱託する。商登15条・16条）。登記の申請は，当事者が登記所に出頭して行うこととなっている当事者出頭主義をとっており（商登16条），会社の場合は，当事者とは会社を代表する者である。また，申請方法については，申請は書面でしなければならず，申請人またはその代理人が記名捺印をすることを要する（商登17条）。登記申請の時期については，15条は遅滞なくとするのみであるが，会社の登記については，一定の期間内になすことが規定されている（本店に関することについては2週間以内，支店に関することについては3週間内とされている。64条・65条等）。

（3）登記所の審査

　登記所は，申請がなされた場合には，その登記申請が適法であるか否かを審査し，適正な申請であればこれを受け付けることになる。この審査に際して，商登法24条によって定められた事由があればこれを却下することになる。商業登記制度の趣旨からすれば，登記が真実と一致していることが好ましいことであるから，登記所がその登記が真実か否かを審査する方が好ましいわけであるが，そのためのコストが大変になることから，現実には形式的な審査に限られている（形式的審査主義）。

（4）登記の公示・閲覧

　商業登記制度は，登記したことを公示することによって，その目的が実現されることになる。それは，一般的に公告をすることが好ましいが，現在は行われておらず，もっぱら，個別的に登記簿を閲覧したい人が登記簿を見る権利（登記簿および付属書類の閲覧請求権，商登11条），コピーをする権利や登記事項

に変更がないことの証明してもらう権利（謄本または抄本請求権、商登12条）などによるものとされている。

（5）商業登記の効力

商業登記の効力は、一般的効力と特殊的効力の二つに分けて説明される。一般的効力とは、登記すべき事項は、登記および公示の後でなければ、これをもって善意の第三者に対抗することはできないとするもので、言い換えると、登記後は広く第三者に対抗することができるが、登記前においては悪意の第三者にしか対抗できないということになる（12条）。特殊的効力とは、法がとくに商業登記に認めた効力で、商号は登記によりその保護が強化される（19条・20条）ことや、その譲渡は登記により対抗力を生じる（24条2項）こと、また、会社は設立登記により成立（57条）し、会社の合併は登記によりその効力を生じる（102条）ことなどである。これらは登記することにより効力が生じるものである（創設的効力）。このほかにも、法律関係において生じている瑕疵が登記をすることによって補完されたり（たとえば、119条）、登記によりある行為をすることができるようになること（たとえば、会社の設立登記がなされると新株が発行できることなど。226条1項）などがある。

（6）不実の登記

商業登記制度は登記されたことが事実であることを前提として認められるものであって、その場合には公示力（第三者がそのことを知らなかったとはいわせない力）を有することになる。したがって、登記されていることが事実でない場合は意味がない制度になってしまうことになる。つまり、たとえ第三者が登記を信頼して取引をしても、その信頼は保護されないことになってしまう。それでは登記制度が信用されないことになるので、不実の登記をなした一定の場合には登記に積極的な効力を認めている。ところで、外観を信頼して取引を行った者に、その外観どおりの権利が与えられるという原則を公信の原則と言い、この権利を与える効力を公信力という。したがって、ここでいう積極的な効力とは、登記事項と真実が異なった場合に登記簿上の外観を保護しようとするものである。14条は、故意または過失により不実の登記をなしたものは、その事項の不実なることをもって善意の第三者に対抗することはできないと規定している。ここでいう善意の第三者とは、この不実登記の部外者でその内容が

不実であることを知らずに取引をしたものである。

4 商業帳簿にはどのようなものがあるか

(1) 商業帳簿の意義と機能

　商業帳簿とは，商人がその営業上の財産および損益の状況を明らかにするために，商法上作成しなければならない帳簿をいう（32条1項）。ただし，小商人には商業帳簿の作成義務が課されていない（8条）。商業帳簿としては，商人一般に作成が要求される会計帳簿および貸借対照表（32条1項）のほかに，株式会社・有限会社に作成が義務づけられる損益計算書（281条1項2号，有43条1項2号）および附属明細書（281条1項，有43条1項）がある。

　商業帳簿は，商人自身の合理的な経営に役立つだけでなく，取引先（債権者）が商人の支払能力や信用力を判断するための重要な資料ともなりうる。とりわけ株式会社および有限会社においては，会社の債権者および構成員（株主・社員）の保護のために，正確な商業帳簿の作成が要求されている。

　商人は，帳簿閉鎖の時より10年間，商業帳簿およびその営業に関する重要書類を保存しなければならない（36条）。保存方法については規定がないことから，磁気テープ・磁気ディスクやマイクロフィルムなどで保存することの可否が問題となる。株式会社・有限会社では，株主（社員）・債権者に商業帳簿等の閲覧請求権が付与されていること（282条2項・293条ノ6，有44条ノ2・46条1項），また商業帳簿について裁判所の提出命令が認められることから（35条），閲覧請求や提出命令があれば，相当の期間内に見読可能な状態におきうることを条件として，上記の情報保存装置による保存も肯定される。

(2) 各種の商業帳簿

　(a) 会計帳簿　会計帳簿とは，商人が，毎年1回一定の時期（会社では成立時と毎決算期）における営業上の財産およびその価額ならびに取引その他の営業上の財産に影響を及ぼす一切の事項を整然かつ明瞭に記載する商業帳簿である（33条1項）。取引以外で財産に影響を及ぼすべき事項とは，天災・事故による資産の滅失・毀損などである。会計帳簿の範囲については，具体的に規定されていないが，実際には，複式簿記の方法を前提として，日記帳，仕訳帳

および元帳の三つによって構成される。この三つの帳簿を主要簿という。日記帳には，日々の取引その他営業上の財産に影響を及ぼす一切の事項（事実および金額）を記載し，仕訳帳には，各取引を借方と貸方の両欄に振り分けて記載し，元帳には，仕訳帳で仕訳した各取引を口座別に転記して貸借の関係を整理する。このほか，現金出納帳・商品仕入帳・商品売上帳・手形記入帳などの補助簿も作成される。

(b) 貸借対照表　貸借対照表とは，一定の時期における営業上の総財産（積極・消極財産）について，商人の現に有している資産額を「資産の部（借方）」に，商人の有すべき資産額を「負債の部（貸方）」に分けて記載し，その両者を対照させて，商人の財産状況を明らかにする概括表である。個人商人は，開業の時および毎年1回一定の時期において，会社は，その成立の時および毎決算期において，それぞれ貸借対照表を作成しなければならない（33条2項）。

(c) 損益計算書　損益計算書とは，一定の営業年度における総収益と総費用とを対照し，その差額を当該年度の利益または損失として表示し，会社の経営成績を明らかにする計算書類をいう。貸借対照表が一定の時点（たとえば3月決算の会社では3月31日現在）の会社の財産状況を表すものであるに対し，損益決算書は一定期間（通常は1年間）の利益または損失を示す計算書類である。

(d) 附属明細書　株式会社および有限会社の計算書類に附属して作成される書類であって，貸借対照表，損益計算書および営業報告書の記載をより詳細に説明する補足資料である。

（3）　商業帳簿に関する規制

会計帳簿には，法定の事項を整然かつ明瞭に記載することを要し（33条1項），会計帳簿にもとづいて貸借対照表が作成される（同条2項）。商法は，会計帳簿に記載されるべき財産の評価方法についても一定の原則を定める（34条）。

株式会社が作成すべき商業帳簿については，商法で規定する（281条）ほか，法務省令である「株式会社の貸借対照表，損益計算書，営業報告書及び附属明細書に関する規則」（計算書類規則）でそれを補充し，さらに上場会社については大蔵省令である「財務諸表等の用語，様式及び作成方法に関する規則」（財務諸表規則）が，さらに詳しく規定する。

しかし，会計上の問題のすべてを法令でもって規定することはできないため，商法は，商業帳簿の作成に関する規定の解釈については，「公正ナル会計慣行ヲ斟酌スベシ」と規定する（32条2項）。企業会計原則（1949［昭和24年］に公表・設定）は，企業会計の実務の中で慣行として発達したものの中から一般に公正妥当と認められるところを要約したものであり，それに準拠して解釈されているときは，公正な会計慣行に従ったものと推定される。

5　営業の譲渡とはなにか

（1）営業譲渡の意義

営業譲渡とは，一定の営業目的により組織化された有機的一体としての機能的財産の移転を目的とする債権契約であると解されている（通説）。ここにいう機能的財産は，単なる物または権利義務のみならず，得意先関係・営業上の秘訣・経営の組織等の事実関係をも包含するものであり，個々の財産の価値の総和を超える組織的価値を有する機能的財産でなければならない。営業を構成する個々の財産のみの譲渡は，その分量がいかに大きくても営業の譲渡とはいえない。

判例は，株式会社の営業譲渡に関する事案について，「商法245条1項1号によって特別決議を経ることを必要とする営業の譲渡とは，同法24条以下にいう営業の譲渡と同一意義であって，営業そのものの全部または重要な一部を譲渡すること，詳言すれば，一定の営業目的のため組織化され，有機的一体として機能する財産（得意先関係等の経済的価値のある事実関係を含む。）の全部または一部を譲渡し，これによって，譲渡会社がその財産によって営んでいた営業的活動の全部または重要な一部を譲受人に受け継がせ，譲渡会社がその譲渡の限度に応じ法律上当然に同法25条に定める競業避止義務を負う結果を伴うものをいう」としている（最大判昭和40年9月22日民集19巻6号1600頁）。営業譲渡の意義について，判例は基本的に通説と同じ立場をとるものといえよう。

（2）営業譲渡の機能

営業譲渡には次のような機能が認められる。第1に，営業譲渡は企業維持の精神に資するものである。営業を構成するさまざまな財産を個別に処分すると

企業は解体してしまう。有機的一体としての営業をそのまま移転すれば，営業活動を容易に承継できるし，また暖簾（のれん）などを基軸に構成される営業独自の高い価値を維持することもできる。

　第2に，企業は，譲り受けた営業を収容してその分だけ規模を拡大する。企業結合の手段としては，合併，株式取得などさまざまな方法があるが，営業譲渡もその一つの方法である。

　第3に，従来，営業譲渡は企業分割の手段として利用されてきた。会社が営業の一部門を独立させる場合，まず子会社を設立し，それに営業を譲渡するという事実上の分割が行われてきた。会社更生計画の一環として営業譲渡が行われることもある（会更217条・250条参照）。

（3）　営業譲渡契約

　営業譲渡契約の方式は法律上自由であるが，実際には書面によって行うのが一般的である。譲渡人が会社であるときは，その代表機関が譲渡契約を締結するが，会社にとって重要な事項であるため，株主総会の特別決議などの慎重な内部手続が求められる（245条・72条・127条，有40条参照）。この手続規定に違反すると，営業譲渡契約は無効となる。

（4）　営業譲渡の効果

　(a)　譲渡当事者間の関係　　(イ)　譲渡人の営業移転義務　　譲渡人は，営業譲渡契約に従って，営業の構成要素である各種の財産を譲受人に移転する義務を負う。特約によって，債務，不良資産など一部の財産を除外することもできる。営業譲渡は，合併のような包括承継ではないので，財産の種類に応じた個別的な移転手続によって財産を移転し，かつ，財産ごとに必要な第三者対抗要件（登記，引渡，債務者への通知，名義書換えなど。民177条・178条・467条，24条2項・206条1項など）を備えなければならない。債務を移転するためには，債務引受，弁済の引受，債務者の交替による更改（民474条・514条）などを行うことを要する。営業の積極財産を構成する財産的価値ある事実関係については，得意先・仕入先の紹介，営業上の秘訣の伝授など，それぞれの性質に応じた相当の措置をとらなければならない。

　営業譲渡によって雇用契約関係も当然に移転するのか，雇用契約関係を移転させるためには被用者（従業員）の同意が必要か（民625条1項）については争

いがある。

(ロ) 譲渡人の競業避止義務　　営業を譲渡しておきながら，譲渡人が同種の営業を再開したのでは，譲受人が得意先などを譲り受けた意味がなくなり，営業譲渡の実効が失われてしまう。他方，無制限に競業を禁止すると譲渡人の憲法上の権利である営業の自由を制約することになる。そこで，商法は，競業避止義務の地理的・時間的範囲を次のように定めて，両者の調整をはかっている。

（ⅰ）競業禁止につき特約がないときは，譲渡人は同一市町村および隣接市町村（東京都と政令指定都市では区，昭和13年商改施5条）内において，20年間同一の営業をしてはならない（25条1項）。

（ⅱ）競業禁止の特約があっても，それは，同府県および隣接府県（北海道を含む，昭和13年商改施7条）内で，30年を超えない範囲でのみ効力が認められる（同条2項）。

（ⅲ）以上の制限に違反しない場合にも，譲渡人が顧客の奪取などの不正競争の目的をもって同一の営業を行うことは禁止されている（同条3項）。

(b) 第三者に対する関係　　営業上の債務は営業譲渡によって譲受人に移転するが，債務引受などの手続がなされていなかったり，特約で債務を除いて譲渡された場合には，譲渡人の営業上の債権者にとって，譲渡当事者のいずれに請求すればよいかは必ずしも判然としない。また，営業上の債権についても，特約で譲渡の対象から除外されたり，譲渡人によって二重譲渡されて第三者が対抗要件を備えると，債務者は二重弁済の危険を負うことになる。商法は，営業上の債権者および債務者を保護するため，次のような規定をおいている。

(イ) 営業上の債権者に対する関係　　（ⅰ）商号の続用がある場合　　譲受人が譲渡人の商号をそのまま使用して営業を続ける場合には，債権者は，営業主の交替を知らないか，または仮に知っていても債務が譲受人に移転したと考えるのが普通であるから，譲渡人の営業によって生じた債務につき，譲受人も弁済の責任を負うものとされている（26条1項）。この場合，債権者は，譲受人に請求することも，譲渡人に請求することもできる（不真正連帯債務）。

譲受人が上記の責任を免れるためには，営業譲渡があった後遅滞なく，譲受人が譲渡人の債務について責任を負わない旨を登記するか，同じ趣旨を譲渡人および譲受人の双方から第三者に通知すればよい（26条2項）。通知の場合，

免責の効果は通知を受けた第三者に対してのみ生ずる。また，営業譲渡の後2年内に請求または請求の予告をしない債権者は，2年が経過すると譲渡人から弁済を受けることができなくなる（29条）。その後は譲受人だけが弁済の責任を負う。

（ⅱ）商号の続用がない場合　　商号を続用しない場合には，営業が同一であるとする外観は乏しいから，譲受人は譲渡人の債務について弁済の責任を負わないのが原則である。しかし，譲受人が譲渡人の債務を引き受ける旨を広告した場合は，外観法理ないし禁反言の原則によって，弁済の責任を負わなければならない（28条）。この場合の譲渡人の責任も広告後2年間で消滅する（29条）。

㈹　営業上の債務者に対する関係　　譲渡人の営業上の債権は，特約がない限り，譲受人に移転する。しかし，債権が特約で除外されたり，譲渡人が債権を二重譲渡すると，債務者に二重弁済の危険が生ずる。そこで，商号の続用があるときは，債務者が善意でかつ重過失なく譲受人に対し弁済すれば，その弁済は有効であるとされる（27条）。

第4章 ■ 企業の組織

1　商業使用人と代理商にはどのようなちがいがあるか

(1)　**企業補助者**——最広義の企業補助者
　今日では固有の商（売買商，第1の商ともいえよう）を商人の中心に据える必要は必ずしもないが，商人の発展の歴史的沿革に引きずられて，固有の商を商人の中心に据えて，固有の商を補助する者を企業補助者と呼ぶことがいまだ多い。特定の商人の企業活動を継続的に補助する企業の人的施設たる企業補助者は商業使用人と代理商であり，不特定多数の商人の企業活動を企業の外部から補助する企業補助者たる仲立人・問屋・運送取扱人等は独立の商人である。さらに，運送業者や倉庫業者のような補助商も，最広義では企業補助者に含めてよい。

(2)　**商業使用人と代理商**——広義の企業補助者と狭義の企業補助者
　商業使用人と代理商は特定の商人の企業活動を継続的に補助する企業補助者であるという点では同様であり，両者を広義の企業補助者といいうるが，狭義の企業補助者は商業使用人である。これについては後述する。

(3)　**商業使用人**
(a)　商業使用人の意義　　商業使用人とは，特定の商人に従属しながら対外的な商業的業務を行い，企業の内部で企業を補助する者と解すべきである。厳密にいえば，狭義の企業補助者は商業使用人かつ商業代理人である（同旨，大判大正5年1月29日民録22輯206頁）。これを分説すると以下のようになる。

　(イ)　特定の商人への従属性——雇用契約の必要性　　商業使用人と商人（営業主）との雇用契約がないと商業使用人ではないか。商業使用人は純粋な商業代理人ととらえるべきだとすると，個々の法律行為ごとに代理権を授与してもよいのであるから，商業使用人には必ずしも雇用契約は必要ではないことにな

る。商業代理人説によれば，商業使用人の商人への従属性は希釈されよう。

　これに対し，商業使用人にとっては商人の指揮命令に服するという従属性は不可欠の要素であると捕らえるべきだとすると，従属性は雇用契約から生じると解するのが自然であり，商法45条（さらに，41条も）はこの旨を規定したものであると理解することになる。多数説であり，これが妥当であろう。正確にいえば，狭義の企業補助者の被用者としての側面であり，正に商業使用人である。株式会社・有限会社の取締役や合名会社・合資会社の業務執行社員等は特定の商人のために行為を行うが，その地位は雇用契約にもとづくものではないから，これらは商業使用人ではない。商人の配偶者・子供・両親は商人と雇用契約が存在しないと考えてよいので商業使用人ではないが，取引の安全の見地から商業使用人の規定を類推適用すべきであるとされる。これら以外の商人の親族・友人とは雇用契約が存在することもあろう。

　㈠　商業的業務　　商業使用人は商行為たる財貨の流通過程に関わる商業技術的業務──商品の売買・金銭出納・簿記等──に従事する者である。エレベーターガール・警備員・掃除人のような単に営業的業務に従事するにすぎない者は，商業使用人ではない。また，生産過程に関わる製造業における技師・工具や運送業における運転手・車掌・保線係・船長・船員・整備係の担当する技術的労務および新聞記者・編集者・研究員の担当する自然科学・文化的業務また家事使用人の業務等は財貨の流通過程に関わる商業技術的業務ではないので，これらは商業使用人ではない。

　㈢　対外的業務──代理権の必要性　　商業使用人は対外的業務に従事する者であるから，商業使用人には代理権が必要である。正確にいえば，狭義の企業補助者の代理人としての側面であり，正に商業代理人である。代理権は委任契約の他に事務管理でもよい。内部的業務にすぎない会計（金銭出納・簿記を含む）は対外的業務ではないので，会計係はこの意味で商業使用人ではない。

　㈣　特定の商人を企業の内部で補助する者　　商業使用人は特定の商人を企業の内部で補助する者であり，特定の商人を企業の外部から補助する代理商とは異なる。

　(b)　商業使用人の種類　　㈠　上級商業使用人・中級商業使用人・下級商業使用人　　商業使用人は，包括代理権を有する上級商業使用人たる支配人（支

店長)・部分的包括代理権を有する中級商業使用人たる「或種類又ハ特定ノ事項ノ委任ヲ受ケタル」商業使用人（部長・次長・課長・課長補佐・係長・主任，「番頭・手代」等）（43条）・店舗における物品販売代理権を有する下級商業使用人（物品販売店舗商業使用人）（44条）に分かれる。三者のうちで最も重要な商業使用人は支配人である。

　㈣　上級商業使用人——支配人　　商人は本店または支店で，その営業をさせる支配人を選任することができるが（37条），株式会社では取締役会決議を要する（260条2項3号）。支配人は営業主に代わってその営業に関する一切の裁判上または裁判外の行為をなす権限（支配権）を有する商業使用人である（38条1項，通説）。通説によれば，支配人は包括代理権を持つ者として選任される者であるから，代理権が制限された者は支配人ではないが，取引の安全を図るために，表見支配人に該当する場合は，商人が取引の相手方に責任を負う（42条）。支配権の範囲は商号および営業所によって個別化された特定の営業に限定される（商登51条1項3号・4号）。支配権に加えた制限をもって善意の第三者に対抗できないことにして取引の安全をはかっている（38条3項）。営業主と支配人との競業から営業主を保護するために，支配人は営業主の許諾がなければ，自己もしくは第三者のために営業主の営業の部類に属する取引をしてはならない（41条1項）（競業避止義務）。支配人が支配人のために取引をなしたときは，営業主はその取引を営業主のためになしたものと看做すことができる（2項，介入権・奪取権）。また，支配人にその職務に専念させるに，支配人は営業主の許諾がなければ，営業をなしまたは会社の無限責任社員・取締役もしくは他の商人の商業使用人になることができない（1項，営業避止義務・精力分散防止義務）。

(4) 代　理　商

　(a)　代理商の意義　　代理商とは一定の商人のために平常その営業の部類に属する取引の代理または媒介を行う商業使用人でない者である（46条）。これを分説すると以下のようになる。損害保険代理店の多くは代理商であるといわれている。

　㈠　一定の商人との常嘱性　　代理商は一定の商人のためにその商人を補助する者である。代理商および商業使用人が補助する商人は一定の商人である点

では同様であるが，商業使用人は自然人に限られるが，代理商は法人でもよく，また商業使用人は一人の商人を補助するだけであるが，代理商は複数の商人を補助することができる。

　また，代理商は平常その商人を補助する者であり，その商人との常嘱性が要求される。平常とは代理または媒介を継続的に委託されることであり，単に数回それらを委託されるだけでは足りない。

　㊁　代理または媒介　　一定の商人のために，代理の引受を行う代理商（502条12号）を締約代理商といい，媒介の引受を行う者を媒介代理商ということが多い（媒介は事実行為であるから媒介商とでもいうべきか）（502条11号）。どちらも固有の商人である（4条1項）。代理と媒介の双方を行う者は，代理を行うので締約代理商である。代理とは本人たる商人と相手方との間で取引上の契約を締結することであり，媒介とは本人たる商人と相手方との間で取引が成立するように仲介・斡旋・勧誘を行うことである。

　㊂　商業使用人でない者　　これについては後述する。

　(b)　代理商の内部関係――代理商と本人との関係　　㊀　代理商契約　　代理商と本人との関係は，基本的には代理商契約の定めるところによるが，さらに，委任に関する民法および商法の規定（民643条以下，商505条・506条）も適用または準用される。

　㊁　代理商の義務　　代理商は善管注意義務（民644条・656条），強化された通知義務（47条，民645条対比）を負う。また，本人の許諾を受けなければ代理商もしくは第三者のために本人の営業の部類に属する取引をなしまたは同種の営業を目的とする会社の無限責任社員もしくは取締役となることができないとされ（48条1項），本人に対して競業避止義務を負う。代理商が本人の営業上の機密を悪用して，本人の利益を犠牲にして代理商の利益を優先することを防止する制度である。本人の介入権は支配人の場合と同様である（同条2項）。

　㊂　代理商の権利　　代理商は報酬請求権（512条）・費用償還請求権（民649条・650条）を有する。取引の代理または媒介をなしたことにより生じた債権が弁済期にあるときは，その弁済を受けるまで本人のために占有する物または有価証券を留置することができる（51条）。商人間の留置権（521条）と同様に，留置権の被担保債権が留置物に関して生じたこと（留置物との牽連関係）は要

求されていない点は，民事留置権（民295条）と異なる。留置物は本人のために占有する物または有価証券であればよく，債務者が所有する物または有価証券であること，およびそれらが債務者との間の商行為によって債権者の占有に帰したことが要求されている商人間の留置権と異なる。

(c) 代理商の外部関係——代理商と相手方との関係　代理商の代理権の範囲につき，締約代理商にあっては本人が代理権を授与した代理商契約の定めにより，媒介代理商にあっては受働代理権を別に授与されたときはそれによる。なお，物品の販売又はその媒介の委託を受けた代理商は，売買の目的物の瑕疵またはその数量の不足，その他売買の履行に関する通知を受ける権限を有する（49条）。売買の履行に関する通知（526条参照）を受ける権限は，とくに媒介代理商の場合に意味を持つであろう。

（5）　商業使用人と代理商

(a) 商業使用人と代理商の意義の相違　商業使用人は特定の商人に従属して，企業の内部で，その商人を補助する従属的企業補助者である（株式会社の重要な商業使用人の選任・解任につき，260条2項3号参照）のに対して，代理商は特定の商人の外部から対等に自ら独立の商人として，その商人を補助する独立的企業補助者である（4条1項・502条11号・12号）。

(b) 商業使用人と代理商の判断基準　商業使用人と代理商の判別は，以下の判断項目を中心にして総合的に行われる。

○商業使用人は固定給たる給料を受けるが，代理商の報酬は手数料である。
○商業使用人は自己の営業所を持たず営業主の営業所で活動するが，代理商は自己の営業所を有する。
○商業使用人は営業費を負担しないが，代理商は営業費を自ら負担する。
○商業使用人は雇用契約と委任契約にもとづくが，代理商は委任契約または準委任契約にもとづく。
○商業使用人は一人の商人を補助するが，代理商は複数の商人を補助し得る。

2 本店と支店はどうちがうか

(1) 営業所の意義

　営業所とは商人の営業活動の場所的中心である。これを分説すると以下のようになる。
　(a) 営業所は商人の「営業活動」の場所的中心と認められる一定の場所である。営業活動の場所的中心につき，内部的に，営業の指揮命令がそこから発出され，営業の成果がそこに統一される首脳たる場所であれば足り，それ以上に営業の目的たる基本行為が行われる必要はないとするのが多数説である（営業活動内部決定説と呼ぼう）。これに対して，内部的に営業の指揮命令が発出され成果が統一されるだけでは足りず，外部的にも，営業の目的たる基本行為が行われる場所であることを要すると解する説もある（営業活動内外部決定説と呼ぼう）。営業活動内外部決定説の中には，営業活動の中心として現れる場所であることを要するが，そこで必要とされる対外的活動は売買契約や運送契約のような営業の目的行為であることを要せず，資金借入契約の締結のような営業のためにする行為や取引の決済だけでもよいとする説もある。この説は営業活動内部決定説と接近し，相違は相対化しよう。判例は，営業所であるためには，外部的な営業過程に属する法律行為について，これを独自に決定施行し得る組織の実体を有することが必要であるとして，営業活動内外部決定説に立つ（最判昭和37年12月25日民集16巻12号2430頁）。
　営業には，元来，取引が含意されていると考えられること，営業活動内部決定説では営業の目的たる基本行為を行う場所が営業所以外に別に必要となること，および形式上の本店と実質上の本店が異なった場合に，実質上の本店を本店と扱う根拠が取引の動的安全であることから，営業活動内外部決定説の方が自然のように思える。営業活動内部決定説では，もちろん営業活動内外部決定説に立っても，たとえ営業の目的たる行為が行われる場所であっても，出張所・駅・停車場・売店のように他の営業所で決定されたことにまったく従属して単に機械的に取引を行うだけで，営業の指揮命令の発出と成果の統一が行われない場所は，営業所ではない。商品の製造や保管という事実行為が行われる

にすぎない工場や倉庫は，むろん営業所ではない。

　(b)　営業所は商人の営業活動の「場所的中心」と認められる一定の場所である。営業所は商人の営業活動の「場所的中心」であるから，行商人のように営業活動の場所的中心を持たない商人には，営業所は存在しない。

　(c)　営業所の判断基準　　営業所であるか否かは，専ら各個の場合に営業活動の場所的中心としての実質を備えているかを客観的に判断すべきであり，商人の主観的意図による訳ではないので，商人が付した名称によって定まることはない。かく解することは，商人が任意に営業所を転々と移転させて訴訟を回避することを防止するためにも必要である。しかし，営業所は商業登記事項であり（商登28条2項3号・51条1項4号，商188条2項2号等），故意または過失により一定の場所を営業所と登記した者は，そこが営業所でないことを善意の第三者に対抗できないことに留意すべきである（14条）。

　(d)　各商人にとっての営業所　　自然人の一般生活の場所的中心たる住所に相当する法的効果が，商人一般の営業所に与えられる。個人商人には営業生活以外に一般生活があるので，営業所以外に住所が存在する。会社は徹頭徹尾商人であるから，営業生活以外には一般生活がないので，営業所以外の住所は存在しない。

（2）　営業所の法的効果

　(a)　営業所一般の法的効果　　すべての営業所は一般に以下のような法的効果をもつ。営業所が実際上意味をもつのは，営業所が商人の住所になっていない場合，すなわち従たる営業所の場合であろう。

　㈡　商行為によって生じた債務の履行場所の決定基準（516条1項・2項）

　特定物引渡以外の債務の履行は原則として債権者の現時の営業所で（持参債務），指図債権および無記名債権の弁済は，債務者の現時の営業所で（取立債務）なすことを要する。

　㈡　商業登記管轄の基準　　商法により登記すべき事項は，当事者の請求により，その営業所の所在地を管轄する登記所に備えた商業登記簿にこれを登記する（9条）。商業登記の事務は当事者の営業所の所在地を管轄する法務局もしくは地方法務局またはその支局もしくは出張所が，管轄登記所としてつかさどる（商登1条）。

(ハ) 民事裁判管轄の基準　会社の普通裁判籍はその主たる営業所により定まる（民訴4条4項）。営業所を有する者に対する訴えで，その営業所における業務に関するものは，当該営業所の所在地を管轄する裁判所に提起することができる（民訴5条5号）。破産事件および和議事件は，債務者の主たる営業所の所在地を管轄する地方裁判所の管轄に専属する（破105条，和3条）。更正事件は，会社の本店の所在地を管轄する地方裁判所の管轄に専属する（会更6条）。

(ニ) 民事訴訟の書類送達場所の決定基準（民訴103条1項・104条）

(b)　支店の法的効果　(イ) 本店のみに認められる法的効果を除き，支店の営業活動にも上記の法的効果が認められている。

(ロ)　支店だけに認められる特別の法的効果がある。

○支店においてなした取引については，その支店が債務履行の場所となる（516条3項）。

○本店の所在地において登記すべき事項は，原則として支店の所在地においても登記することを要する（10条）。

○支店の所在地において登記すべき事項を登記しない場合は，12条の規定は支店においてなした取引についてのみ適用する（13条）。

○支店限りの支配人を置くことができる（37条・40条）。なお，表見支配人でいう「本店又ハ支店」（42条1項）は営業所の実質を備えなければならないかが論議されているが，多数説・判例は，第三者の信頼は「営業ノ主任者タルコトヲ示スベキ名称」を付した商業使用人への信頼であり，営業所の外観への信頼ではないとして，「本店又ハ支店」は営業所の実質を備えなければならないと解している。

○支店の営業だけを独立して営業譲渡できる。

(3)　**本店と支店はどうちがうか**

(a)　本店と支店の意義の相違　商人が一個の営業について複数の営業所を有するときは，すべての営業所を統括する一つの統一的な主たる営業所が本店である。支店は本店に従属し，本店の指揮命令に服する従たる営業所であるが，限定された範囲で独立した部分的な場所的中心を構成するものでなければならない。支店の営業は本店の営業と共に一個の営業を構成し，本店の営業に役立つことが必要であり，基本的な営業上の事項は本店で決定されなければならず，

本店と全く別個の営業を行う支店は存在しない。しかし，本店は卸売業を営み，支店は小売業を営む場合のように，本店の営業と合一して，一個の総合的企業を構成する場合は，本店と異なる種類の営業を営むときでも支店と解してよいとされる。

商人が複数の営業を行い，各営業につき別個の営業所を有するときは，各営業の営業所はそれぞれ独立しており，営業を異にする営業所の間には本店・支店という主従関係は存在しない。

(b) 会社における形式上の本店と実質上の本店の乖離　会社における形式上の本店とは会社の住所としての本店であり，会社における実質上の本店とは営業活動の場所的中心としての本店であり，両者が異なることは差し支えないが，どちらを本店と扱うかが問題となる。登記管轄（9条・188条・280条ノ16等）・裁判管轄（民訴4条4項，商247条2項・252条・268条1項等）・訴訟書類の送達場所等は画一的に決定されることが望ましいから，形式上の本店を基準とすべきである。債務履行の場所や表見支配人の要件たる「本店」は，取引の安全の見地から実質上の本店を基準とすべきであるとする説があり，妥当である。

(b) 会社の本店と支店　会社の住所は本店の所在地であり（54条2項），株式会社・有限会社では，本店の所在地が定款の絶対的記載事項とされていて（166条1項8号，有6条7号，商63条4号・148条対比），本店・支店は会社の登記事項とされている（64条1項2号・149条・188条2項2号，有13条2項2号）。

株式会社では，支店の設置・変更および廃止は取締役会の決議事項であるが（260条2項4号），取締役会決議は株式会社の内部手続にすぎないので，その有無と支店の認定とは関係がないと解される。

第2編

会　　社

第1章 ■ 会社の種類

　商法は，合名会社・合資会社・株式会社の三種類の会社を認め，かつこの三種類に限定しているが（53条），有限会社法は，別に有限会社を認めている（有1条）。それぞれの会社は，いずれも共同企業形態とはいえ，その種類により労力・資本の結合の重点・態様を異にするとともに，危険分散ないし軽減の方式も異なる。四種の会社の区別は，主として社員（会社の構成員すなわち出資者のことを社員という）の責任の態様にもとづくものである。この区別はまた，経済的に社員としての個人と会社企業との結びつきが密接かどうか，この点が法的にどのように重視されるか，その程度の差異となって現われる。具体的には，社員数の多少，出資の種類と程度，社員の会社企業の経営に関与する程度，社員たる地位の移転の難易，社員の責任の種類と程度，会社の意思決定の方法，会社の解散原因などの法律関係の全面にわたって生ずる差異である。

1　合名会社はどのような会社か

　合名会社は，無限責任社員のみから構成される一元的組織の会社である。社員の会社に対する結びつきの度合いが強く，合名会社においては，社員の個性，すなわち誰が社員かということが重視される。社員の全員が連帯して，会社債務につき会社債権者に対し，その個人財産をもって弁済をなすべき責任を負担する（80条）。この社員の責任は，会社債権者に対し直接に弁済の義務を負うという点で，直接責任であり，かつ，各自の出資額の限度にかかわらず，その責任に限度がないという意味で，無限責任である。合名会社の特色はすべてこの点にあり，このように社員の責任が重いことに対応して，各社員は，とくに除外されない限り，会社の業務（経営管理活動）を執行し会社を代表する権限を有する（70条・76条）。いわゆる企業の「所有と経営」が一致した会社形態である。

会社に対する会社債権者の信用が社員個人におかれることになるから，会社財産はあまり重視されず，その保全についての法規制は少ない。出資についても，金銭その他の財産に限らず，労務（技師として勤めることなど）・信用（会社振出の手形に保証すること，単に社員として名を連ねることなど）の出資も認められている（68条・89条，民667条2項）。他方，社員が誰であるかということは，無限責任に加えて，各社員が経営に参加することから，他の社員にとっても会社債権者にとっても重大な意味をもつ。そこで，社員の氏名と出資は定款の記載事項となっており（63条3号・5号），新たに社員になるには（入社），定款の変更を必要とし，したがって総社員の同意がなければならない（72条）。また，社員がその地位（持分）を移転（譲渡）する場合にも他の社員全員の同意が必要である（73条）。

合名会社は，相互に密接な信頼関係に立つ少人数の者が共同出資して事業を行うのに適した企業形態である（自ら経営に当たる資本家いわゆる「機能資本家」のみからなる共同企業形態）。いわば個人企業を束ねた共同経営的性格をもち，法的には社団法人であるが，その実質は組合とみることができよう。

2　合資会社はどのような会社か

合資会社は，無限責任社員と有限責任社員から構成される二元的組織の会社である（146条）。無限責任社員は，合名会社の社員と同様の地位を有し，原則として会社の業務執行と代表の権限を有する（151条・147条・76条）。合資会社は，合名会社の一変形ともいえる会社形態であり，そのため法は，合資会社に特有な点だけを規定し，その他は，合名会社に関する規定を準用している（147条）。

有限責任社員の存在することが合資会社の基本的特徴である。この場合の有限責任とは，その責任が各社員の出資の額を限度（157条）とする（有限性）ことを意味する。ただ，有限責任社員の責任は出資額を限度とするとはいえ，会社債権者に対し直接・連帯して負担しなければならない点が，後述の有限会社の社員および株式会社の株主に認められる有限責任とは異なる。しかし，会社に対して出資の履行をしたときは，その限度においては会社債権者に対しても

責任を負わない（157条1項）。

有限責任社員には，その責任の有限性に対応して，業務執行権も代表権もないが（156条），会社の業務および状況を検査するいわゆる監視権が与えられている（153条）。その出資についても，金銭その他の財産のみが認められ，無限責任社員のように，労務および信用の出資は認められていない（150条）。また，有限責任社員の個性はさして問題にならないので，持分の譲渡には無限責任社員全員の同意があれば足り，他の有限責任社員の同意は必要がない（154条）。

出資の回収が容易でないことなどから有限責任社員も多数に上ることはない。合資会社においては，企業に出資だけして経営には参加しない有限責任社員を認めることにより，資本家の範囲を拡大していても（機能資本家と自らは経営に当たらない，いわゆる「無機能資本家」の共同企業形態），合名会社と同じく，依然として相互に信頼関係のある少数の者が，無限責任社員を核に共同事業を行う企業形態であるといえる。

3　有限会社はどのような会社か

有限会社は，有限責任社員のみから構成される一元的組織の会社である。有限会社は，形式的には商法上の会社ではないが（53条参照），実質的には商法上の会社と異ならないので，有限会社法には，株式会社に関する商法の規定が多数準用されるほか，同趣旨の規定がおかれている。しかも，有限会社は，商法を除く他の法律の適用については商法上の会社とみなされる（有89条）。合名会社・合資会社とは異なり，自らは経営に当たらない資本家が資本（無機能資本）を集中するのに適した共同企業形態として考案され，資本団体としての基本構造をもつ点で，株式会社に類似する。しかし，有限会社においては，社員の会社に対する結びつきの度合いが強く，社員の個性も尊重されている点に，株式会社との差異がみられる。有限会社は，以下のような社員の間接有限責任，したがって会社財産のみが会社債権者に対する責任財産となること，社員資格と会社の経営に当たる者との分離（第三者機関制）という点において，株式会社と共通の特色を有する。

有限会社においては，社員のすべてが自己の出資額を限度とする出資義務を

会社に対して負担するだけで（有17条），会社債務については何らの責任を負わない。このように社員が会社債務に対して何らの弁済義務を負うことなく，単に会社に対して出資義務を負うにすぎない場合を間接責任といい，その出資義務が一定額を限度としているので有限責任という。要するに，間接責任の場合には，社員は会社債権者に対する関係では，むしろ「無責任」というべきであるが，その出資が会社を通じて間接的に会社債権者に対する弁済に充てられるので，間接責任とよぶのである。

その責任が間接・有限であることに対応して，社員は業務執行・会社代表の権限を有せず，いわゆる「所有と経営」が原則的に分離している。会社の運営は，社員総会で選任した取締役が行うこととして，いわゆる第三者機関制をとっている（有26条・27条）。また，社員は自己の出資義務を履行できるだけの資力がありさえすればよく，この点では社員が何ぴとであるか（人的個性）は重視されず，会社に対する信用はもっぱら会社財産に置かれることになる。そのため，株式会社同様に「資本」制度を設け，会社財産の確保に関する株式会社の規定も多く準用されている。

有限会社の「資本」は，社員の均等額単位の出資から形成され，その総額は定款に記載される（有6条3号）。出資一口の金額が均等（有10条）とされているのは，資本の形成および計算を合理化するためであり，一口の金額と口数の積が常に資本となる。出資口数の増加（株式会社における増資に相当する）は，定款変更の一場合であり（有6条3号），社員総会の特別決議が必要となる（有48条）。その際，各社員は出資一口につき一個の議決権を有する（有39条本文）。社員に有限責任が認められる結果，資本には，株式会社と同様に会社財産確保の機能が結びつけられている。いわゆる資本三原則，すなわち資本確定の原則（有6条3号），資本充実・維持の原則（有12条・57条・46条等の各条），資本不変の原則（有63条・47条・58条等の各条）は，有限会社にも適用がある。このほか，設立当時の社員の財産価格塡補責任（有14条），設立当時の社員等の出資塡補責任（有15条），資本増加の場合の取締役・社員の財産価格塡補および引受・払込担保責任（有54条・55条）は，いずれも資本の充実を図るために課される責任である。なお，資本の維持を図るために，法定準備金の制度も設けられている（有46条1項，商288条・288条ノ2）。

有限会社は，社員の有限責任という点では，株式会社と同様に，無機能資本を集中できるが，株式会社がもともと大規模な企業に利用されることを予想しているのに対し，中小規模の企業に適した企業形態として考案されたものである。中小規模の企業において株式会社の利点を活用することを目的とした，いわば「簡易化された株式会社」といえ，社員の個性もある程度は重視される。有限会社の株式会社に対する基本的特徴は，その「簡易性」と「閉鎖性」にある。

　有限会社の設立には，株式会社の発起設立に相当する方法しかなく，出資の引受は定款の作成により（有5条・6条・7条），しかも社員以外に発起人を認める必要もない。その経営組織についても簡易化が計られ，取締役は必ず置く必要のある機関であるが，その定員数・任期（有25条）には制限はない。取締役会の制度は法定されておらず，取締役が複数いる場合にも各自が機関を構成し，会社代表の職務権限を有し（有27条1項・2項），業務執行の決定はその過半数で行う（有26条）。監査役は，定款に定めたときにのみ置くことができるにすぎない（有33条1項）。また，会社に関する一切の事項について決定する権限を有する社員総会について，総社員の同意による招集手続の省略（有38条），書面による決議（有42条）が認められているのも，その「簡易性」の現れである。

　一般に，社員の地位の移転の難易度を基準として，基本的にその移転を制限し既存社員たちの結合の維持を可能とする会社を，後述のように「閉鎖会社」ということがあるが，有限会社もこれに属する。有限会社の「閉鎖性」を維持するために，社員の総数は原則として50人以下に制限され（有8条），社員の持分について指図式または無記名式の証券を発行することが禁止されている（有21条）。持分の譲渡についても，社員相互間の譲渡は自由であるが（有19条1項），社員以外の者に譲渡する場合には，社員総会の承認が必要とされている（同条2項）。設立の場合に社員の公募による募集設立はなく，増資に際して公募が禁止される（有52条2項）のもこの点に関連する。

4 株式会社はどのような会社か

　株式会社は，株主のみから構成される一元的組織の会社である。株式会社の社員すなわち株主は，全員が会社に対し各自の有する株式の引受価額を限度とする出資義務を負うだけで（200条1項），会社債権者に対しては何ら責任を負わない。そして，株式とは，社員の地位すなわち持分のことであり，均等に細分化された割合的単位の形をとる。株式会社は，無機能資本の集中を目的とする企業形態であり，社員が共同企業者として負担すべき危険の分散・軽減の最も徹底した会社形態である。

　株式会社の根本的特質は，株主有限責任（間接有限責任）の原則と株式制度である。しかも前者については，現在のわが国の株式会社においては，株主は株主となる前に出資義務をすべて履行すべきもの（引受価額の全額払込制）（170条1項・172条・177条・280条ノ7・280条ノ14第1項）とされているので，株主となった後にはもはやいかなる責任をも負わず，会社に対してさえ何らの責任を負わない。ただ，会社財産が減少すればこれに対する株主持分がそれだけ減少するという危険を負担しているにすぎない。たとえ会社が破産した場合であっても，株主は株式取得のために投資した資金の返還を受けられないという損失を蒙るだけである。それ以上会社債務につき会社債権者から追及される恐れはないから，共同企業者としての株主の責任は，法律上完全に限定されていることになる。

　このように株主の責任が限定されている結果，会社債権者にとっては会社財産だけがその債権の担保であるが，この会社財産は，当然，事業の推移とともに絶えず変動する。しかし，法は，会社債権者保護を目的として，会社財産の社外流出を防ぐために特別な規制を加えている。それは，会社が財産を確保しなければならない基準として一定の金額を設定し，会社存続中は，この金額に相当する現実の財産を会社に保持させることを目的とするものである。この基準額であり，財産確保のための尺度となる抽象的な数額が「資本」であり，一般に「資本金」とよばれる。その額は，原則として，発行済株式の発行価額の総額であり（284条ノ2第1項），会社の定款には記載されないが，登記によっ

て公示される（188条2項6号）。この意味の資本は，上述のように有限会社にもみられ，合名会社および合資会社のように社員が会社債権者に対し無限責任を負担する会社には存在しない。いわば社員の間接有限責任の代償として設けられた制度である。したがって，経済学・経営学・会計学等において用いられる資本という用語も，ここでいう資本とは異なる。

　資本の会社財産確保の機能を担保するために，前述の三原則があるが，まず，資本充実・維持の原則は，資本額に相当する純資産（＝資産－負債）を会社に確保することを要求する。会社が設立または増資のために株式を発行する際には，約束された資本額まで出資払込をさせ，次に，その資本の額に相当する財産を会社に現実に維持させるため，たとえば株主に対する利益の配当は，会社の純資産から資本を控除した後でなければできないものとする（290条）。このことを紙コップを資本，会社資産をそれに入れる水に例えるなら，株式の発行においては，この紙コップに水を入れるときには必ずコップ一杯になるようにせよということであり，利益配当においては，紙コップから受皿に溢れた水だけを飲んでよいというのが，資本と会社資産の関係である。しかし，紙コップに水が充たされていても，紙コップそのものを勝手に輪切りにして容積を小さくしてしまえば，水はこぼれてしまう。そのため，いったん定められた資本額は，法定の厳格な手続（資本減少手続—375条以下）によらない限り，任意に減少できないというのが，資本不変の原則である。なお，資本確定の原則は，設立の場合にのみ適用され（170条1項・177条1項），有限会社におけるほど強いものではない。

　以上の間接有限責任と，そこから導かれる第二次的特質としての資本制度に加えて，株式制度の存在が資本団体としての株式会社を特徴づけている。株式会社の社員の地位，すなわち持分が株式であるが，社員になってしまえば何の責任も残らないという地位でもある。この持分がそれぞれ異なる内容と大きさを有するなら，多数の社員からなる会社の法律関係は簡単には処理できない。そこで，これを均等の大きさに細分化された割合的単位の形とし，各社員の持分はその有する単位の数においてのみ異なるものとすれば，その法律関係の処理は，単位の数を基準に行えばよいことになり，画一かつ簡単になる。たとえば，甲会社を2,000万円の資本金で設立する場合に，これに対する社員の出資

を，Aが1,500万円，Bが400万円，C以下の10人がそれぞれ10万円と処理する場合には，個人個人の出資の違いのみが表面にでてくる。この会社で金額5万円を出資の単位（持分＝株式）として400個の単位（株式1個は400分1の持分を表示し，持分の大きさが発行済株式総数に対する1株の割合で示される——割合的単位）をつくりだすなら，Aは300個，Bは80個，C以下10人はそれぞれ2個ずつ，各自1単位当たり5万円で引き受ければよいことになる。したがって，社員の権利の大きさは，単純に各自の保有する単位数を比較・計算すればよい。株式制度は，株式会社における多数の社員の参集と交替を予想して，その権利行使を容易にするとともに株式の譲渡を容易にするためのきわめて技術的な制度である。

　株主が株主総会を通じて経営に参加する権利，すなわち議決権についても，各株主がそれぞれ1個の議決権を有するのではなく，各株主はそれぞれ持株数に応じた数の議決権を有している（241条1項）。株主は経済的な意味では企業の実質的所有者としての性格をもつので，経営に参加する権利を与えられなければならないが，株式会社に集中された資本は，法律的には，出資者としての株主とは別個の，社団法人としての株式会社自体によって所有されることになる。そこで，多数に上る株主のもとでも，単一（統一）な会社意思（団体としての経営管理の意思）の形成が必要になる。その仕組が株主総会における意思決定の方法，すなわち1株1議決権の原則を前提とする「資本多数決」である。上述の甲会社の例で，中核となる資本所有者A・BとC以下の10人とが対立した場合に，1人1議決権の頭数による多数決方式をとって，2対10でC以下の主張が通るなら，A・Bのグループはこれに参加せずに別に事業をはじめ，Cのグループより大きな資本をもって，小資本のCらを市場において圧倒することになろう。そこで，Cらが，A・Bの主張を認めるという約束で，彼らの参加を求めることもあろうし，反対に，A・Bの方にも，より大きな固定資本を必要とする事情があれば，Cらはもとよりさらに多数の出資者を募る必要に迫られることもありえよう。多数の小資本の出資者にも経営に参加する権利（議決権）を与え，しかも大資本所有者の意思が無視されないために採用されたのが1株式1票の多数決である。通常の1人1票の多数決を排して，より多くの資本を提供している者の意思が会社の意思として通ることを確保するという，

資本団体である株式会社に特有の制度である。

　そして，株式そのものは目に見えない権利の総体であるから，これを目に見える紙片に結合したものが「株券」という有価証券である。株式は会社とは無関係に自由に譲渡することが可能となり，しかも株券によって譲渡が容易となるから，株主は，その有する株式の譲渡により何時でも自己の投資を回収して会社関係から離脱することができる。株主にこのような形で投下資本回収の手段が認められているのは，構成員全員が有限責任しか負担しない株式会社においては，会社債務の担保財産は会社財産しかないので，出資の払戻による会社からの離脱（「退社」という）は禁止されるからである。この株式譲渡の自由（204条1項）を認めてよいということは，また，株主相互間の信頼関係を前提にしていないこと，社員の個性を問題にしないことの反映ともいえる。なお，株式の流通のために株式市場が成立し（株式の集中的売買のために証券取引所が開設している有価証券市場が重要である），株式の相場すなわち株式価格がうまれる。

　以上のことから株式会社は，共同企業のうちでも，最もよく資本主義経済社会の必要に応える企業形態であることが知られる。この社会で競争において有利な地位に立つためには，個々の企業にとって，優秀かつ大規模な生産設備あるいは流通の施設が不可欠となるが，当然，それには膨大な資本を必要とし，大資本を集中するとともにそれを長期的に固定化できることが望ましい。株式会社においては，他人の資本を集めてそれを自己資本に転化することが可能である。株主有限責任の原則と株式制度を通じて，さしあたり少額の出資のできる者は誰でも株主となることができるから，社会に散在する零細な資金（無機能資本）を広範囲に集中することにより巨額の企業資金にまとめることができる。その際に，株式を通じての出資という過程を経ることにより，もともと経済的には「経営外」の資本でありながら，それを法律的には「経営内」のものにしてしまうので，借入金のように弁済期における返還請求ということもなくなるのである。そして，株主の有限責任の反面として，会社財産確保の要請から，株式を通じて集中された資本は，出資者に払戻しにより返還することが禁止されていることで，長期資金に固定化することが可能となる。つまり株主個人の短期投資が会社にとって長期固定資本になるわけである。

第2章 ■ 株式会社

1 株式会社はどのようなものか

　わが国の株式会社数は，100万社を超え，その大多数は中小規模の会社で占められている。これらの会社に対して，商法が大企業と同様に法の遵守を求めることは，かえって，不必要な労力や費用等をかけることになり，現実的でなく，迅速性に欠け，非合理的である。
　そこで商法は，株式会社を資本金額や負債総額をもとに，大会社・中会社・小会社に区分している。

（1）　大会社・中会社・小会社の区分

　株式会社の機関のうち，監査役の職務は取締役の職務を監査することである（274条1項）。しかし，その内容については，株式会社の資本金額や負債額によって異なる。商法と商特法（株式会社の監査等に関する商法の特例に関する法律）は，会社の規模によって大会社・中会社・小会社に分けている。
　それぞれの会社の区分と監査役の職務権限等は，次のとおりである。
　(a)　大会社　　大会社とは，資本金が5億円以上，または負債総額が200億円以上の株式会社をいう。
　大会社は，計算書類及びその付属明細書については，監査役の監査のほか，会計監査人（公認会計士または監査法人）の監査を受けなければならない（商特法2条，商281条1項）。
　会計監査人は，取締役が監査役会の同意を得て，株主総会に会計監査人の選任に関する議案を提出して選任される（商特法3条1項・2項）。
会計監査人の資格は，公認会計士または監査法人でなければならない（同法4条1項）。
　会計監査人の任期は，就任後1年以内の最終の決算期に関する定時総会の終

結の時までとする（同法5条ノ2第1項）。
　会計監査人の解任は，株主総会・監査役会の決議をもって解任することができる（同法6条1項・6条ノ2第1項）。
　会計監査人の権限は，いつでも会社の会計の帳簿及び書類の閲覧もしくは謄写をし，または取締役及び支配人その他の使用人に対して会計に関する報告を求めることができる。職務執行上，必要があるときは，会社の業務及び財産の状況を調査することができるなどである（同法7条）。
　会計監査人は，取締役の職務執行に関し不正行為または法令・定款に違反する重大な事実があることを発見したときは，監査役会に報告しなければならない（同法8条1項）。
　会計監査人の任務懈怠により会社に損害が生じたときは，その会計監査人は連帯して損害賠償責任を負う（同法9条）。重要事項につき，監査報告書に虚偽の記載をしたことにより第三者に損害を与えたときは，連帯して損害賠償責任を負う（同法10条）。
　会計監査人の罰則については，会計監査人が，その職務に関し不正の請託を受け，賄賂を収受し，またはこれを要求し，もしくは約束したときは5年以下の懲役または500万円以下の罰金に処せられるなどである（同法28条等）。
　監査役の職務は，取締役の業務執行を監査する機関である。この監査とは，業務監査と会計監査である。この業務監査は，業務一般の妥当性には及ばず，適法性に限られると解されている（275条・281条ノ3第2項8号）。
　平成5年の商法改正では，大会社は監査役の全員で監査役会を組織しなければならなくなった（商特法18条ノ2第1項）。
　大会社の監査役の員数は，3人以上でなければならず，かつ，そのうち1人以上は社外監査役でなければならない（同法18条1項）。また，監査役の互選をもって常勤の監査役を定めなければならない（同法18条2項）。
　監査役会の権限は，取締役，会計監査人が提出した書類を受け（同法12条・13条），監査報告書を提出しなければならない（同法13条）。監査役会は，会計監査人の選任・解任に関与していく（同法3条2項・3項・6条2項・3項）。
　監査役会では，監査の方針や，会社の業務及び財産の状況の調査その他の監査役の職務の執行に関する事項を定めることができる。ただし，監査役の権限

の行使を妨げることはできない（同法18条ノ2第2項但書）。

監査役は，監査役会の求めがあるときは，いつでもその職務の執行の状況を監査役会に報告しなければならない（同法18条ノ2第3項）。

監査役会の決議は，監査役の過半数をもって行われる。ただし，会計監査人の解任の決議については，監査役の全員一致が必要である（同法18条ノ3第1項・6条ノ2第1項）。

監査役会の招集に関しては，取締役会の規定が準用される（同法18条ノ3第2項，商259条1項本文・259条ノ2・259条ノ3・260条ノ4等）。

大会社の監査役の行為が監査役会の決議にもとづいてなされたときは，その決議に賛成した監査役は，その決議に賛成したものと推定され，決議に参加した監査役のうち議事録に異議をとどめなかった者は，決議に賛成したものと推定され，会社に対して損害賠償責任を負う（商特法18条ノ4第1項，商266条2項・3項）。また，監査役の作成した監査報告書に重要な事項に虚偽の記載があったときは，第三者に対しても損害賠償責任を負う（商特法18条ノ4第2項・19条2項，商266条ノ3第2項・3項）。

(b) 中会社　中会社とは，資本金が1億円超5億円未満で，かつ負債総額が200億円未満の株式会社をいう。

監査役の職務は，会計監査と業務監査を行う。

監査役の任期は，就任後3年以内の最終の決算期に関する定時総会の終結の時までとするが，最初の監査役は，1年とする（273条1項・2項）。

監査役の権限は，取締役の職務の執行を監査する（274条1項）。監査役は，いつでも取締役及び支配人その他の使用人に対して営業の報告を求めまたは会社の業務及び財産の状況を調査することができる等である（274条）（⇒中会社の監査役についての詳細は，株式会社の機関を参照）。

(c) 小会社　小会社とは，資本金が1億円以下で，かつ負債総額が200億円未満の株式会社をいう（商特法22条1項）。

小会社の監査役の職務は，会計監査のみである（同法22条・25条）。

監査役は，取締役が株主総会に提出しようとする会計に関する書類を調査し，株主総会にその意見を報告しなければならない。監査役は，いつでも会計の帳簿及び書類の閲覧もしくは謄写をし，または取締役および支配人その他の使用

人に対して会計に関する報告を求めることができる。監査役は，その職務を行うため必要があるときは，会社の業務及び財産の状況を調査することができる（同法22条1項－3項）。

（2） 閉鎖会社・公開会社

合名会社・合資会社及び有限会社は，閉鎖会社であるが，株式会社の場合は閉鎖会社と公開会社に区別され，その基準はいくつかある。広義では，株式が証券取引所に上場されていないものを閉鎖会社といい，上場されているものを公開会社という。狭義では，株式会社の定款に譲渡制限（204条1項但書）がなされているものを閉鎖会社といい，その制限がないものを公開会社という。閉鎖会社であることと公開会社であることが，必ずしも会社規模の大小を決定づけるものではなく，閉鎖会社でも大規模な株式会社もある。しかし，一般的には公開会社は，大会社である。

〔株式の譲渡制限〕（最判平成5年3月30日民集47巻4号3439頁）──株式の譲渡制限の定めは，専ら会社にとって好ましくない者が株主になることを防止し，もって譲渡人以外の株主の利益を保護することにあり，一人会社の株主がその保有する株式を他に譲渡した場合，定款所定の取締役会の承認がなくても，その譲渡は会社に対する関係においても有効である。

2 株式会社を設立するにはどうすればよいか

（1） 発 起 人

株式会社を設立するには，発起人が一人でもよい（188条）。

〔発起人の意義〕（大判昭和7年6月29日民集11巻1257頁）──発起人とは，定款に発起人として署名した者のみをいう。

発起人は，まず定款を作成することである。

株式会社の資本金額は，1,000万円以上でなければならない（168条ノ4）。

（2） 定款の作成

株式会社を設立するには，発起人が定款を作らなければならない（165条）。定款とは，株式会社の組織や運営，株主の地位などを定めた根本規則である。

(a) 定款の絶対的記載事項　株式会社の定款には，次の事項を記載し，各発起人はこれに署名しなければならない（166条1項）。定款に必ず記載しなければならない事項を，絶対的記載事項という。絶対的記載事項を欠いたものは，無効である。
① 目的
② 商号
③ 会社が発行する株式の総数
④ 額面株式を発行するときは一株の金額
⑤ 会社の設立に際して発行する株式の総数ならびに額面無額面の別及び数
⑥ 本店の所在地
⑦ 会社が公告をする方法
⑧ 発起人の氏名及び住所

定款は，公証人の認証を受けなければその効力を有しない（167条）。

(b) 定款の相対的記載事項　株式会社の運営上，絶対的記載事項以外に必要な事項を定款に記載することによって効力が認められるものを，相対的記載事項という。このうち，とくに重要な事項に変態設立事項がある（168条）。変態設立事項には，次のものがあげられる（168条1項）。
① 発起人が受ける特別の利益及びこれを受けるべき者の氏名
② 現物出資をする者の氏名，出資の目的たる財産，その価格ならびにこれに対して与える株式の額面無額面の別，種類及び数
③ 会社の成立後に譲り受けることを約した財産，その価格及び譲受人の氏名
④ 発起人が受ける報酬の額
⑤ 会社の負担に帰すべき設立費用

変態設立事項は，裁判所の選任する検査役の調査を受けなければならない（173条・181条）。

(c) 定款の任意的記載事項　絶対的記載事項または相対的記載事項以外の事項が，任意的記載事項である。任意的記載事項とは，定款に記載するかどうかは会社の任意とされる事項である。任意的記載事項についての制限はないが，強行法規や公序良俗に反しない事項であれば，定款に記載することができる。

定款に記載することにより，定款変更の手続をしない限り変更ができない。任意的記載事項には，株主総会の議長，取締役・監査役の員数，社長・副社長・専務取締役・常務取締役の権限，定時株主総会の招集日などである。

(3) 株式の発行

会社の設立に際して発行する株式については，株式の総数，額面無額面の別及び数，額面株式を発行するときは1株の金額といった基本的な事項は，定款で定めなければならない (166条1項4号・6号)。これらの事項以外は，発起人の過半数をもって決議することができる (原則)。しかし，株式の種類及び数，株式の発行価額，株式の発行価額中資本に組み入れない額については，発起人全員の同意によって定めることになっている (168条ノ2)。

(4) 会社の設立方法

株式会社の設立手続には，募集設立と発起設立の二つの方法がある。いずれの手続も，定款の作成・認証を受けることは同じであるが，それ以降の株式引受その他の手続が異なってくる。

(a) 発起設立　発起設立とは，会社の設立に際して発行する株式の全部を発起人だけで引き受ける設立手続をいう。

各発起人は，必ず書面で株式を引き受けなければならない (169条)。次に，発起人は引き受けた株式について，遅滞なく発行価額の全額を払い込まなければならない (170条1項)。また，現物出資を行う発起人は，払込期日に出資の目的である財産の全部を給付しなければならない (172条)。ただし，登記，登録その他の権利の設定または移転をもって第三者に対抗するために必要な行為は，会社の成立後にこれをすることを妨げない (172条但書)。

そして，発起人は，取締役及び監査役を選任しなければならない (170条1項)。この選任は，発起人は1株につき1個の議決権を有し，発起人の議決権の過半数をもって決定される (170条3項・241条1項)。

取締役は，商法173条2項・3項の場合を除き，選任後遅滞なく変態設立事項 (168条1項) を調査してもらうため，検査役の選任を裁判所に請求しなければならない (173条1項)。裁判所は，検査役の報告を聞き，変態設立事項が不当と認めたときは，これに変更を加えて各発起人に通知することができる (173条4項)。なお，この変更に服しない発起人は，その株式の引受を取り

消すことができる。この場合においては，定款を変更して設立に関する手続を続行することができる（173条5項）。

東京高決昭和23年7月15日（新判例体系商法Ⅰ664ノ16）——検査役は，裁判所が弁護士その他検査役として適任であると認める者から選任すべく，資格に制限はない。

発起設立は，募集設立の手続より簡単であるが，検査役の検査を避けるためあまり利用されてこなかった。

(b) 募集設立　募集設立とは，発起人以外に株式の引受人を募集して，会社を設立する手続をいう。

募集設立は，発起人が会社の設立に際して発行する株式の総数の一部を引き受け，その他の株式については株主を募集するというものである（174条）。

株式の申込をしようとするものは，発起人の作成による一定事項が記載された株式申込証に，その引き受ける株式の数および住所を記載し，これに署名しなければならない（175条1項・2項・3項）。株式の引受を募集する方法には，特段の制限はなく，一般公募や縁故募集によるが，通常後者による場合が多い。

発起人は，株式申込証の交付に際して，株式申込証に記載のある場合を除いて，払込を取り扱う銀行または信託会社（175条2項10号）を記載した書面を交付しなければならない（証175条4項）。

株式の申込をした者は，発起人の割り当てた株式数に応じて，株式引受人となり払込をする義務を負う（176条）。

発行株式の総数の引受があると，発起人は遅滞なく各引受人に発行価額の全額を払い込ませなければならない（177条1項）。また，現物出資者も遅滞なく給付を行わなければならない（177条3項・172条）。払込は，株式申込証に記載した払込の場所（銀行や信託会社）において行わなければならない（177条2項・175条2項）。

〔見せ金による払込〕（最判昭和38年12月6日民集17巻12号1633頁）——当初から真実の株式払込として会社資金を確保する意図なく，一時的借入金をもって単に払込の外形を整え，会社成立後直ちに右払込金を払い戻してこれを借入先に返還した場合（いわゆる見せ金による払込）は，会社の営業資金は何ら

確保されたことにはならず,有効な株式払込ではない。

発起人は,株式引受人が株式の払込をしないときは,期日を定めてその期日までに払込をしないときはその権利を失う旨を,期日の2週間前までに通知することができる(失権手続,179条1項)。この通知がされても株式引受人が払込をしないときは,その権利を失う(179条2項本文)。この場合においては,発起人はその者が引き受けた株式につき,さらに株主を募集することができる(179条2項但書)。また,2項の株式引受人に対して,損害賠償の請求ができる(179条3項)。

株式の払込および現物出資の給付があると発起人は,遅滞なく創立総会を招集しなければならない(180条1項)。創立総会の決議は,出席した株式引受人の議決権の3分の2以上でかつ引受があった株式総数の過半数に当たる多数で決定される(180条2項)。総会の招集通知,招集地,取締役・監査役の説明義務,総会の議長,代理人による議決権の行使・委任状の備置公示,議決権の不統一行使,議決権の数,総会の延期・続行の決議,総会議事録,決議の効力を争う訴え,種類株主総会の各規定は,創立総会にも準用される(180条3項・232条2項・233条・237条ノ3・237条ノ4・239条2項・4項ないし6項・239条ノ2・241条1項・243条・244条・247条ないし252条および345条)。

定款に変態設立事項に掲げる事項を定めたときは,発起人はこれに関する調査をするため,検査役の選任を裁判所に請求しなければならない(181条・168条1項)。ただし,財産引受および現物出資の少額などの場合は,検査役の調査を省略することができる(181条2項・173条2項・3項)。

創立総会では,とくに次のことが行われる。

① 発起人は,会社の創立に関する事項を創立総会に報告しなければならない(182条)。
② 取締役及び監査役を選任しなければならない(183条)。
③ 取締役及び監査役は,設立手続の調査をして創立総会に報告しなければならない(184条・173条ノ2第1項・181条3項・186条)。
④ 定款の変更または設立の廃止の決議ができる(187条)。

(5) 会社の設立登記

発起設立・募集設立を問わず,会社の本店の所在地において設立の登記をす

ることにより成立する（57条）。

　株式会社の設立の登記は，発起人が会社の設立に際して発行する株式総数を引き受けたときは，変態設立事項の調査または取締役・監査役の設立調査の手続の終了の日，発起人が会社の設立に際して発行する株式総数の引受がなかったときは創立総会の終了の日，または変態設立事項の変更もしくは定款変更の決議の手続終了の日より，2週間内にこれをしなければならない（188条1項・173条・173条ノ2・185条・187条4項）。

　設立の登記は，次の事項を登記しなければならない（188条2項）。

① 会社の目的，商号，発行予定株式総数，額面株式の1株の金額，公告の方法に関する事項
② 本店及び支店
③ 会社の存立時期・解散事由，各種の株式，株式譲渡の制限，新株引受権型ストックオプション，建設利息，株式の利益消却及び名義書換代理人・登録機関に関する事項
④ 転換株式を発行するときは転換株式の発行手続に関する事項
⑤ 発行済株式総数ならびに種類及び数
⑥ 資本の額
⑦ 取締役及び監査役の指名
⑧ 代表取締役の氏名及び住所
⑨ 数人の代表取締役が共同して会社を代表すべきことを定めたときはその規定

(6) **設立登記によって発生する効果**
① 株式引受の無効の主張や取消が制限される（191条）。
② 権利株（会社成立前または新株発行の効力発生前における株式引受人の地位）についての譲渡制限が解除される。
③ 株券の発行ができるようになる（226条2項）など。

(7) **会社設立の発起人・取締役・監査役の責任**
(a) 会社成立の場合　会社の成立後なお引受のない株式や株式の申込みが取り消された株式があるときは，発起人及び会社成立当時の取締役は共同して引き受けたものとみなされる（192条1項）。また，発行価額全額の払込が未済

の株式があるときも，発起人と会社成立当時の取締役は共同して払込の責任が生ずる（192条2項）。

〔発起人・取締役の責任〕（大判大正5年10月25日民録22輯1967頁）——本条は，少数の株式の引受または払込がないため会社を不成立とすると，設立手続を反復する不便があり株式引受人等の予期にも反するので，僅少な不足分について発起人に責任を負わせ会社の成立を認めたのであるから，引受・払込の未済が株式総数に比し重要でない場合に限られる。

会社成立当時における現物出資の財産の時価が定款に定めた価格に著しく不足したときは，発起人及び会社成立当時の取締役は会社に対し連帯して不足額を支払う義務を負う（192条ノ2第1項）。しかし，検査役の調査を受けたときは，現物出資者の発起人及び取締役は，その財産について支払義務を負わなくてもよい（192条ノ2第2項）。

発起人が会社の設立に関して，その任務を怠ったときは，会社に対して連帯して損害賠償の責任を負う。発起人が悪意または重大な過失があるときは，第三者に対しても連帯して損害賠償の責任を負う（193条）。

(b) 会社不成立の場合　会社が成立しなかった場合においては，発起人は会社の設立に関してした行為について，連帯してその責任を負い，会社の設立に関して支出した費用は発起人の負担とされる（194条）。

〔会社設立に関してなした行為〕（大判昭和14年4月19日民集18巻472号）——会社の設立に関してなした行為とは，会社設立行為自体に属するものおよび設立に必要な行為をいい，発起人が設立に関し必要な行為に要する費用を他より借り受ける行為は，会社設立に関してなした行為ということはできない。取締役または監査役が設立手続の調査の規定に定める任務を怠ったことにより，会社または第三者に対して損害賠償の責任を負う場合において，発起人もまたそのその責任を負うときは，その取締役・監査役及び発起人は連帯債務者とする（195条・173条ノ2・184条1項・2項）。

その他，取締役の責任免除及び株主の代表訴訟の規定は，発起人にも準用される（196条・266条5項・267条・268条ノ3）。発起人でないのに発起人であるかのように振る舞った擬似発起人にも，発起人と同一の責任が負わされる（198条）。

3　株式にはどのような種類があるか

(1) 「株式」とはどのようなものか

　改めていうまでもなく，人は単独で経済活動を営むことができる。このことは，高度な資本の集積が実現している今日の経済社会においても，なお，多数の個人企業がわれわれの周辺に存在していることからも明らかである。だが，その反面，事業の内容や規模の点などから企業の立上りの段階から個人ではとうてい負担することのできないほどの巨額の事業資金を必要とするものがあり，このような事業の場合には，共同企業とすることが避けられないであろう。そうでなくてもより多くの利益を獲得し，経営リスクを分散する趣旨から共同企業形態が選択される場合もある。

　現在の法律で設立が認められている四種類の会社（他にも「会社」と称しているものとして保険業法19条による相互会社があるが，これは利益の追求を目的としない点において，商法上の会社とは概念を異にする企業組織である）の中で，株式会社はとりわけ大規模の事業経営に適したものである。

(2)　株式会社の特質 ── 株式会社　物的会社とよばれる理由

　株式会社も会社であるから，当然営利を追求する社団であり，法人である（52条1項・54条1項）。株式会社に出資した者は株式会社の社員として株主の地位を得ることになる。株主が出資した資金・財産は，会社の財産となる。株式会社の株主は合名会社や合資会社における無限責任社員とは異なり，出資分を限度とした有限責任を負うにすぎないから，株式会社の財産的な信用の基盤となるのは，会社自身の保有する財産の多寡とその質だけである。

　会社の経営基盤を長期的に安定したものにし，会社債権者（会社の取引活動等の結果から生じた対会社の債権を保有している人）を保護するには，物的な信用を経営上の基礎とする株式会社にとってはことに重要となる。そこで商法は株式会社に「資本」の概念を持ち込んで，会社の財産を維持させ，これを公示させるとともに，会社が現実に保有する財産の額が資本の額を超えない限り，株主への利益配当や役員への賞与の支払い等により，会社の財産が社外に流失してゆくのを阻止する。したがって，商法における「資本」の概念は，経済学

や経営学におけるそれとは相当に意義を異にしている。少なくとも商法学的には，会社の事業経営のために必要な「もとで」の意味は稀薄であり，会社が常時維持に努めなければならない資産の最低額を指す。株主，出資者に対して出資金の払戻し，返還が原則として禁止されているのは，会社の財産の充実が唯一の会社の信用のよりどころだからである。

　合名会社や合資会社においては，会社の信用基盤は，会社自身の保有する財産よりも，社員とりわけ無限責任社員が保有する個人財産の多寡に大きく影響される。なぜならば，無限責任社員は，会社が弁済することが不可能となった会社債務に対して，直接的に保有する財産の総額を限度として弁済する義務を負うからである。このように会社の信用基盤を社員の個人的信用におくから，ここでは社員の退社を厳格にして，信用基盤の維持に努めることになる。

　他方，株式会社および有限会社においては社員（株主）の責任は，持分（株式）の引受価額を限度にして，しかも間接的な責任にとどまる（200条1項，有57条）から，その信用基盤は各社自身が保有する財産の多寡のみである。この点が株式会社および有限会社が物的会社と呼ばれる理由である。

　商法は物的会社においては，会社債権者の利益を保護するために，資本の概念を持ち込んで，資本の充実と維持に努めさせる。資本の充実，維持を直接明示した条文はないが，額面株式の額面未満の発行価額による発行の禁止（202条2項），株式の発行価額全額の払込および現物出資の場合の出資全部の給付（170条1項・172条・177条・280条ノ7・280条ノ14），現物出資等の調査の厳格化（168条・173条・173条ノ2・181条・184条・185条・280条ノ8・280条ノ13ノ2），設立および新株発行の場合における払込取扱銀行の払込金保管証明に伴う責任（170条2項・177条2項・178条・189条・280条ノ14），発起人および取締役の資本充実責任（192条・192条ノ2・280条ノ13ノ2）および払込に関する株主の相殺の禁止（200条2項）等の規定はいずれも直接または間接に資本の充実と維持の理念から派生したものとみることができる。

　この結果として，株主，出資者としては，いったん出資に応じた後は，会社（社団）から退出しても出資金の払戻を受けることができないのであるから，出資には一層慎重に対応しなければならないことになる。このことからひいては，会社のその後の資金調達が困難なものになる形ではね返ることになれば，

会社の以後の資金調達にとってはマイナスであり，社会的な利益にも反することになる。会社による出資の払戻を封じたまま株主が株式に投下した資金を回収する方途を提供することが必要となる。それを可能にしたのが，株式の譲渡を自由にしたことである。株式の均一，均質化が株式の証券取引市場での大量取引，とりわけ未知の当事者間の売買を可能とした。株式を化体した株券は，株式譲渡のための手段（205条1項）として，重要な意義を有している。

(3) 株式の本質

株式の本質が何であるかについては，昔から時には激しく議論されてきたが，今日でも主な見解は以下のように分かれている。

(a) **株式社員権説** この説は，株式は株式会社における社員としての株主の地位，社員として有する抽象的な権利を包括したもの，と見る考え方で利益配当請求権などの自益権と，総会議決権などの共益権とからなるとする。現在の通説的な見解である。

(b) **社員権否認説** この説は，(a)の株式社員権説に対する批判から発生した。株主権のうちのいわゆる共益権は，株主が，社団法人である株式会社の機関としての立場において有する権限にすぎず，株式の本質は株主が株式会社の社員の立場において有する自益権のみである，と主張する。

今日の公開大会社においては，株式がきわめて広範囲で多数の者に分散して保有されている。すなわち，会社の所有と経営が分離した結果ごく少数の大株主を除いた一般の株主は，議決権行使（会社支配）に殆ど何の関心ももたず，株式から生ずる利益配当などのインカム・ゲインや値上り益などのキャピタル・ゲインの収入にのみ関心が集中する現実をついた見解である。

(c) **株式債権説** この説は，(b)の社員権否認説の考え方をさらにつき進めたもので，自益権である利益配当請求権はつまるところただの金銭債権にすぎず，他方，共益権は社団の構成員である株主が一身専属的に有する人格権である，と説く。

(d) **株式会社財団説** 株式債権説においては，まだ株式会社の本質を営利社団法人とする基本的立場をとることにおいて，社員権説と同じ岸に立つのであるが，株式債権説をさらに押し進めてゆけば，株式会社はもはや社団法人であるよりも営利財団法人である，との立場にいきつく。株式会社が財団法人で

あると考えるならば，株式は利益または利息の配当請求権および残余財産分配請求権を主内容とする債権にすぎない，との考え方がとられることになる。

確かに公開大会社においては，大多数の一般の個人株主は，共益権とりわけ議決権の行使に冷淡であり，権利意識すらないという実態を考えると，株式債権説や株式会社財団説は，今日の株式公開大会社の一面を的確に捉えているといえる。だが，株式会社の圧倒的大多数は閉鎖的な小会社である。これらの会社においては，議決権イコール会社支配権であるから，保有する株式の数が無意味とは決していいきれない。したがって，所有と経営が極度に分離した公開大会社においては，株式会社財団説が，株式保有の一断面を捉えていることは否定できないものの，これによって株式の本質までも変化した，とまで解することには抵抗感があるところである。

やはり株主は社団である株式会社の社員であり，株主の保有する株式は，社員として会社に対して有する権利，地位を意味すると考える株式社員権説が，穏当なものと考える。

（4） 株式の意義

株式の本質は，上に述べたとおり社団である株式会社において社員である株主が会社に対して有する権利，地位を包括したと考えるのであり，その意義を具体的に上げると次のとおりである。

(a) 株式の単位　株式は社員権を均質的にかつ均等に細分化した1個の単位である。

すべての株主の有する社員権の総量（全体）を，各株主の有する株式の数で除して細分化した1個の割合的単位と考えることができる。株式の種類が異ならない限りは，どの株主の有する株式も，各個の権利は質的にも量的にも全く同一で変わらないという特徴がある。このことによって株式売買取引において各株式個別の権利の質・量を1個ずつ確認することは必要でないことになる。大量かつ迅速な株式の市場における流通を可能としている。

(b) 株主の出資の単位　株式は株主が会社に対してなした出資の単位を意味している。つまり，かりに2株を保有する株主は，1株を保有する株主の2倍，10株を保有する株主の5分の1の量の出資をしていることを意味する。

(c) 株式の財産権としての単位　株主の株式会社に対する出資は株式1株

またはその整数倍の数を単位として行われるのを原則とする。したがって株式の保有数の大小はそのままこれを保有する株主の出資量の大小を意味する。

(5) 株式，株券と株主

物的会社である株式会社においては，株主が社員の資格を返上して会社から脱退することは，人的会社の無限責任社員の退社の場合と異なり，基本的には彼の任意に委ねてよい性質のことではある。しかしもし，株主の出資の返還請求に会社が応じることとすれば，会社の財産的基盤を危うくし，会社債権者の保護にも欠けることになるので，出資の返還，払戻しには原則として応じないのである。だがそうすると株主および出資者の立場からすれば，そのままでは，いったん出資を実行すると投下資本を回収する方策がないことになる。会社債権者の利益を保護することから生じたデッドロックを打開する手段が，株式譲渡による投下資本の回収である。商法が原則として，株式譲渡の自由を保障している（204条1項）のは上のような事情による。株式譲渡の可能性を確保するために，商法は株券の所持人を適法の権利者と推定し，株券の交付だけを譲渡の要件とする（205条）。

会社の成立後または新株の発行後に遅滞なく株券を交付することが義務づけられる（226条1項）。そして，会社が株券の交付を故意に怠ることがあれば，株式の譲渡には株券の必要とする（205条1項）関係上，株式の自由な譲渡を事実上封じる結果となるからである。ただ制裁の規定はとくにない。

(6) 株券の記載事項と有価証券性

株券は株式を表章する有価証券である。株式の譲渡は株券の交付のみをもってなされる（205条1項）から，きわめて有価証券性が高いとみるべきである。

株券の記載事項は次のように法定されており（225条），その意味において株券は要式株券である。しかし，株券には高い流通性が要求されるところから，必然的に株券のもつ要式証券性は手形・小切手ほどには強くない。だが法定記載事項の記載や代表取締役の署名または記名の欠缺（誤謬を含む）によっては，株券としての有効性を否定せざるをえない場合がある。

① 会社の商号
② 会社成立の年月日
③ 額面株式については1株の金額

72　第2編　第2章　株式会社

図1　一般的に発行されている株券の様式

(表)

○○○○株式会社株券
1000株券　11H第0012345号

会社の商号　○○○○株式会社
会社成立の年月日　昭和25年7月1日
1株の金額　金　50　円

本株券は記名者が上記株数の株主であることを証する

○○○○株式会社
取締役社長　東　洋一郎

(裏)

株主　東　洋子　殿　　株券発行の年月日　平成6年4月1日

	株　主　名	登録年月日	登録証印		株　主　名	登録年月日	登録証印
1				5			
2				6			
3				7			
4				8			

1000

○○○○株式会社　　11H第0012345号

(この欄外部分は機械処理しますので汚さないでください)
0123456789876 54321
コンピュータ処理のためのデータ

④　数種の株式があるときは，その株券が表章する株式の内容
⑤　転換株式を発行したときは，その株式を他の種類の株式に転換しうる旨，転換の条件，転換により発行すべき株式の内容および転換の請求をすることができるべき期間
⑥　定款をもって株式の譲渡につき取締役会の承認を要する旨定めたときはその規定
⑦　表章する株式の数
⑧　株主の氏名

　これらの外に，株券には番号，発行年月日を記載し，代表取締役が署名しなければならない。公開大会社の場合には，新株発行の態様にもよるが，一度に数万枚ないし数十万枚もの株券が発行されることもありうる。株券に記載された商号に誤りがある場合や代表取締役の記名，押印，株券の番号，株主の氏名等に重大な記載上の誤謬や欠缺があるときは，株券の発行会社，発行の行為者を特定できないことになり，番号や株主氏名の記載が欠けていると株主と株券の結びつきを株券の記載により特定することができないから，やはり無効といわざるを得ない。かりに法的には無効でないとしても，市場における流通上のトラブルを生じたり，発行会社またはその名義書換代理人が取り扱う株式事務上の混乱のもととなることが十分に懸念されるから，このような事項に記載上の誤謬や欠缺がある株券は交付（発行）を取止め，交付後に発覚したときは，すみやかに正しい記載のなされている株券と交換するために回収しなければならない。

　株券の番号は個々の株券を特定する目的上，それぞれの株券に別個に打番することが必要である。代表取締役の署名は，記名押印をもって代えることができるほか，印刷あるいは複写の方法により表示することも差し支えない。多量の株券を遅滞なく交付する趣旨と，発行権者による正当な業務執行行為として，当該株券の発行がなされたことを株主，譲受人等が券面上から判断することができればよい。

　株券は株式を表章するが，株式発行の効力が発生した後ではじめて発行できることになるので，その性質は非設権証券である。株券が発行されることによって，株式発行の効力が発生するということはない。

また，株券には株主の氏名が記載される（平成2年の商法改正前には，株券面に株主の氏名を記載することを要しない無記名株券を発行することも商法上は認められていたが，殆ど実際には利用されなかったところから，廃止された）が，しかし株券の証券としての性質は無記名証券である，というべきである。なぜならば，株式の譲渡については株券の交付のみを要件とし，株券の所持人は正当な権利者としての推定を受けることになる（204条・205条）こと，裏書等の特別の手続を要することなく，譲渡人がその所持する株券の占有を譲受人に移すことのみにより，株式が移転することからも理解できる。

（7）株式の譲渡

(a) 譲渡の意義　株式は，会社の成立または新株の発行により，株主として原始的（その株式の発行後最初）に取得する場合の他に，他の者が，すでに所有する株式を承継して取得する場合とがある。承継のうちには，売買や贈与のように，当該株式のみが特定的に承継される場合のほか，法人の合併や相続の場合のように包括的に承継される場合とがある。株式の移転，消滅原因を図で示すと次のようになる（図2）。

図2　株式の移転・消滅の原因

```
                    ┌会社の解散            ┌資本減少
         ┌絶対的消滅─┼会社更生による消滅    ├利益消却
         │          └株式消却            ├償還株式の償還
株式の移転・消滅┤                          └株式の一斉転換
         ├絶対的移転──株式譲渡による移転
         │          ┌株式の任意消却
         │          ├株式の包括承継
         └個別的消滅・移転┼株式の個別承継
                    ├特定遺贈
                    └転換
```

(b) 株式譲渡自由の意義　物的会社である株式会社においては，人的会社の場合と異なり，社員（株主）の社団への退出は自由であるはずである。なぜならば社員（株主）の個性は問題とならないからである。しかし株主が退出するごとに出資した株金を返還していては，会社の財産基盤は安定しない。そこで，株式の譲渡により，投下資本の回収を保障することにしている。それが株式譲渡の自由を原則として認める趣旨である。

(c) 譲渡の方法　株式の譲渡は株券の交付だけにより行われる（205条）。株券の交付は株式を譲渡するための効力要件であるとともに対抗要件でもある。そのほかの手続は一切必要でない。株券の交付は具体的には株券の引渡しを内容とし，株券の占有を相手方に移すことである。狭義の引渡（民182条1項）のほかに，簡易の引渡（民182条2項），占有の改定（民183条）および指図による占有移転（民184条）なども交付にあたる。

　株券の占有者は，株券について権利者としての外観を有しかつ適法の所持人として推定される（205条2項）。株券の占有者が適法の所持人ではない，と主張する場合その旨主張する者において占有者が無権利者であることを立証しなければならない。以上見てきたように，現行法は株券の流通にきわめて都合よく規定されているが，このことから株券の譲渡人が真実は無権利者であることを知らずに株券を取得し，知らなかったことについて悪意または重過失がなかったときは，譲受人は当該株券を合法的に取得することになる。これを株式の善意取得という（229条）。このように株券の流通性を高めることは，その反面で株券の保管，管理という静的安全性を犠牲にして成り立っているものである。持参人払式小切手に関する，小切手法21条の規定が株券にも準用されているのは（229条），株券に小切手と同様の流通性を認める趣旨からである。

(8) 株式の譲渡制限

　(a) 定款による譲渡制限　日本の会社法とりわけ株式会社法は，会社の規模や株式の公開の有無などにより，いわゆる大小会社区分の立法が完全に行われるにはいたっていない。そのため，資本金規模では最低額の1千万円（168条ノ4）から数千億円（ちなみにＮＴＴの場合7,950億円，東京電力のそれは6,700億円余）に達するもので数万倍もの格差がある。しかも，平成10年11月現在，総数120万社弱の株式会社全体の中で，株式を公開している会社は，店頭登録の株式の発行会社を含めても5,000社に満たない。零細規模の大多数の株式会社においては，人的会社におけるのと同様に，株主の個性が会社（社団）内において色濃く残っている場合も少なくない。このような会社（閉鎖会社（とよばれる））の株主の場合には，公開会社における株主のように株式譲渡の必要性は必ずしも高くない。なぜならば通常このような会社では少なくとも大株主は会社の経営に関与しており，経営をへの関与が稀薄化することになる株式譲

渡の必要性は低いこと，閉鎖会社の株式については，社外において譲受人を求めることが困難なのが普通であり，流通性が極度に低いことなどからである。閉鎖会社ではそれよりもむしろ社外者に株式が承継された結果として，株主として参入してくることの結果として社団内の人間関係が阻害されたり，円滑な経営がおびやかされることへの懸念がある。

　そこでこのような閉鎖的な会社においては，定款をもって株式を譲渡するには取締役会の承認を要する旨定めることができるものとしている（204条1項）。この場合に定款をもって定めることができるのは株式移転の事由のうち譲渡の場合についてだけ，取締役会の承認を要することとする旨のみである。閉鎖的会社においても，株主に株式の譲渡による投下資本回収の手段は保障しなければならないから，株式の譲渡を禁止することが許されないばかりでなく，譲渡を実質的に制限することとなる取扱いをすることも許されないことに留意しなければならない。

　取締役会が株主から提出された株式譲渡の承認申請を，株主として好ましからざる者への譲渡として拒否するときは，株主の請求した譲受人に代わる譲渡の相手方を斡旋するか会社自身が譲受人となって，申出のあった株式を買い受けるかしなければならない（204条）。株主が譲渡の相手方を会社に示して，その承認を求める請求をしており，買受人を斡旋することを求めていなくても，請求を承認しないときは，他の買受人を指定するよう請求することができる（204条ノ2第1項）。会社が買受人を指定したときは，買受人は請求人に対して株式を売り渡すよう請求することができ，この請求により両者間において株式売買契約が成立する。売買価格は両者間において協議して定めるが，協議が整わないときは裁判所に対してその決定を請求することができる。

　裁判所は，会社の資産状況その他一切の事情を斟酌して価格を決定する（204条ノ4第1項・2項・3項，非訟126条1項・132条ノ7）。

　(b)　**株式譲渡の自由の原則に対するその他の例外**　定款の定めによる株式の譲渡制限のほかに，特別の目的あるいは技術上の理由から，次のとおり株式譲渡の自由が制限される場合がある。

　(イ)　**権利株譲渡の制限**　株式の引受がなされたが，まだ会社が成立するにいたっていないか，権利株（新株発行の効力が発生する前の株式引受人の地位を

「権利株」と呼ぶ）の譲渡は会社に対して効力が生じない（190条・280条ノ14第1項）ばかりでなく，発起人または取締役がこれをなすことを過料の制裁の対象とする（498条2項）。株主名簿が未完成の状態の下で，株券の提示を受けられないまま，株式の移転の処理を会社に強いることは適当ではない，との理由にもとづくものである。

(ロ) 株券の発行前における株式譲渡の制限　株式の効力が発生しても，株券は必ずしも直ちに発行されるものではなく，事務手続に若干の日数を必要とする。事務処理が高度に電子機械化している今日においても，払込期日後，数日は最低必要であろう。株式の譲渡を合法的に行うためには，当然株券の交付を必要とする（205条1項）が，株券発行前であるから株券を交付することはできない。株券発行前になされた株式の譲渡は当事者間においては有効であるとされているが，会社に対しては，その効力は生じない（204条2項）。なお，株式の効力発生後，株券を交付するのに要する合理的な期間が過ぎた後もなお株券が交付されないときにも会社に対しては株式譲渡の効力が生じないかどうかについては見解が分かれる。

4　株主にはどのような権利があるか

(1) 株主の権利

権利の分類（自益権と共益権）については，社団である株式会社の社員である株主が，会社に対して有している権利は主として経済的な利益の分配を受けることを内容とするものと株式会社の経営に自己の意思を反映することを目的とするものとに大別することができる。前者を自益権とよび，その典型は利益配当請求権（290条1項・293条），残余財産分配請求権（425条）等である。後者は共益権とよび，その典型は総会議決権（241条1項）であり，ほかに定款・株主名簿閲覧請求権（263条2項）や代表訴訟提起権（267条1項・2項・280条1項・280条ノ11第2項・294条ノ2第4項）等がある。通説は自益権は企業である株式会社の共同所有者としての収益権から派生したものとして，また共益権は共同所有者の支配権から派生したものとして位置づけている。各株主は自己の利益追求者としての立場に立ち，自己の利益に結びつく度合の強弱に応じて意

思決定をするから，根底において共益権と自益権の差異が画然と存在するわけではない。だが共益権の場合にはその行使の結果が会社に直接及ぶことを考慮して，濫用の防止や権利の行使要件が自益権に比して厳格化されているにすぎないとする考え方もある。

（2） 単独株主権と少数株主権

株主権のうちには，1株ないし1単位の株式を有する株主が行使することのできるものと，発行済株式総数に対する一定の割合いの株式数または一定の数の株式を有する株主が（単独でまたは複数人がその所有株式を合算してもよい）行使することのできるものとに分けることができる。前者を分類上単独株主権，後者を少数株主権という。自益権は単独株主権であるのに対し，共益権は単独株主権に属するものと少数株主権に属するものとがある。株主権行使の作用が比較的強力であり，それ故に株主権濫用の弊害が懸念されるものは少数株主権としている。しかしたとえば発行済株式の1％に相当する株式数，という要件は株式公開済の大会社の場合，相当数の株式を有する株主が共同してはじめて権利行使が可能となる，という場合が少なくない，きわめて要件のバーとしては厳格なもの，ということができる。通常比較的多量の株式を保有する法人（とりわけ金融機関，事業法人株主）は少数株主権の行使には冷淡であることを考慮すると，いきおい個人零細株主の共同行動を必要とする。このようなことから，少数株主権の多くのものが株主による取締役および監査役に対する監視行為あるいは是正，責任追及を目的とするものであるから，濫用防止のための少数株主権の行使要件が結果的に，権利行使の間口を狭ばめ少数株主権を画餅にしてしまうことにもなりかねない。濫用の弊害と少数株主権行使の要件の正しく均衡させることが必要である。

共益権のうちには，単独株主権，少数株主権のいずれにも濫用防止の趣旨から，権利行使の6ヵ月前から引き続き株式を保有することを要件とするものがある。

（3） 株主平等の原則とその例外

各株主と会社の間の法的な関係は，原則としてその有する株式数に応じて平等でなければならない，とする。およそ団体・組織において，その構成員を平等に処遇することは正義と衡平の理念に照らして欠くべからざる基本的理念で

ある。しかし，株式会社における株主の平等は絶対的なものではなく，資本集団の本質として，出資（会社に対して負っているリスク）の大小に比例した相対的平等であることに留意しなければならない。近代株式会社においては，意思決定がいわゆる多数決原理を前提としている。ここでは多数派株主あるいは大株主の権利濫用による抑圧，権利侵害から少数派株主，零細株主を保護することが必要となる。

株主平等の原則は近代会社法の前提となる基本理念の一つであるが，商法は株式会社の資金調達等，組織の運営上の必要にもとづいて若干の例外を定めている。しかし，この原則に対する例外は，立法によってのみ認めることができるものとされ，その他の方法，たとえば商法に根拠設定を有しない定款の規定，株主総会または取締役会の決議あるいは代表取締役の業務執行によるものは，いずれも株主の平等性を侵すものであるかぎり無効である。

なお，商法の規定する株主平等の原則に対する例外としては，次のものがあげられる。

(a) **優先株と劣後株等の発行**　優先株と劣後株はいずれも普通株を基準にして，利益および利息の配当または残余財産の分配につき優先または劣後の地位を与えられる株式である（222条）。この他に商法は，償還株式（222条），転換株式（222条ノ2），無議決権株式（242条）などで普通株式とは根本的に権利内容の異なる株式の発行を認める。それは会社の資金調達を円滑化することによるメリットが株主平等の原則を後退させたものである。

(b) **新株の発行，株式の併合または分割により生じる1株未満の端数処理**

会社が上記の手続をとるに際して発生する1株未満の端数のうち，1株の100分の1未満の部分について，商法は切捨てを認める（280条ノ4第1項）。新株の発行（280条ノ2第1項），株式の併合（217条・377条1項・416条3項）および分割（218条）の際に生じる1株の100分の1の整数倍にあたる端数については原則的には端株原簿に記載して管理されるが，微小部分について切り捨てられることになれば，厳密にいえば株式所有（会社支配）率に変動（低下）を生じることになる。理念を貫いて微小な部分まで会社に管理させるとすれば，費用負担が大きい反面，合理性に乏しいとの理由によるものである。

なお，株主は会社に対して何らの義務をも負ってはいない。株主は株式の引

受価額を限度として会社に対して出資する義務を負う (200条1項)。この出資義務は，会社の成立または新株の発行のときまでに，全額を給付または払込みしなければならない (172条1項・177条3項) とするもので，これによって株式を取得して株主になるのであるから，厳密には出資義務は株式引受人の義務であって株主の義務ということはできない。株式を所有することは株主であることの要件ではあるが，株主は自由にその所有する株式を譲渡することができるのであるから，この意味でも株式の所有は株主の義務ではない。つまるところ，株式会社の場合，社員である株主は会社に対して出資を限度とした責任を会社に負うのみであり，それ以上の責任を負わないばかりでなく，会社債権者に対しては，直接的にも間接的にも何らの義務を負わない。

(4) 株主権行使の態様

(a) 株主の権利行使の形態　株式の譲渡は，株主の投下資本回収手段としての機能を有するものであるところから，原則として自由に譲渡することができる旨保障されていることを前述した。この場合，株式の移転は株式取引市場等において株式を発行した会社を局外においてなされるのを通常とする。したがって会社 (いわば株主権にかかわる債務者) は，権利者である株主の移動を知ることはできない。そこで株主名簿の備置を会社に要求し，株主と会社の関係は株主名簿への記載の有無により律することにしている (223条・206条1項) のが商法の基本的態度である。

この制度の下では，株式の取得者は単に株券を占有しているだけでは，株主権を会社に主張することはできず，取得者として自己の氏名，住所を株主名簿に記載するよう会社に対して請求し，記載されるまでは株主資格を会社に対して主張することができない。その反面，いったん株主名簿に記載された者は，会社から株主に対して具体的な権利付与がなされる (たとえば，利益配当や中間配当の支払い，総会の招集などの) つど，会社に株券を提示しなくとも，権利行使することができ，結果的に株主と会社の双方が株券授受のための事務負担や危険負担から解放される，という副次的な効果も大きい。会社としては，真実の株券占有者と株主名簿の記載に差異があったとしても，株主名簿に記載された者を株主として処遇することにより免責を得られることになっている (224条)。株券上の名義人等の記載が名義書換の段階で，株主名簿の記載と合致し

ていることを会社が確認したことを意味する。会社またはその名義書換代理人の印が株券に押印されるのは，株券が記名証券であるからではない。これをもって株券の実質が記名証券であると即断するべきではない。記名の有無が株券の流通移転にはかかわってはいない。

(b) 株主名簿の記載とその法的効力　株主名簿の記載により株主権の行使を認めるという株主名簿制度の趣旨から次の規定がなされている。

株主名簿の法定の記載事項としては，株主の氏名，住所，所有する株式の種類，数，各株式の（株主名簿上の）取得年月日等がある（223条）。

(イ) 会社に対する対抗力　株式の取得者が会社に対して，株主としての権利を主張するには，単に株券を所持しているだけは足りず，その氏名および住所を株主名簿に記載しなければならない（206条1項）が，この規定にもとづいて，株券の取得者が自己の氏名等必要事項を株主名簿に記載するよう会社に請求する権利が名義書換請求権である。株式の名義書換を請求することは，株式取得者の権利であり，単独の行為として請求することができる。

名義書換請求の要件は，譲渡により取得した場合には取得した株券の提示だけであり，株式取得の経緯等それ以上の手続をもって立証することは必要でない。名義書換の請求を受けた会社としても，株式取得の事実等を調査することを義務づけられてはいない。名義書換の請求者が無権利者であることを立証することができないかぎり，会社は名義書換の請求を拒むことはできない（205条2項）。正当な理由がないのに会社が名義書換の請求を拒めば，会社は当然に損害賠償の責任を負うことになるとともに過料の制裁を受ける（498条1項11号）。

(ロ) 株主資格授与的効力　株主の請求にもとづいて会社が株式の取得者の氏名等を株主名簿に記載した場合には，その後その者は会社との関係において正当の株主であるものと推定され，株主権を行使するつど自己の株主資格を証明することなく，株主権を行使することができる。このような効力は株主名簿の記載にもとづく（株主）資格授与的効力と呼んでいる。

(ハ) 免責的効力　株主名簿に記載された者を株主として取り扱うことにより，その者の株主資格を疑うに足る特段の事情があるのに，会社に悪意，重過失があるときを除いて免責される。株主名簿の免責的効力である。

これらは株主名簿の記載の一般的な効力であるが，そのほかに個別的な効力を定めたものとしては次のものがあげられる。

　㈡　株主に対する通知の取扱い　　株主名簿の記載にもとづいて，会社が株主に対して発した催告および通知は，一般的な郵便物が通常到達したであろうと考えられるときに到達したものとみなされる（224条2項）。全国的に多数の株主が散在する会社において，正確かつ迅速な事務処理を義務づけられている立場から，個々の株主との間で催告や通知の真実の到達の有無，到着年月日等を争われても事実上反証をあげることは困難であり，結果的に法的安定を欠くことになるところから，このような趣旨の規定が設けられたものである。

　㈢　所在不明株主の取扱い　　会社が株主名簿に記載してある株主の住所に宛てて発送した通知および催告が継続して5年間到達しないときは，株主に対するその後の催告および通知は不要とされ（224条ノ2第2項），その株主に対する会社の義務の履行場所は会社の本店となる（同条3項）。

（5）株券の不所持

　株式は単に株券を交付するだけで譲渡でき，株券の所持人は適法の所持人としての推定が受けられることで，株式の移転には極めて便利である反面，株券の所持人は，危険を回避するために株券の保管，管理面で慎重を期さないと，第三者による善意取得が成立し，その株券にかかわる権利を失うおそれがある。そこで，株式を取得したが，当面株式を譲渡する予定がない株主は，株式の名義書換が終了していれば株主権行使の機会は保障されるから，わざわざ株券を所持することより生ずる危険を冒して株券を手許に置くことで得る利益はない。そこで，株券を所持することを望まない株主は，定款に別段の定めがある場合を除いて，会社に対して株券の不所持を申し出ることができることにしている（226条ノ2）。

　定款に別段の定めがある場合とは，会社において定款に記載する方法により，株主の不所持申出の権利を全面的あるいは部分的に排除することを定めている場合のことで，その場合には株主の株券不所持申出の権利は，定款の規定の範囲で制限されることになる。株券不所持の申出を認めることは，この制度を利用する株主には大きな便益となる反面，会社にとっては株券の廃棄や再発行ならびに銀行等に寄託する手続に要する負担が軽くないことを配慮して，制度採

用の有無を，各会社の個別の判断に委ねたものである。

　株主が株券不所持を申し出ることができるのは，すでに発行された株式の株券に限られず，将来発行される予定の株式の株券についても予め申し出ることができると解されている。すでに発行されている株券について不所持の申出をするときは，株券を会社に提出しなければならない。申出を受けた場合に会社は遅滞なく，株券を不発行とする旨を株主名簿に記載して当該株券を廃棄処分するか，銀行または信託会社に寄託して株主名簿に株券不発行の旨記載したことまたは株券を寄託した旨を株主に通知しなければならない（226条ノ2第2項・498条1項16号）。

　株券の不所持を申し出た株券について，株主はいつでも株券の再発行または返還を請求することができる（226条ノ2第4項）。この場合，会社は当該株券を不発行，寄託いずれの処置をとったかによらず，株券を再発行するにあたり株主が負担するべき額に相当する額の手数料の負担を請求することができる（同条5項）。

5　株主名簿はどのような機能を持つ制度か

(1)　株主名簿の閉鎖と基準日

　会社に対して株主権を行使することができるのは，権利行使の時点またはそのための基準となる日時において株主名簿に記載されている株主である。本来なら株主権行使の時点において株主名簿に記載されている者を権利付与の対象とするべきであろうが，株主名簿の記載は会社の営業時間中は不断に動を生じており，とくに株式が取引市場において公開されている場合，権利行使時点における株主を正確かつ迅速に把握するために，事務処理の態勢や設備を維持し，運営するのに要する費用負担は相当に多額に達する。多額の負担を毎年定期的に会社に強いることは，株主全体の利益という観点から無視できないところである。そこで商法は一定の時点から権利行使の時点までの間，株主名簿を閉鎖して記載の変更が生じないように固定し，あるいは一定時点の株主にそのまま権利を行使させるのが株主名簿の閉鎖あるいは基準日の制度である。前者は実務では株式の名義書換停止（の制度）とよばれることもある。また後者の基準

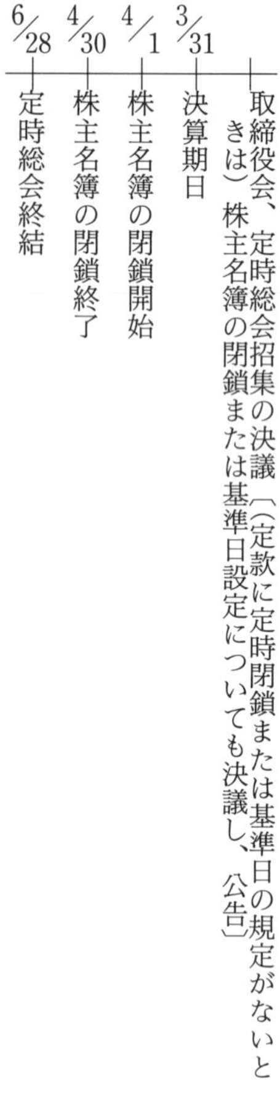

日の制度では、株主名簿の閉鎖の場合のように一定期間株主名簿の記載の変更を停止する（名義書換の請求を受理しない）という取扱いはしないが、基準日として設定された一定の時点の株主名簿に記載された株主をもって、株主権を行使すべき者とみなす、とする（224条ノ3）。

株主名簿の閉鎖期間および一定の日（基準日）から権利行使の日までの期間は3ヵ月内でなければならない（同条第3項）。会社の実務では、たとえば3月末日を決算期日とする大会社（商法特例法2条）の場合、定時総会は6月下旬に招集されるのが通例であるが、株主名簿の閉鎖は、決算期日の最終の株主名簿の記載を確定する事務処理に必要な期間である決算期日の翌日から1ヵ月間程度とし、株主が名義書換を請求することのできない期間をできるだけ短縮化すると共に基準日を併用して基準日（つまり決算期日）の最終の株主名簿に記載された株主が定時総会において議決権を行使するべき株主としている事例が多いようである。もちろん、なかには基準日のみを利用して株主名簿を閉鎖しない（わが国独特の株主名簿の閉鎖の制度になじめない外国投資家等への配慮から）会社が見られる反面、稀には基準日を併用せず、決算期日から定時総会の終結まで株主名簿を閉鎖する例もある。株主名簿が閉鎖開始から3ヵ月内に再開される限り少なくとも商法的には問題を生じない。証券取引所に上場されている株式の発行会社のような公開会社の場合には、ある程度は不特定多数の株主の便益についても配慮することが望ましい。

株主名簿を閉鎖し、または基準日を設定するには、株主名簿の閉鎖期間または基準日が定款において明定されている（たとえば毎年〇月〇日から〇月〇日までとか、〇月〇日を、といった具合に）場合を除いて、取締役会の決議をもって株主名簿の閉鎖期間および基準日となる日の年月日等を定め、閉鎖期間の初

図3　定時総会を招集する場合における株主名簿の閉鎖および基準日の設定手続の例〔（定款に定時閉鎖または基準日の規定がないときは）取締役会、定時総会招集の決議、株主名簿の閉鎖または基準日設定についても決議し、公告〕

3/31　決算期日
4/1　株主名簿の閉鎖開始
4/30　株主名簿の閉鎖終了
6/28　定時総会終結

日または基準日の2週間前に定款所定の方法により公告しなければならない（224条ノ3第4項）。

（2） 名義書換代理人および登録機関

　株式を公開する大会社などでは，少なくとも数千名から多い場合には百万名を超す株主を擁し，しかも全国に散在し，市場での株式の売買取引に応じて毎日変動するのが常である。それらの株主からの名義書換の請求や株主名簿記載事項の変更（たとえば届け出ている住所や印鑑の変更，会社など法人が株主である場合の代表者の変更の届出などが最も一般的である）に対処して，常時にすべての株主に関する事項を正確に記録しておくためには，会社にとっても人的・物的両面にわたって相当の負担を生じることが避けられない。しかも，これらの負担は株式会社としての株主名簿の作成，管理から生じるものであって，会社がこれらの負担に堪えるために相当の努力を払ったとしても，それによって会社の売上高の増加や利益の獲得に直接結びつくものではない。そこで各会社にまたがる株主，株式および株券にかかる（いわゆる株式）事務を，専門の会社等に集中して取り扱わせることにすれば，株式の各発行会社は相応の手数料を代価として支払うことにより株式事務から解放され，合理的に本来業務に専念することができ，しかも専門会社（多くの部分を信託銀行各社が証券代行業務として取り扱うほか，証券代行専門会社が数社ある）が集中して取り扱うことにより規模のメリットが生じ，各社が独自に対応する場合よりも人的には経験豊富なスタッフを配し，効果的な設備投資を実行することが可能になるから，投資家，株主もより濃密なサービスの提供を受けられる利点がある。名義書換代理人の制度は95％を超す全国の株式公開会社において利用されている。昭和25年（1950年）の商法改正により導入されて以来，名義書換代理人あるいはその役職員による不正行為等がほとんど発生した例もなく，事務処理の精度も相対的に高かったこともあって，株式取引の安全性を支えることになった。発行会社または名義書換代理人の行う株券発行を監視することを主任務とする登録機関も法定されている（206条3項）。公開会社が登録機関を置いた例はない。

　名義書換代理人または登録機関を設置するには，会社は定款にその旨を規定しなければならない。会社の株式，株券および株主に関する事務は，本来株主

名簿を本店に備え置きそこで取り扱われるべきであったが，名義書換代理人の設置を認めたことによりこの原則は崩れ，名義書換代理人を設置したときにはその営業所に株主名簿またはその複本を備え置くことができるものとされている。今日公開会社の定款では「株式事務は名義書換代理人に取扱わせ，当会社においてはこれを取扱わない」といった趣旨を定めているのが一般的である。

（3）　株券の保管振替と実質株主

　株券は（2）において記したように，流通・取引には極めて便利なように無記名証券化している。だが，それでも証券流通市場で活発に売買取引が行われると，株券をそのつど運搬し，点検し，授受の記録を作成するなどの売買取引の決済と受渡しのための後方事務は，証券会社や証券代行会社にとって大きな負担となる。ここでそご が生じれば証券取引市場の円滑な機能発揮を妨げ，社会的混乱を招きひいては国民経済全体に悪影響を与えかねない。このような認識から，永年の検討作業を経て昭和59年（1984年）に「株券等の保管及び振替に関する法律」（株券保管振替）が制定され，わが国にもようやく欧米先進国並みの株券保管振替制度が導入された（図4・5）。

　この法律により創設された株券保管振替制度では，同種・同内容の株券を混蔵して寄託，集中保管する，という前提のもとに投資家，株主が所持する株券等を制度に参加する証券会社に寄託させ，証券会社はさらにこれら顧客（証券会社の取引上の客で一般的には投資家を指す）から寄託された株券と自己の分とをそれぞれ区分して保管振替機関（現存する保管振替機関としては，「財団法人証券保管振替機構」が唯一のものである）に寄託する。証券会社には顧客口座簿が，また保管振替機関には参加者口座簿が備え置かれている（株券保管振替15条・16条1項・17条・18条）。これらの帳簿にはそれぞれ顧客，制度参加証券会社の寄託株券の株数その他の必要事項が記載され，この制度の中核となる。証券取引所における売買取引の決済は，株券がこの制度により保管振替機関に預託されている限り，205条1項の規定にかかわらず，譲渡のために移動されることはなく，保管振替機関における参加者口座簿および各参加者における顧客口座簿において，買い方（受者）である参加者および顧客については，それぞれの口座において買い受けた株数の増加の振替記帳を，他方，売り方（譲渡者）である参加者および顧客については反対に減少の振替記帳をすることにより，決

5 株主名簿はどのような機能を持つ制度か　87

図4　決済の仕組み（内国株券）

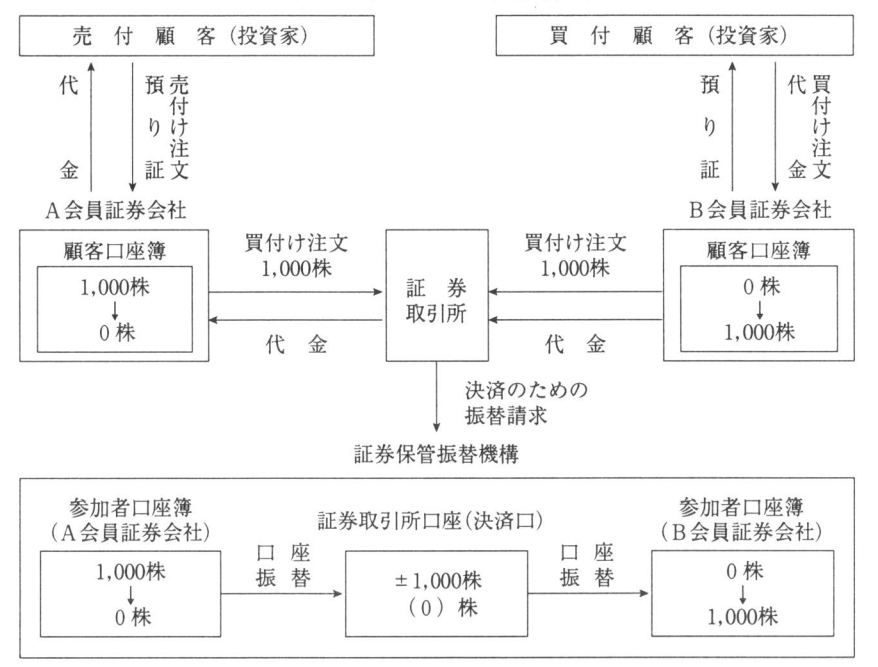

(出典：証券読本1998年版を一部修正して使用)

図5　証券取引所における株式売買取引の場合の受渡しの仕組み（普通取引）

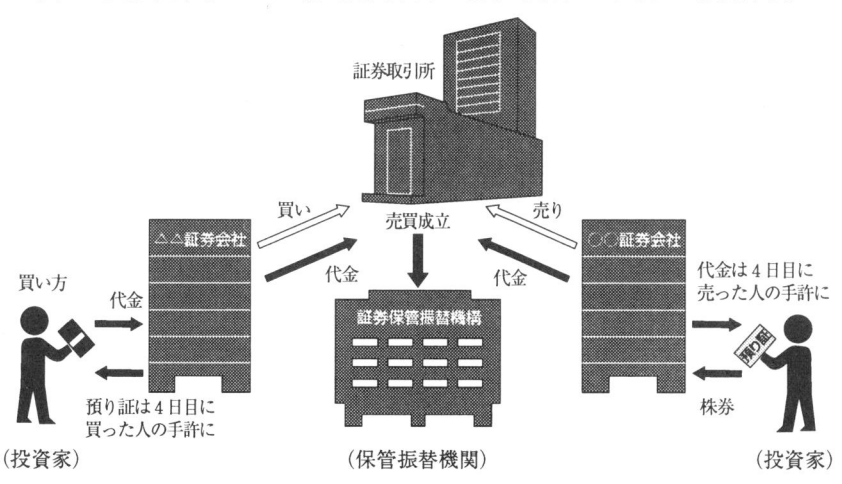

(出典：証券読本1998年版を一部修正して使用)

済が終了したものとして取り扱う。

　この制度の下では，参加者口座簿および顧客口座簿における振替の記載は，株式の譲渡および質入において株券の交付と同一の効力を有するものとされ（同27条2項），参加者口座簿または顧客口座簿に記載された者は，その口座の株式数について株券を占有しているものとみなされる（同条1項）。さらに，保管振替機関は混蔵寄託されている株券をそのまま物理的に状態を変えることなくそのまま保管するのではなく，（たとえば1千万株とか1億株などの）より大きな株数を表示する株券にまとめて保管することができるので，社会全体の保管効率の面でも寄与することができる。

　なお，この制度を通じて株式を保有し株券を預託している者は，保管振替機関等に預託された株券について共有持分を有するものと推定される（同24条）から，従前のとおり自己の名義で株主名簿に記載され，株券を自ら占有している場合と比較しても，株券の占有や株主権の行使の面で著しく劣るという点はない。

　保管振替機関は預託された株券について，株式を発行する各会社の株主名簿に自己の名義で記載される（同29条1項）。しかし，保管振替機関はもとより自己の計算で株式を保有しているのではないから，会社から与えられる株主権は，株式保有リスクを負担する（参加者または参加者の）顧客に株主としての地位が与えられてしかるべきものである。そこで保管振替法では，これらの預託株券に共有持分を有する顧客を実質株主として位置づけ（同20条1項），彼に株主権を直接行使させることにしている。

　わが国の株券保管振替制度が欧米先進各国の制度とは異なるのは「直接株主権を実質株主が行使する方式による株券保管振替制度」であるという点である。ここにいう「直接」とは，発行会社が直接，実質株主（顧客）の氏名，住所，預託株数等の実質株主に関する事項の通知を参加者から受け（同31条），これにもとづいて実質株主名簿を作成（同32条1項）する。実質株主名簿の記載は，保管振替機関に預託された株券の株式に関しては，株主名簿の記載と同一の効力があるものとされるから，株主名簿に株主として記載された者と実質株主名簿に実質株主として記載された者が同一の者であると認められるときは，会社は株主権の行使に関しては，株主名簿と実質株主名簿を合算しなければならな

い（同33条）。この規定によって、実質株主名簿に記載された実質株主も会社に対抗することができることになる反面、会社は実質株主に直接株主権行使の機会を提供し、実質株主名簿に記載された者を株主として取り扱えば、悪意または重過失があるなどの例外的な要因がある場合を除いて免責されることになる。

6　端株と単位未満株はどうちがうか

(1)　1株の単位と単位株制度・端株制度

(a)　1株の単位——最低5万円　商法は株式会社が発行する株式1株の金額について、その時代の貨幣価値との関連から規定を設けてきた。1899年の制定以来数度の改正を重ねているが、現在は昭和56年改正で定められた5万円である（166条2項・168条ノ3）。かつて1株の額面最低金額は永い間50円とされ、今日でも上場会社の多くが、旧法当時の1株の額面金額を維持している。額面金額が古くから50円とされていたのは、株式1株の単位を余りに高額にすると、引受が困難となり引いては会社の資金調達に悪影響を生じるおそれがある反面、低額にすぎると、つい過度の危険投資にのめり込むおそれのある零細投資家を保護するためである、と説明するものもあるが、さだかではない。いずれにしても会社の成立に際して発行する額面株式の1株あたりの金額（券面金額あるいは単に券面額と称することもある）、無額面株式の発行価額は、ともに5万円を下ることはできない、とされる。ただし、会社の成立後に発行する新株についてはこのような制約はなくなった（昭和56年改正において旧202条2項が削除された）ので、会社成立後に定款変更により券面額を引き下げることが可能である。それ以前の額面株式1株の最低金額500円から5万円に昭和56年改正において約30年ぶりに100倍に引き上げられたのである。

　会社が株式の分割または抱合せ増資をすることにより、1株（単位株制度が適用される会社においては1単位の株式）あたりの純資産額（貸借対照表上の総資産額から資本額および総負債額を控除した額）が5万円を下ることとなる株式の分割または抱合せ増資はすることができない（218条2項・280条ノ9ノ2第1項、昭56改商附21）こととされた。

このように昭和56年改正により株式の最低単位を引き上げたが、改正法を当時の既存の会社に一律的に適用して株式の単位の引上げを一斉に強行することは、株券の調製、交換、株主名簿の作成そのためのコンピュータシステムの構築等、発行会社にとって事務管理面で多額の費用負担を余儀なくされるだけでなく、証券市場における取引やその決済に混乱を生じる懸念もある、というところから、既存会社については将来別に法律で定める日に、1単位の株式を1株に併合する旨の商法224条1項の総会決議があったものとみなす（昭56改商附19条1項）こととして、株式併合という最終処理の実行を先送りした。この先送りは、もちろんただ漫然となされたのではなく、それまでの間に発行会社あるいは証券業界などの関係者において、極力1単位未満の株式のとりまとめ策をとらせることにより、一律的な株式併合に対する緩衝措置とすることを期待してのものであったと考えられる。だが一斉併合の実施時期は今日にいたるも全く示されていないうえ、発行会社はその後の、いわゆるバブル経済の崩壊後の長期不況に落ち込み、株価がボトム時にはピーク時の3分の1前後まで下落し、証券業界では4大証券の一角や準大手証券会社まで倒産に追い込まれる状況となり、公開会社の株式一斉併合のメドは立っていない。

　なお、1株あたりの純資産額が5万円未満の会社がこれを5万円以上にすることを決意して株式の併合をするときは、将来の立法手当を待たずに株式の併合を実施させることが望ましい、との理由からたとえ併合の結果1株に満たない端数が生じることになっても、株主総会の特別決議により株式併合することができる（214条以下）。

　(b)　端株制度　　昭和56年の商法改正により、株式の単位を500円から5万円に引き上げたのに応じて、1株未満の端数のもつ経済的価値も増大した。そこで、これを改正前のように切捨てや売却代金分配のような一律的処理をすることは、株主投資家の投資意欲の昂揚をはかる見地からは好ましくない、との考えから端数株式を有する者の利益を保護し、将来1株につながる方途を設けた。端数を有する者の利益を保護する観点からは、端数すべてについて端株原簿による持続を認めた方がよいのは当然であるが、株主投資家を手厚く保護することは、それだけ発行会社の株式管理費用の増嵩を招くことになる。そこで改正にあたっては、両面の要請の均衡点として、1株の100分の1の整数倍の

端数を原則として端株原簿により管理していくことを会社に義務づけた。

(c) 端株原簿による登録　　新株発行あるいは株式の併合もしくは分割の結果端株が生じたときは（昭和56年改正商法施行後に設立された会社または設立手続中の会社および額面株式1株の金額が5万円以上かまたは1株あたりの純資産額が5万円以上の改正商法施行時の既存会社に限定される），端株主が一定の期日迄に端株原簿に記載されることを欲しない旨を申し出ない限り，端株原簿に氏名，端株数および取得年月日等が記載される（230条ノ2第1項）。この結果，端株主はその持分比率を維持するとともに，将来における端株の増加引いては1株への成り上りによる所有株増加の期待をつなぐ役割もある。

1株の100分の1未満の端数株式は，端株原簿に記載されることを欲しない旨の申出のあった端株とともにこれを一括売却処分して，その売得金を端株数に応じて端株主に分配しなければならない。端株原簿の記載については，これを名義書換代理人に作成させ，代って備え置かせることができる（230条ノ2第2項・206条2項）。

(d) 端株券　　端株を譲渡するには，株式の場合と同様に端株券を交付することによる（230条ノ3第5項・205条2項）。しかし，株式の場合のように端株が発行されたときに，当然に端株券が遅滞なく発行されるわけではなく，譲渡するために端株を必要とするつど発行を請求することになる。端株券の記載事項については，株券の記載事項に関する規定が準用されている（230条ノ3第5項・229条・230条・225条）が，株券と異なり無記名式である（230条ノ3第2項）。

(e) 端株主の権利　　端株主が会社に対して行使することができる権利は，①商法上当然に認められるものと，②定款に規定することにより会社の自治的判断により認めることができるものとがある。①には株式の消却・併合，分割または会社の合併により金銭または株式を受け取る権利および会社解散の場合の残余財産分配請求権（230条ノ4）があり，②には利益配当請求権，中間配当請求権，利息配当請求権，新株，転換社債および新株引受権附社債の各引受権（230条ノ5）がある。②については権利付与の対象範囲を端株原簿に記載されている端株主であって，株主でもある者だけに限定することもできる（230条ノ5後段）。端株主は同法230条ノ3から230条ノ5までおよびその他法令で定める権利以外に株主としての権利を行使することができない（230条ノ6）。

なお，権利を行使すべき端株主を確定する必要があるときは，端株原簿についても基準日を設定し，端株券を有する者に権利行使させるときは，端株券を供託させることになる（230条ノ7）。端株原簿に記載された端株主が，株式の発行，分割等により新たに端株を取得し，すでに端株原簿に記載された端株と合わせて1株となる端株を新たに取得したときあるいは合わせて1株となるべき端株を表章する端株券を会社に提出したときに株主となる。端株原簿に記載された端株と合わせて1株となる端株券を会社に提出した端株主も提出した時に株主になる（230ノ8条1項・2項）。

(f) 端株券の不発行と端株の買取請求　端株制度が適用される会社でも，定款をもって端株券を発行しない旨を定めることができる（230条ノ8ノ2）。端株制度未適用の会社が制度の適用前に端株券の発行を排除するには，通常の定款変更をもって行えばよい。だが，すでに制度の適用を受け端株券を発行している会社が端株券を不発行とするときには，発行済の端株券を回収し（未回収のものも含めて）これを失効させる手続を先行させる必要があるとして，端株券の提出に関する手続規定が置かれている（351条1項-4項・350条1項・230条ノ2第2項1号・2号・212条1項・2項）。端株券の提出手続がとられた場合，端株券は提出期間満了のときに失効し，定款の端株券不発行を定める規定の効力が発生する（351条2項・350条2項）。

　端株券の発行を排除すると端株主は端株を譲渡して投下資本を回収することが事実上不可能となる。そのために端株主に対する投下資本回収の手段として，会社に対する買取請求権を認めた（230条ノ8ノ2第2項）。買取り請求がなされた場合の買取価格は，取引所の相場ある株式にかかる端株については，株式1株の請求の日の最終の相場に相当する額に，その端株の1株に対する割合を乗じて得た額をもって売買価格とする（同条3項）。取引所の相場のない株式については，端株主と会社の協議により定めることになる。基本的には，譲渡制限の定めのある株式の買取請求の場合に準じる（230条ノ8ノ2第4項・5項・204条ノ4第1項・2項）。

(2) 単位株制度

(a) 制度の趣旨　単位株制度は昭和56年改正により株式の単位が大幅に引き上げられたのに伴い，同改正法の施行時（昭和57年10月1日）に現存するか

設立手続中の会社のうち，証券取引所に上場される株式の発行会社等（昭56改商附15条1項1号）には，単位株制度が強制的に適用されて今日にいたっている。同項2号により定款の定めにより任意に制度の適用を選択した会社も，いったん制度が適用がなされると，たとえ証券取引所での上場が廃止されても制度の適用を取り止めることはできない。制度の適用から脱するには，1株の単位が5万円以上となるよう株式を併合することである。（昭56改商附15条2項）。

単位株制度においては，1単位未満の株式について，株主の権利行使を制限（昭56改商附18条1項）し，株券の新たな発行を原則として禁止（同条2項）する。また単位未満の株式を譲り受けても，株主名簿に記載された株主以外の者を新たに株主名簿に記載することを禁止して，発行会社の単位未満株式の管理費用の負担を軽減する。

株主権を制限することにより，会社に対抗力を持つ1単位未満の株式しか持たない株主の新たな増加を抑止するとともに，1単位未満の株式の会社に対する買取請求あるいは会社が任意に行う売渡し（1単位にとりまとめられるよう不足分の買増しを希望する単位未満株主に会社が売却する）により，地ならし的に単位未満株式が整理されれば，将来の一斉併合による衝撃を緩和することができる，とするところにこの制度の意義がある。

(b) 1単位の株式数　単位株制度が強制的に適用される会社（昭56年改正商法施行時に現存する会社）で，証券取引所に上場される株式の発行会社（同改正商法の施行後に株式の上場が廃止されたものを含む）の場合には，5万円を額面株式1株の金額で除して得た数（たとえば額面株式1株の金額が50円の場合 $50000 \div 50 = 1000$）または定款で定める数，任意に単位株制度を採用した会社にあっては，定款で定める数を株式の1単位とする。単位株制度が適用されると，証券取引所における株式の売買取引の単位もこれにならうことになるから，株価が高い会社の場合も一律的に1,000株とすると，数百万円から数千万円もの高額に達する場合があり，このような株価では1単位への買増しは難しいので，単位未満の株式を整理するとなれば，売却しかないことになる。そこでこのような高株価の会社においては，1単位の株式の数を，別に定款をもってより小さな株数とする旨定めることも実務ではかなり広範に実施されている。ただし，

この場合も無制限に1単位の株式の数を引き下げることができるわけではなく，最終の貸借対照表における1単位株あたりの純資産額が5万円を下げるかたちで1単位の株式数とすることを許されない（昭56改商附16条2項）（ただし，無額面株式を発行価額を低くして発行することにより，1単位株あたりの純資産額を低下させることはできる）。

(c) 1単位未満の株主の有する権利　1単位未満の株式を有している株主（以下単位未満株主という）は，利益配当請求権，株式の消却，併合，分割，転換，会社の合併により金銭または新株を受ける権利，新株，転換社債，新株引受権附社債の引受権，残余財産の分配請求権，株券の再発行請求権といった自益権のみを有する（昭56改商附18条1項）。単位未満株式の名義書換請求は，新たな単位未満株主の発生を抑止する趣旨から，株主名簿上の株主についてのみ認められる（同条3項）。また，単位未満株主はその投下資本回収の手段として，会社に対して単位未満株式の買取請求権が認められている（昭56改商附19条）。

(d) 単位未満株式の買取請求権　単位株制度が適用されると，その後に新たに発行される単位未満株式については株券を発行することができない（昭56改商附18条2項）。制度の適用前に発行された株式についても，公示催告を経て除権判決により再発行を請求する場合のほかは，単位未満の株数の株券を発行することができない（たとえば株券不所持の申出により会社がかつて不発行とした株券や，取得者記名欄の満欄，汚損による交換などの事由による再発行）。ただし，株券が（再）発行されないことにより株券を保有していない単位未満株式も，株主名簿に記載されて管理され，前述した法が認める範囲内の株主権は付与され，株式分割等により新たに与えられた単位未満株式と合計すると1単位となるときには，単位未満株主からの請求を待つことなく，株券が交付されるのが実務の取扱いである。そこで，実務ではこのように株主名簿には記載されているが，株券が交付されていない単位未満の株式を登録株式と一般に呼んでいる。登録株式については株券を所持していないことから，これを第三者に譲渡することができないから，単位未満株式の投下資金回収の手段として会社に対する買取請求権を与えたのである。この権利は株主による買取請求という一方的な行為により，当該請求株主と会社の間で株式売買契約が成立する形成的な性

質を持つ。証券取引所に上場されている単位未満株式については，本店最寄りの上場取引所の市場における請求日の最終価格が1株あたりの買取価格となる（昭56改商附19条2項）。取引所非上場の株式の場合は，譲渡制限のある株式の売買価格の決定に関する規定が準用されている（昭56改商附19条4項・204条ノ4第1項・2項）。価格決定の請求がなされた後，20日内に当事者から裁判所に対して価格決定の請求がなされないときは，最終（請求前で直近）の貸借対照表により会社に現存する純資産額を発行済株式の総数で除した額が1株あたりの買取価格となる。

　単位未満株式の買取請求権は形成的な株主権であって，売買契約の効力発生には発行会社の意思は関係しない。請求方法についても，特段の制約はないのが本来であるが，不特定多数の株主からの買取請求を不断に受理し，正確かつ迅速に関連事務を処理して，株式を買い取らなければならない発行会社の立場にも最小限の配慮が必要であるから，株主の請求手続につき，たとえば口頭や電話による請求を不可とする，株券の発行されていない単位未満株式の買取りを請求するには，本人が正当の権利者であることを確認するために届出印の押印を要件とする，などのことは許される。このような手続を定めることは株主の権利行使に形だけにしろ制約を課すものであるから，取締役会の決議をもって株式取扱規則などで社内規則化し，株主，投資家に広報するなどの努力が要求される。

　買取代金と買取株式の授受は同時履行が原則であり，代金支払いのときに株券は会社に移転して自己株式となる（昭56改商附19条6項・245条ノ3第5項）。会社は取得した自己株式を相当の期間内に処分（通常は売却が一般的）しなければならない（昭56改商附211条）。

7　株式会社の機関構造はどのようになっているか

(1) 総　説

　株式会社は，構成員たる社員（株主）とは別個独立に存在する社団法人であり，それ自体固有の意思をもって行動する社会的な存在である。しかし，自然人でない以上，会社自体が意思決定をし行動することは実際上不可能であり，ここにある自然人の意思決定や行動を会社自体のそれと認める必要が生じてくる。この場合，会社組織上一定の地位にある者の意思または行為が法律上会社の意思または行為と認められる関係があるとき，その地位またはその地位において行為する者を機関という。わが国における株式会社は，近代国家における三権分立思想の影響下，必要常設の機関として，株主総会・取締役会・代表取締役・監査役の各機関からなっている（大会社の場合には監査役会も含まれる）。株主総会は株主の総意により会社の基本的な意思を決定する最高機関であり，取締役会は会社の業務執行に関する意思決定機関である。代表取締役は取締役会決議の執行そして会社の通常の業務の専決執行をなす会社の代表・業務執行機関である。監査役は取締役の職務の執行を監督する監査機関であり，この監査には業務監査と会計監査とが含まれる。

　ところで，この機関構造ならびに各機関同士の間の権限配分については歴史的変遷があるので，以下それを概観しておこう。

(2) 機関構造と権限配分の変遷

　(a) 昭和25年改正前　　明治32年の商法典制定以来，昭和25年の改正まで，株式会社は，株主総会・取締役・監査役の3種類の機関からなりたっていた。この機関構造は株主総会中心主義といわれ，株主総会は株式会社の最高かつ万能機関として法律上は何でも決議できるという広汎な決定権限を有していたが，実際には重大な事項のみを決定するにすぎなかった。一方，当時は取締役会や代表取締役という法定機関は存在せず，各取締役が各自会社代表権限と業務執行権限を有していた。もっとも，各取締役が勝手に行動することのないよう会社が自治的に取締役会を設けこれを会社の意思決定機関として，その中から代表取締役を選任・登記し，この者にのみ代表権限を行使させる体制をとること

も可能であった。そして，実際にもそのような会社が多数存在したのであるが，この場合の取締役会や代表取締役はあくまでも会社の任意機関にすぎなかった。なお監査役には会計監査権限と業務監査権限が付与されていたが，一部大企業の監査役を除き，大半の監査役は取締役の意向に追随するのみで，監査業務の実をあげていなかったのが実情である。

　(b)　昭和25年改正より昭和49年改正まで　　明治32年制定の商法が大陸法の影響下にあったのに対し，昭和25年の商法改正は，アメリカ法の影響下，会社の運営機構を合理化し，機関構造に重大な変更をもたらしたものとして意義深い。すなわち，従来の株主総会中心主義より取締役会中心主義へと転換がはかられ，株主総会の権限は法律上縮小され原則的に法定事項に限定されるとともに，反面，新たに会社の意思決定機関として法定されるにいたった会議体としての取締役会には株主総会より広汎な決定権限が委譲されている。その結果，従来は各自代表・各自執行の会社機関として位置づけられていた各取締役は単なる取締役会構成員にすぎなくなったが，彼らの中からは代表取締役が選任されることになり，これが法定の会社代表機関として，取締役会が決定した会社意思に従い対内的あるいは対外的に業務執行をなすことになった。一方，監査役の権限に関しては，取締役会が取締役の業務執行の監督にあたることになった結果，従来の業務監査権限は失われ，会計監査権限のみに限局されることになった。

　(c)　昭和49年改正および昭和56年改正　　昭和49年の商法改正では，監査制度改善のため，監査役の権限とその地位の独立性の強化がはかられているが，とりわけ「株式会社の監査等に関する商法の特例に関する法律」（商法特例法）の制定とあいまって，株式会社が大・中・小の会社に規制区分された点が注目される。まず，大会社であるがこれは資本金5億円以上の会社とされており，この会社にあっては，監査役に会計監査権限のほか業務監査権限も付与されている。そして，決算監査に際しては，この監査役監査のほか，公認会計士または監査法人からなる会計監査人による監査も経なければならないものとされている。次に中会社であるが，これには資本金が5億円未満で1億円を超える会社が該当し，監査役には会計監査権限と業務監査権限とが付与されている。最後に小会社であるが，これは資本金1億円以下の会社をいい，監査役には会計

監査権限しか認められていない。また，中会社と小会社にあっては会計監査人による決算監査は不要とされている。なお，立法形式上，商法特例法が大会社と小会社に関し特別規定を設ける体裁をとっているため，商法典のみによって規制される会社は中会社ということになる。

　昭和56年の改正下においても，基本構造は昭和49年改正におけると同一であるが，相違点としては，資本金5億円以上の会社に加え，負債合計額200億円以上の会社も大会社に組み入れられることになった点と，大会社においては，複数監査役・常勤監査役制度が設けられるにいたった点があげられる。

　(d) 平成5年改正　平成5年の商法改正においては，大会社の場合，監査役の全員をもって監査役会を組織しなければならなくなった。監査役会は必要的・常設的監査機関として，また個々の監査役は独任的な監査機関として，ともに法定の監査機関として並立することになったのである。

（3）　会社使用人の位置づけ

　会社には大勢の使用人が雇われているが，彼らは決して会社の機関ではなく，会社と雇用関係にあって，会社とは別個・独立に存在する商業使用人であることに注意しなければならない。現実には，各会社独自の内部職階制にもとづき支店長・部長・課長・係長など各種の役職が設けられているが，商法総則においては，制定当時の実際界の名称に従って，支配人・番頭・手代といった名称で各地位における権限について規定が設けられている（37条以下）。

8　株主総会ではなにが決議されるか

（1）　総　　説

　株主総会は，出資者であり企業の実質的所有者でもある株主の総意によって会社の意思を決定する株式会社における最高の必要的機関である。しかしすべての事項を決定しうるわけではなく，会社の合理的運営を指向する機関構造において，商法・特別法・定款が定める事項に限り決定しうるものとされている。また，株主総会は常置の機関ではなく，定時または臨時に招集されて開催されるものであり，その招集・議事運営・決議などの各手続はすべて商法の定めるところに従って進行されなければならない。

株主総会においては1株1議決権の原則にもとづき資本多数決が採用されており，議決権の行使態様は直接行使・代理行使・書面投票・不統一行使など多様である。ところで，現実には，多数株主の専横・一般投資株主の総会への無関心・中小会社における総会不開催・総会屋の存在などの諸原因が重なり，株主総会の形骸化・無機能化が指摘されて久しい。そのため近時においては，利益給与の禁止・株主提案権・取締役の説明義務など総会の活性化をはかろうとするいくつかの立法措置が採用されるにいたっており，株主総会をめぐる法規整は新たな局面を迎えている。

(2) 株主総会の招集

(a) 招集権者　株主総会は原則として取締役会がその開催・日時・場所・議題などを決定し（231条），これにもとづき代表取締役が招集する。

ほかに少数株主にも招集権が認められており，6ヵ月前より引き続き発行済株式総数の100分の3以上にあたる株式を有する株主は，会議の目的たる事項（議題）および招集の理由を記載した書面を代表取締役に提出して総会の招集を求めることができる。そして，その後，遅滞なく招集手続がとられないか，または，会日（開催日）が請求日より6週間内である招集通知が発せられない場合には，裁判所の許可を得て，自ら総会を招集することができる（237条1項・2項）。この総会では，裁判所が許可した事項についてしか決議できない。

さらに，以下の場合には裁判所が代表取締役をして総会を招集させることもできる。すなわち，①発行済株式総数の10分の1以上にあたる株式を保有する株主が，会社の業務執行に関し不正の行為または法令もしくは定款に違反する重大な事実のあることを疑うべき事由あるときに会社の業務および財産の状況を調査させるために（294条1項），または，②6ヵ月前より引き続き発行済株式総数の100分の1以上にあたる株式を保有する株主が総会に先立ち総会の招集手続およびその決議方法を調査させるために（237条ノ2第1項），それぞれ裁判所に検査役の選任を請求し，この選任された検査役の調査報告により裁判所が総会招集の必要性を認めた場合である（237条ノ2第3項・294条2項）。

(b) 招集時期と場所　株主総会は少なくとも毎年1回一定の時期に，また，年2回以上利益配当をなす会社においては毎決算期ごとに招集されなければならない（234条）。これは定時総会とよばれるものであり，ここでは年度決算に

関し計算書類の承認や損益処理案に関する決議がなされている。他に必要がある場合に随時招集・開催されるものとしては，臨時株主総会がある。定時総会においては，上記以外の事項（取締役の選任・定款変更など）を決議することもある。

　株主総会は定款に別段の定めある場合を除き，会社の本店の所在地またはこれに隣接する地（独立最少の行政区画）に招集されなければならない（233条）。

　(c) 招集通知・公示　総会を招集するにあたっては，会日より2週間前に各株主に対してその通知を発しなければならない（232条1項）。通知すべき株主には，株主名簿閉鎖当時または基準日における株主名簿上の株主，株主名簿閉鎖期間中または基準日後に新株発行の効力が生じた場合の新株主（ただし株主名簿閉鎖期間中の転換請求により発行された株式については除く（341条ノ6第1項））などが該当し，無議決権株主・単位未満株主・端株主は含まれない。

　招集通知は書面によらなければならず，通知には，招集権者の氏名・総会日時・場所・会議の目的たる事項（232条2項）を記載しなければならず，さらに，議案の要領まで記載すべき場合もある（営業譲渡・定款変更・資本減少・合併契約の承認の場合（245条2項・342条2項・375条2項・408条2項））。

（3）株主総会の運営

　株主総会は，議長が，出席株主の資格を調査し，定足数を確認して，その結果を総会に報告した後，開会を宣言して成立する。議事進行方法に関しては，商法上格別の定めはなく，会議体の一般原則に従うほか，定款または総会の決議をもって適宜に定めることになる。株主総会の議長は，通常の場合，定款で，社長があたる旨が（さしつかえある場合には副社長・専務取締役・常務取締役の順序であたる）定められているが，この種の定めが定款にない場合には，総会において選任されることになる（237条ノ4第1項）。議長は，総会の順序を維持し議事を整理する権限を有するとともに（同条2項），その命令に従わない者やその他総会の秩序を乱す者を退場せしめることができる（同条3項）。

　株主総会の議題・議案の提出権は原則として取締役会にあるが，例外的に少数株主にも提案権が認められている。すなわち，6ヵ月前より引き続き発行済株式総数の100分の1以上にあたる株式または300株（単位株制度を採用する会社にあっては300単位（昭56改正附則21条））以上の株式を有している株主は，取締

役に対し，会日より6週間前に書面をもって会社が招集する総会において一定の事項を会議の目的（たとえば取締役解任の件など）となすべきことを請求することができる（議題提案権，232条ノ2第1項）。

議長は，議案（会議にはかられる原案）に関し，まず自らまたは他の者を通じて説明しなければならない。これに対して株主は質問することができ，この質問に対し，取締役および監査役には説明義務がかせられている（237条ノ3第1項）。

(4) 株主の議決権

株主総会の意思決定は決議によって行われるが，その際，各株主が有する議決権は，1人につき1個ではなく1株につき1個とされる（241条1項）。議決権とは，株主たる地位にもとづき生ずる株主権の1つであって，株主総会の議案につき一定の意思表示をなすことを内容とする，奪うことのできないものである。議決権の数が株主の頭数によらず持株数によって決せられるのは，株式会社の資本団体的性質にもとづくものであり，人的会社との顕著な違いである。ただし，1株1議決権の原則には，いくつかの例外がある（議決権なき株式(242条1項)，自己株式(241条2項)，相互保有株式(241条3項)など）。

(5) 議決権の行使

(a) 議決権の代理行使　議決権は必ずしも株主自身が直接行使する必要はなく，代理人が行使することも可能である（239条2項）。この場合，代理人は代理権を証する書面（委任状）を会社に差し出さなければならない（同項但書）。ところで，商法は株主の議決権行使の可能性を確保するために代理行使を認めているわけであるが，実際には多くの会社の定款では代理人の資格が当該会社の株主に限定されているため，その有効性が問題になる。この点，最高裁は，議決権行使の代理人を株主に限る定款の規定は，株主総会が，株主以外の第三者によって攪乱されることを防止し，会社の利益を保護するためのものであるから，合理的な理由による相当程度の制限であるとして有効と解している（最判昭和43年11月1日民集22巻12号2402頁）。

(b) 書面投票　これは，議決権行使のための代理人を見出すことが困難な一般株主の都合を考慮して，議決権を有する株主が1000人以上の大会社に限り認められる制度であり，株主は総会に出席することなく，賛否を記載した書面

を会社に送付して，議決権を行使することができる。この場合，株主総会の招集通知には議決権行使につき参考となるべき事項を記載した書面（参考書類）が添付されなければならない（商特21条ノ2）。

(c) 議決権の不統一行使　これは，複数の株式を有する株主が議決権を不統一に行使することをいう。外国預託証券が発行される場合や株券の振替決済制度が行われる場合のように，名義上の株主と実質上の株主が分かれており，後者の指示に従い前者が議決権を行使する場合に行われる（239条ノ2）。

(6) 株主総会決議の種類

(a) 通常決議　これは，商法または定款に別段の定めがないかぎり原則として行われるべき決議方法であり，発行済株式総数の過半数にあたる株式を有する株主が出席し（定足数），出席した株主の議決権の過半数で決するものである（239条1項）。しかし定足数に関しては定款で変更することができ，現実に大多数の株式会社ではこれをまったく排除し，単に出席株主の議決権の過半数で決することにしている。もっとも，取締役・監査役の選任決議に関しては，定款の定めによるも，定足数を発行済株式総数の3分の1未満に下すことはできない（256条ノ2・280条1項）。また，定足数の計算にあたっては，無議決権株主（議決権を停止された株主を含む）の有する株式数および単位未満株式の合計数は発行済株式総数に参入されない（240条・改正附則（昭56）20条1項）。

通常決議事項としては，取締役・監査役・清算人の選任およびその報酬の決定（254条1項・280条1項・269条・279条1項・417条1項但書・430条2項），清算人の解任（426条1項），検査役の選任（237条3項・238条・430条2項），総会議長の選任（237条ノ4第1項），総会の延期・続行（243条），計算書類等の承認（283条1項・419条1項・420条5項・427条1項），利益の資本組入（293条ノ2），会計監査人の選任・解任（商特3条1項・6条1項），会計監査人の不再任（商特5条ノ2第2項），会計監査人の定時総会出席要求（商特17条2項），小会社の取締役・清算人と会社間の訴訟における代表者の選任（商特24条2・3項）などがある。

(b) 特別決議　これは，特定の重要事項に関し，発行済株式総数の過半数にあたる株式を有する株主が出席し，出席した株主の議決権の3分の2以上にあたる多数をもって決する決議をいう。定足数と議決数の計算方法は通常決議

の場合と異ならないが，定足数は定款で軽減も排除することもできない。他面，定款で決議要件をさらに加重したり，通常決議事項を特別決議事項とすることは可能である。

特別決議事項としては，定款変更（343条），営業の全部または重要な一部の譲渡，営業全部の賃貸，経営委任，損益共通契約，その他これに準ずる契約の締結・変更・解約，他の会社の営業全部の譲受（245条１項），事後設立（246条），取締役・監査役の解任（257条・280条），資本減少（375条１項），解散（404条２号・405条），会社の継続（406条・406条ノ３第３項），合併契約の承認（408条１・３項，有60条１項），第三者に対する新株・転換社債・新株引受権附社債の有利発行（280条ノ２第２項・341条ノ２第３項・341条ノ８第５項），分離型新株引受権附社債の発行（341条ノ８第４項），株式併合（214条１項）などがある。

(c) 特殊決議　これは特別決議以上に厳重な決議で，会社との取引に関する取締役の責任免除決議においては，発行済株式総数の３分の２以上の多数を有する株主の賛成が必要であり（266条６項），また，株式の譲渡制限を定める定款変更決議においては，総株主（議決権のない株主を含むが単位未満株式のみを有する株主は不算入（348条２項，改正附則（昭56）20条２項））の過半数で発行済株式総数の３分の２以上の多数の賛成が必要である（348条１項）。なおこの決議要件は，株式会社の有限会社への組織変更に準用されている（有64条３項）。さらに，発起人・取締役・監査役・清算人の責任免除に際しては総株主の同意が必要である（196条・266条５項・280条１項・430条２項）。

9　取締役・取締役会・代表取締役の相互関係とはどのようなものか

(1) 総　　説

株式会社における業務執行は，取締役会と代表取締役とによって行われる。会社の必要的な意思決定機関である取締役会は，取締役全員によって構成される会議体であり，定期的そして臨時的に開催される会議においては各種の法定決議事項のほか，重要なる業務執行が決定される。一方，代表取締役は，取締役会が決定した意思に従い対内的・対外的に業務を執行する会社代表機関であ

り，日常的な業務執行については自ら決定する権限も有している。そして取締役会は代表取締役の職務の執行を監督する。

(2) 取　締　役

(a) 選任　　取締役は株主総会の通常決議によって選任される（254条1項）。ただし，会社設立の場合には，発起設立にあっては発起人が，募集設立にあっては創立総会が選任する（170条1項・183条）。取締役選任の効果が生ずるためには，総会の選任決議のほか，被選任者の承諾が必要であり，会社は代表機関を通じて被選任者に就任の申込をなす必要がある。取締役が選任された場合には，会社はその登記をしなければならず，その変更があった場合も同様である（188条2項7号・3項・67条）。

(b) 欠格事由　　商法は，取締役の欠格事由を定めるのみで，その他には取締役となりうる資格に関しては別段の定めを設けてはいない。むしろ，社外から広く人材を求めることができるようにするため，定款の定めによっても取締役の資格を株主に限定することはできないとしている（254条2項）。なお，①成年被後見人または被保佐人，②破産の宣告を受け復権しない者，③商法・商法特例法に定める罪により刑に処せられ，その執行を終わった日または執行を受けることがなくなった日から2年を経過しない者，④右の罪以外の罪により禁錮以上の刑に処せられ，その執行を終わっていないかまたはその執行を受けることがなくなっていない者（ただし刑の執行猶予中の者はこの限りでない）は，取締役になることができない（254条ノ2）。この欠格事由には未成年者は含まれておらず，したがって，未成年者も取締役になることができる。

(c) 員数・任期　　取締役は3名以上でなければならない（255条）。これは法定の最低限であり，定款でこれ以上の員数を定めることは可能である。定款で最高限が設けられ5人以内となっている場合には，取締役の員数は3人以上5人以内と解される。

取締役の任期は2年を超えることができない（256条1項）。ただし，最初の取締役の任期は1年を超えることができない（同条2項）。もっとも，いずれの場合も，本来の任期中の最終の決算期に関する定時株主総会が終結するまでならば任期を伸張することができる（同条3項）。

(d) 終任　　取締役たる資格は任期の満了および前述した欠格事由の発生に

より当然に消滅する。また会社と取締役との関係は委任および準委任であるから（254条3項），委任の法定終了事由，すなわち，取締役の死亡・破産・禁治産・会社の破産（民653条）により，そして会社解散によっても終任する。加えて取締役はいつでも辞任できるし（民651条），会社もいつでも株主総会の特別決議により取締役を解任することができる（257条1項）。ただし，任期の定めがある場合に，「正当の事由」（取締役の任務違反・重大な非行・職務執行能力の著しい欠如・長期の病気休養など）なくして任期満了前に解任した場合には，この取締役は会社に対して解任によって生じた損害の賠償を請求することができる（同条1項但書）。

最後に，取締役の職務の執行に関して不正の行為または法令もしくは定款に違反する重大な事実があるにもかかわらず，株主総会においてその取締役を解任することが否決されたときには，6ヵ月前より引き続き発行済株式総数の100分の3以上にあたる株式を有する株主は，決議時より30日以内に裁判所に対してその取締役の解任を請求することができる（257条3項）。

(3) 取締役会

(a) 総説　取締役会とは，取締役全員よりなる合議体であり，会社の業務執行についてその意思を決定し，取締役の業務の執行を監督する必要的・常設的な機関をいう。もっとも，取締役会なる語には会議体の機関そのものをさす場合と，この機関が権限を行使するために開催する現実の会議（取締役会議）をさす場合とがある。取締役会の決定は必ず取締役達が一同に会して行われる現実の会議をへてなされなければならず，持回り決議や個別的に同意を得る方法によってなされた決定は，たとえ取締役全員の同意があっても取締役会の決議としての効力を有さない（最判昭和44年11月27日民集23巻11号2301頁）。

小会社以外の会社の場合，監査役は取締役会へ出席し意見を陳述する権利を有しており（260条ノ3，商特25条），したがって監査役に対しても取締役会の招集通知を発さなければならない（259条ノ2）。しかしこれにより監査役が取締役会の構成員になるわけではなく，監査役は決議に加わることはできない。取締役会は，その決議により，必要に応じて取締役や監査役以外の者の出席を求めることができるが，その出欠は取締役会の決議の効力に影響を与えるものではない。

(b) 権限　(イ) 業務執行の決定　取締役会は会社の業務執行を決定する（260条1項）。会社の業務執行とは，会社業務に関する対内的・対外的な諸般の事務を処理することをいうが，取締役会が有するこの意思決定権限は，法令・定款により株主総会の決定権限とされている事項には及ばない。商法260条2項は取締役会の決議事項に関し，一般的専属事項として，以下の事項および「その他の重要なる業務執行」をあげ，その決定を取締役に決せしめることはできないとしている。すなわち，①重要なる財産の処分および譲受け，②多額の借財，③支配人その他の重要なる使用人の選任および解任，④支店その他の重要なる組織の設置・変更および廃止，である。なお，「その他の重要なる業務執行」に該当するか否かは，会社の利害状況に応じて個別的に判断せざるをえない。

以上の一般的専属事項に加えて，商法および商法特例法は，以下のような重要事項を取締役会の個別的専属事項として規定している。すなわち，①定款上，株式の譲渡制限を定めている場合の株式譲渡の承認または先買権者の指定（204条1項但書・204条ノ2第3項），②額面株式と無額面株式の相互転換（213条1項），③株主総会の招集（231条），④代表取締役の選任と共同代表の決定（261条1項・2項），⑤取締役の競業取引の承認（264条1項），⑥利益相反取引の承認（265条1項），⑦通常の新株発行（280条ノ2），⑧計算書類・附属明細書の承認・確定（281条，商特16条），⑨準備金の資本組入れ（293条ノ3），⑩株式分割（218条1項），⑪中間配当（293条ノ5），⑫社債の発行（296条），⑬転換社債の発行（341条ノ2），⑭新株引受権付社債の発行（341条ノ8第2項），⑮小会社における取締役・会社間の訴訟の会社代表者の決定（商特24条1項），などである。

(ロ) 業務監査　取締役会には取締役の職務の執行を監督する権限がある（260条1項）。前述のように，取締役会は業務執行に関する会社の意思を決定するにすぎず，その執行は代表取締役あるいは業務担当取締役に委ねられている。そこで，取締役会には，これらの取締役が法令・定款を遵守しつつ（適法性監査），かつ妥当に（妥当性監査），業務執行しているか否かを監査する権限が付与されており，この実効性をはかるため，取締役には3ヵ月に1回以上業務の執行状況を取締役会に報告する義務が課せられている（同条3項）。

(c) 招集　　取締役会は常時ではなく必要に応じて開かれ，招集権者が会日より1週間前に各取締役と監査役に通知して招集されるが，この期間は定款で短縮することができる（259条ノ2）。また取締役と監査役の全員の同意があれば招集手続を省略して開催することもできる（259条ノ3）。招集通知は書面に限らず口頭でもよく，通知には日時・場所を示さなければならないが，議題を示す必要はない（232条2項対照）。

　招集権は原則として各取締役に付与されているが，定款または取締役会決議により特定の取締役（取締役会会長・社長など）を招集権者と定めることもできる（259条1項）。もっとも招集権者以外の取締役であっても会議の目的事項を記載した書面を提出して取締役会の招集を請求することができ（同条2項），この請求後5日以内に請求日より2週間以内の日を会日とする取締役会の招集通知が発せられないときには，この請求をなした取締役自らが取締役会を招集することができる（同条3項）。

(d) 決議　　取締役会の決議は，原則として，取締役の過半数が出席し（定足数），出席した取締役の過半数をもってなされるが，定款でこの要件を加重することができる（260条ノ2第1項）。なお，取締役会の決議につき特別の利害関係を有する取締役は決議に参加することができない（同条2項）。これは決議の公正を保つための措置であり，この取締役の数は定足数・議決数の数に算入されない（同条3項）。特別利害関係とは，決議につき個人的な利害関係を有することをいい，会社との委任関係あるいは忠実義務に矛盾するような利害関係をいう。

(4) 代表取締役

(a) 総説　　代表取締役は取締役会において意思決定された業務を現実において具体的に執行し，かつ会社を代表する法定の必要的・常設機関である。員数・任期に関する特別の規定はなく，どの株式会社においても，取締役会の決議により，取締役の中から最低1人の代表取締役を選任しなければならない（261条1項）。

　代表取締役の資格は取締役の地位を前提にしており，任期についても法律上定めはない。したがって，取締役の地位を失うことにより代表取締役でもなくなるが，反対に代表取締役をやめても当然に取締役でなくなるわけではない。

代表取締役が複数いる場合，原則として各代表取締役は独立して会社を代表するが（単独代表取締役），取締役会の決議により数人の代表取締役が共同して会社を代表すべきことを定めることもできる（共同代表取締役）（同条2項）。

　(b) 権限　(イ) 代表権　代表取締役は，業務執行機関として各種の対内的および対外的な業務執行を行う。すなわち，株主総会や取締役会の決議を執行したり，日常業務あるいは取締役会から委ねられた事項については自ら決定し執行する（専決執行）。対外的に業務を執行するということは第三者と会社との間に法律関係が生ずる意味で会社を代表することであり，代表取締役には法律上固有の会社代表権がある。この代表権は，会社の営業に関する一切の裁判上または裁判外の行為に及ぶもので包括的であり，また，自治的に代表権に加えた制限は善意の第三者には対抗できないという意味で不可制限的である（261条3項・78条，民54条）。

　(ロ) 業務執行権　代表取締役は代表行為以外の各種の業務執行権限をも有している。商法および商法特例法によれば，これには①定款・株主名簿・端株原簿・社債原簿の備置（263条1項），②株主総会・取締役会の議事録の備置き（244条3項・260条ノ4第3項），③計算書類・附属明細書の作成およびその取締役会・監査役・会計監査人・監査役会への提出（281条・281条ノ2，商特12条），④計算書類・附属明細書・監査報告書の備置き（282条1項，商特15条・23条4項），⑤計算書類の総会への提出，貸借対照表・損益計算書の公告（283条1項・3項，商特16条・19条），⑥株式・社債の申込証の作成（280条ノ6・301条2項），⑦株券・端株権・新株引受権証書・債券・新株引受権証券への署名（225条・230条ノ3第3項・280条ノ6ノ2第2項・306条2項・341条ノ13第2項），⑧株式・社債の名義書換（206条・307条），⑨登記事項の登記（商登92条），などがある。

　なお，代表取締役の前提となる取締役としての職務権限としては，①取締役会・株主総会への出席（259条ノ2・260条ノ4第2項・237条ノ3第1項・244条2項），②各種の訴えの提起（247条1項・280条ノ15第2項・380条2項・415条・428条2項），③会社の破産・整理・更正手続の申立て（381条，破133条1項，会更30条1項），④検査役の選任申請（173条1項・246条2項・280条ノ8第1項），などを有している。

（5）業務担当取締役

　現実の会社においては、内部職階制により取締役に社長・副社長・専務取締役・常務取締役などの名称を付与し、対内的な業務執行を担当させる場合が多い。これを業務担当取締役あるいは業務執行取締役という。代表取締役が法定の対外的・対内的業務執行機関であるのに対して業務担当取締役は任意的な対内的業務執行機関となる。業務担当取締役は、取締役会決議により選任され、取締役会決議あるいは業務規則によって定まった範囲内の権限を有する。

10　取締役は会社に対してどのような義務と責任を負っているか

（1）取締役の義務

　(a) 善管注意義務　　取締役と会社との関係は委任に関する規定に従う（254条3項）。したがって、取締役は、取締役会の構成員あるいは代表取締役として職務を執行するにあたっては、会社に対して善良なる管理者としての注意義務を負う（民644条）。これは、当該職務を遂行するにあたり、通常人の能力を基準にして、行為者の属する職業や社会的地位などに応じて一般的に要求される程度の注意を払うべき義務を意味する。

　(b) 忠実義務　　254条ノ3は、取締役は、法令・定款の定めならびに株主総会の決議を遵守し、会社のために忠実にその職務を執行する義務を負うと規定している。ここでいういわゆる忠実義務の本質に関しては、善管注意義務と同質と解する立場（最判昭和45年6月24日民集24巻6号625頁）と異質と解する立場に分かれている。前者の立場によれば、同規定は、善管注意義務を一層明確に規定したにすぎないことになるが、後者の立場によれば、忠実義務とは、信任を受けた受託者（取締役）は、その地位を利用して、信任した受益者（会社）の利益を犠牲にし、自己または第三者の利益をはかってはならない義務をいうことになる。

　なお、商法は、忠実義務を根拠として、そこから具体的な取締役の行為規制として、競業避止義務と自己取引規制を設けている。取締役の競業避止義務とは、取締役が自己または第三者のために、「会社の営業の部類に属する取引」をなすには、取締役会においてその取引につき重要な事実を開示し、その承認

を受けなければならない義務をいう（264条1項）。また，自己取引規制とは，取締役が会社の製品その他の財産を譲り受け，その他自己または第三者のために会社と取引をなすには，取締役会の承認を受けることが必要というものであり（265条1項前段），また，会社が取締役の債務を保証し，その他取締役以外の者との間において，会社と取締役との利益相反する取引をなすときも，取締役会の承認が必要とされている（同項後段）。

（2）　取締役の会社に対する責任

（a）　損害賠償・弁済責任　　（イ）　一般的損害賠償責任　　取締役は会社と委任ないし準委任の関係にあるので，善管注意義務（254条3項，民644条）に違反したり，あるいは不法行為により会社に損害を加えた場合には，損害賠償責任を負う（415条・709条）。

（ロ）　特別な損害賠償責任　　266条1項は取締役の権限の重大性にかんがみ，その責任の強化をはかるため，以下のような特別の責任を認めている。

（i）　違法配当に関する議案の提出または違法な中間配当の実施　　取締役が290条1項の規定に違反する利益の配当に関する議案を総会に提出し，または293条ノ5第3項の規定に違反する金銭の分配をなした場合には，取締役は会社に対して連帯して違法に配当または分配された額を弁済する責を負う（266条1項1号）。

（ii）　違法な財産上の利益の供与　　会社は何人に対しても株主の権利の行使に関して財産上の利益を供与することは許されず（294条ノ2第1項），これに違反して財産上の利益を供与した取締役は，会社に対して連帯してその供与した利益の価額について弁済する責を負う（266条1項2号）。これは会社が総会屋に対してなす利益供与を阻止することを目的とするものであり，商法は厳しい罰則も設けている（497条）。

（iii）　取締役に対する金銭の貸付　　会社が取締役に対して金銭の貸付をなした場合，その貸付をなした取締役は会社に対して連帯していまだ弁済のない額を弁済する責を負う（266条1項3号）。

（iv）　取締役の自己取引　　取締役が265条1項の取引をなした場合には，その取引をなした取締役は会社が被った損害額につき，会社に対して連帯して損害賠償責任を負う（266条1項4号）。通説は，この責任は，取締役会の承認

の有無にかかわらず，対価の不当や取引上の債務不履行などから会社に損害が生じた場合に取締役が当然に負担するものと解している。

（v）法令・定款違反　以上のほか，法令・定款に違反した取締役は，連帯して会社に対して損害賠償責任を負担する。ここにいう法令には，善管注意義務のような一般的な注意義務や忠実義務も含まれる。

以上の責任は，10年の時効（民167条1項）あるいは，総株主の同意による責任免除（266条5項，例外として同条6項）によって消滅する。総株主には無議決権株主も含まれる。公開会社にあっては株主数が多いため総株主の同意を得ることは事実上不可能である。

(b)　資本充実責任　会社設立当時の取締役は，発起人と共同して株式の引受担保責任を負い（192条1項），また，発起人と連帯して払込担保責任および現物出資における給付担保責任を負う（同条2項）。さらに，会社設立後に新株発行による変更登記があったにもかかわらずなお引受のない株式があるとき，または株式の申込が取り消されたときは，共同してこれを引き受けたものとみなされる（280条ノ13）。

現物出資の目的たる財産に関しては，会社成立当時あるいは新株発行当時のその実価が定款所定の価格あるいは取締役会で決定された価格に著しく不足する時にも，取締役には財産価格塡補責任が課せられている（192条ノ2第1項・280条ノ13ノ2第1項）。

11　株主代表訴訟制度とはなにか

　株主代表訴訟は，個々の株主が自ら会社のために，取締役の会社に対する責任を追及する訴訟である。株式会社における取締役の会社に対する責任の追及は，本来ならば監査役等（275条ノ4，商法特例法上の小会社の場合は取締役会または株主総会が定める者──商特24条1項・2項）によってなされるべきものである。しかし，わが国における会社内での監査役の地位や立場，同じ会社役員としての身内意識などにより，積極的な責任追及がなされない場合も多い。そこで，監査役等による取締役の会社に対する責任追及が期待できない場合には，株主自らが会社を代表して，取締役の会社に対する責任を追及する訴えを提起できる制度を株主代表訴訟という（有限会社の社員代表訴訟や協同組合の組合員による代表訴訟も同趣旨の制度である）。

　昭和25年の商法改正は，株主総会の権限を大幅に縮小し，取締役の権限を大幅に拡大して，株主総会の権限を再配分するとともに，反面，取締役の責任を厳格化し，株主の地位を強化したが，株主代表訴訟もその一環として，アメリカ法にならって採用されたものである。株主代表訴訟は，会社の損害の回復を目的とし，株主に直接の利益をもたらさないものであり，導入から平成元年頃まではわずかな訴訟が提起されたにすぎなかった。しかし，その後に生じたバブル経済の崩壊とともに，企業不祥事が続発したこともあって，取締役の経営責任を追及する動きが活発になり，平成5年の商法改正により，従前は争いがあった代表訴訟の提起に要する手数料が，明文をもって定額に定められたことも重なって（平成5年の商法改正によって，財産上の請求ではないとみなす旨の明文規定が設けられ──267条4項，民事訴訟費用等に関する法律4条2項に定められた95万円を基礎に，一律に8,200円の手数料で足りることになった），その後は毎年，多数の株主代表訴訟が提起されている。これらの中には，薬害エイズ問題や総会屋への利益供与事件など社会的に注目を浴びた事件に端を発するものも多い。

　株主代表訴訟は，株主が監査役等の提訴権者に対し，取締役の会社に対する責任を追及する訴えの提起を書面をもって請求したにもかかわらず，①監査役等が提訴しないまま30日が経過した場合，②監査役等が提訴しない旨を回答し

てきた場合，③提訴を待っていると回復困難な損害を生ずる場合などに初めて提起することができる。したがって，監査役等により，取締役の会社に対する責任の追及が行われた場合には，株主は共同訴訟人として訴訟参加ができるだけである。

提訴権を有する株主は，実質ではなく株主名簿上も，提訴の6ヵ月前より引続き1株以上の株式を有している株主であり（267条1項，端株および単位未満株は除かれる——230条ノ6，昭和56年商法改正附則18条1項），会社に対する嫌がらせとして株主代表訴訟の提起を目的として株主になるというような濫訴を防止している（母法であるアメリカ法と違い，責任発生原因の行為時に株主であったことは要件とされない。これは，行為時と損害発生時期は必ずしも一致するものではなく，行為時の後，損害の発生前に株主になった者にも権利を認める必要があるからである）。

株主の代表訴訟によって追及される取締役の責任は，取締役の会社に対する責任である。取締役の会社に対する責任を定める266条の責任および資本充実責任（280条ノ13・280条ノ13ノ2，設立時の取締役に限り，192条・192条ノ2）などの法定責任が代表訴訟の対象となることには異論がない。この他にも取締役が会社との取引によって負担した債務（第三者的債務）など，会社に対して負うあらゆる債務が代表訴訟の対象になると解する全債務説が通説であり（代表訴訟の制度趣旨である提訴懈怠の可能性は，あらゆる債務に及び，また，他の救済方法がないケースもあるため），高裁の判例にもこの立場を採るものがある（大阪高判昭和54年10月30日高民集32巻2号214頁）。これに対し，免除困難および免除不可能な法定責任に限定したものと解する説もある。

なお，全債務説の立場からは，取締役の在任中に負担した責任のみでなく，取締役となる以前から負担していた債務についても，また，責任の発生時が取締役の在任中であれば，取締役を退任した後においても，代表訴訟によってその責任を追及できると解されている。

なお，株主代表訴訟は，取締役の会社に対する責任追及（266条）の他，監査役の会社に対する責任追及（280条1項），発起人および清算人の会社に対する責任追及（196条・430条2項），株主の権利行使に関して違法な利益供与を受けた者の会社に対する利益の返還義務の追及（294条ノ2第4項），株式発行時

に取締役と通じて不公正な発行価格で株式を引受けた者の公正な価格との差額を会社に支払う義務の追及（280条ノ11第2項）の場合にも提起することができる。また，証券取引法上の内部者取引に関しても代表訴訟の制度がある（証取164条2項）。

12 取締役の違法行為の差止請求権とはなにか

（1） 株主の違法行為差止請求権（272条）

株主の違法行為差止請求権とは，取締役が法令または定款に違反する行為をしようとする場合に，本来，差止権を有している会社自身（監査役等）が差止を怠っている場合に，個々の株主が自ら会社のために取締役に対しその行為をやめるべきことを請求する権利であり，株主代表訴訟同様，昭和25年の商法改正の際に株主地位強化策の一環として，アメリカ法の差止命令（injunction）にならって採用された制度である。株主の代表訴訟提起権が，いわば事後における積極的救済を目的とする制度であるのに対し，違法行為差止請求権は事前の防止装置である。

株主の違法行為差止請求権を有する株主は，株主代表訴訟と同様に差止請求の6ヵ月前より引続き1株以上の株式を有している株主であり，代表訴訟と異なり，差止の必要の緊急性から，まず，監査役に請求をなすことは要件ではない（したがって，このような請求権者の制限は疑問が多い。なお，新株発行の差止請求権（280条ノ10）は，このような請求権者の制限はない）。

株主の違法行為差止請求権の対象となる行為は，会社の目的の範囲内にあらざる行為その他，すべての法令または定款に違反する取締役の行為が対象となるが，このような行為があれば，常に差止ができるわけではなく，その行為の結果「会社に回復すべからざる損害」を生ずる虞がある場合に限られる。また，差止は，違法行為がなされないうちに行われなければならない。その行使は，必ずしも訴えによる必要はなく，株主が違法行為をなそうとする取締役に対して，その行為をやめるべきことを裁判外で請求することもできる。裁判によるときは，株主は，その取締役を被告として，会社のために差止の訴えを提起し，その訴えにもとづく仮処分をもってその行為を差し止める（その判決の効力は，

当然に会社に及ぶ，民訴115条1項2号・2項）。しかし，裁判による株主の違法行為差止権の行使ですら，それを無視した行為の効力に影響を及ぼすことが極めて少なく，その実効性に問題があるため，あまり利用されていない（なお，株主の違法行為差止請求権は，清算人の違法行為の差止請求にも準用されている，430条3項）。

（2） **監査役の違法行為差止請求権**（275条ノ2）

取締役が法令や定款に違反をする行為をし，それによって会社に「著しい損害」が生ずる虞がある場合には，監査役は，その取締役に対して，その行為を止めるよう請求することができる。株主の違法行為差止請求権が，その対象を「回復できないような損害」の発生の虞がある行為と規定するのに対して，監査役の違法行為差止請求権は，その対象を「著しい損害」の発生の虞がある行為と規定しており，文言上，対象が拡大されている。また，株主の違法行為差止の仮処分の際には，保証を立てさせるか否かは裁判所の裁量によるが，監査役の違法行為差止の仮処分の請求に関しては，保証を要しないことが明文で規定されている（275条ノ2第2項）。これらは，監査役が，会社の監査機関であり，適切な権限行使を期待し得ると考えられているためである。なお，商法特例法上の小会社（資本金額1億円以下の会社）の監査役は，会計監査のみを職務としているため，この権限を有しない（商特25条）。

13 取締役は第三者に対してどのような責任を負うか

取締役は，会社に対する関係では，経営の受任者の地位に立ち，その任務を怠ると会社に対して債務不履行による損害賠償責任を負うのは当然であるが，第三者とは直接の関係に立たず，本来は不法行為責任（民709条）以外は負わないはずである。しかし，商法は，第三者保護の立場から，一定の要件のもとに取締役が第三者に対して直接に損害賠償責任を負う旨を定めている（266条ノ3）。なお，損害発生の行為が取締役会の決議にもとづいてなされたときは，決議に賛成した取締役はその行為をしたものとみなされ，決議に参加した取締役で議事録に異議を止めなかった取締役は，その決議に賛成したものと推定される（266条2項・3項・266条ノ3第3項）。

(1) 任務懈怠（266条ノ3第1項）の責任

取締役がその職務を行うにつき，悪意または重過失があるときは，その取締役は第三者に対してもまた連帯して損害賠償の責任を負う。しかし，この266条ノ3第1項の規定は，その文言が抽象的で必ずしも明確でないことから多くの問題を生み出している。

この責任については，「法が定めた特別の責任」と解する特別法定責任説が通説・判例であるが，本項の責任は，民法709条の一般不法行為責任そのもので，ただそこから軽過失を免責するに過ぎないとする不法行為特則説，不法行為責任の性質を有するが，民法709条とはその要件を異にするとする特殊不法行為説など，学説上に争いがある。これに対し，最大判昭和44年11月26日（民集23巻11号2150頁）は特別法定責任説の立場に立ち，以後の判例はその影響を受けることになった。また，わが国では，個人企業に近い中小零細企業が数多く，第三者が会社から十分な救済を受けられない場合も相当に生じることから，会社倒産の場合などに，経営の中枢となっていた取締役の個人責任を認めることで第三者保護に果たす役割が大きく，一般に本項を第三者保護のためにあると解する第三者保護説が採られている。その結果，本条と一般不法行為責任との競合について，一般不法行為特則説によれば競合を認めないことになるが，特殊不法行為説によっても，特別法定責任説（通説・判例）によっても，競合が認められることになる。こうした立場では，悪意・重過失は会社に対する取締役の任務懈怠について認められるべきなのか，第三者への加害に対するものなのかという問題について，取締役の任務懈怠を対象とする立場を採るのが一般であり，第三者への加害について，一般不法行為成立の要件である故意・過失がない場合でも，会社に対する任務懈怠に悪意・重過失があるときは，取締役の損害賠償責任を認める立場を採ることになる。

したがって，取締役の悪意・重過失ある任務懈怠により損害を受けた第三者は，その任務懈怠につき悪意・重過失を立証すればよく，自己に対する加害につき故意または過失あることを主張し立証するまでもなく，取締役に対して損害賠償を求めることができることになり，第三者保護に果たす役割は大きい。

取締役の責任の範囲も，直接損害に限るのか，間接損害に限るのか，それとも両損害を含むかの問題についても，前掲最大判昭和44年11月26日など多くの

判例は、「第三者ニ対シテモ亦」とされることから両損害包含説を採る。しかし、両損害包含説では、取締役の責任範囲を極めて広く認めることになり、取締役は会社の保証人的地位に立たされることになるなどの問題がある。そこで、判例は同時にその取締役の会社に対する任務懈怠と第三者の損害との間に相当因果関係が必要であるとの立場を採っている。

そして、ここでいう第三者とは、債権者だけか、株主を含むかとの問題に対し、学説は、間接損害については株主は含まれないとするのが一般である。これは、会社が損害を回復すれば、株主の持分価値も回復すること、取締役が株主に賠償しても会社に対する責任が残るとすれば、取締役は二重の責任を負うことになり、取締役が株主に賠償することによって、取締役の会社に対する責任もその分だけ軽減するということになれば、責任の免除に総株主の同意を必要とすることと矛盾し、また、取締役に対する損害賠償請求権という会社財産を特定の株主が奪い取るという不都合な結果となることなどを理由とする。

（2）不実の情報開示（266条ノ3第2項）の責任

266条ノ3第2項は、取締役が、株式申込証・新株引受権証書・社債申込証・目論見書・決算期ごとに作成される計算書類に記載すべき重要な事項について、虚偽の記載をし、または虚偽の登記もしくは公告をしたときは、その取締役は、注意を怠らなかったことを証明しないかぎり、それによって損害を蒙った第三者に対して、責任を負うものとしている。この規定は、これらの書類の記載を信頼して、投資をした投資家あるいは会社と取引を開始した債権者を保護しようとするものであり、不実の開示自体を責任の発生原因として、挙証責任の転換を図っており、軽過失でも責任を負う（なお、証券取引法にも同様の規定があり、有価証券届出書・目論見書・有価証券報告書の虚偽記載などについて、これを提出した会社の役員——取締役・監査役・これに準ずる者は、投資家に対し、直接に民事責任を負う——証取21条1項1号・3項・22条・24条ノ4）。

（3）平取締役・名目的取締役の責任

代表権のない平取締役も、取締役会構成員として、代表取締役および他の取締役の職務の執行について監視する義務があることは当然であるが、平取締役が代表取締役と全く同じ条件で監視義務を負うとは考えにくいので、平取締役の監視義務の範囲と程度が問題になる。代表権のない平取締役の代表取締役の

業務執行に対する監視義務は，取締役会に上程された事項に関しては一般に肯定されているが，取締役会に上程されない事項についてまで監視義務があるか否かについては議論があった。この点，最判昭和48年5月22日（民集27巻5号655頁）は，代表権のない平取締役の代表取締役の業務執行に対する監視義務は，取締役会に上程された事項にとどまらず，代表取締役の業務執行行為一般に及ぶこと，およびこの監視義務が取締役会の業務執行についての監督機能に由来することを明確にした。しかし，その後の下級審のなかには，平取締役の監視義務を抽象的には認めながらも，具体的には，因果関係がないとか，悪意または重過失を認めることが困難などさまざまな理由により，平取締役あるいは名目的取締役の責任を認めない判決もみられる。

　名目上の取締役と逆に，登記されることなく，あるいは退任登記後も取締役として職務執行を続ける者に本条による責任を追及することができるかという問題があるが，いわゆる事実上の取締役として評価できる場合には可能であるとされている（東京地判平成2年9月3日判時1376号110頁）。

14　株式会社の監査システムはどうなっているか

（1）　株式会社の監査システム

　株式会社の業務執行は，それが適切かつ迅速に行われるようにするため，出資者である株主の手を離れ，経営の専門家である取締役によって行われている。受任者である取締役による業務執行が適法かつ適正に行われているかを調査・監督（監査）することが必要である。本来，この監査権限は所有者としての出資者が取締役に対して有するものである（合資会社の有限責任社員も業務および財産の検査権限を有している（153条参照））。しかし株式会社の場合，株主が多数存在していることから各株主はその意識が薄く知識も乏しいことが多く，また誰でもその地位につくことができることからその濫用のおそれがある。このため，日常的監査は他の機関に委ねられ，株主には取締役の選任権・解任権（254条1項・257条），代表訴訟権（267条），取締役の行為に対する差止請求権（272条・280条ノ10），各種訴権（247条・280条ノ15・363条・372条・380条・415条・428条など）などが認められているにすぎない。

　つまり，取締役の業務執行に対する日常的な監査は，取締役会および監査役によって行われる（260条1項・274条）。なお，大会社（資本金5億円以上または負債総額200億円以上の会社）においては，組織的監査の必要性から，監査役の員数が3名以上と定められ，監査役会制度が導入され（商特18条・18条の2），会計監査について専門的知識を有する会計監査人による監査が制度化されている（商特2条）。

（2）　取締役会による業務監査

　取締役会は代表取締役の業務執行の適法性および妥当性について監査権限を有している（260条1項）。このため，取締役は3月に1回以上取締役会に業務の結果を報告しなければならず（260条3項），これを確保するために取締役会の招集権限は原則として各取締役が有している（259条1項本文）。もし招集権限が特定の取締役にのみ与えられている場合にも，各取締役に取締役会の招集請求権および招集権が認められる（259条2項・3項）。この監査権限は代表取締役の選任権・解任権（261条）により裏づけられている。なお，取締役会が

取締役の業務執行に対する監査権を有することから，各取締役は他の取締役の業務執行を監視・監督する義務を負う。

（3） 監査役の監査権限

しかし，各取締役が会社の業務を担当しているわが国においては，取締役による業務監査権は十分には機能していない。このため，昭和25年の商法改正において取締役会制度が導入されたことに伴い会計監査のみに制限されていた監査役の権限が，昭和49年の商法改正により拡大され，再び業務監査権を有することとなった。さらに，数次の改正により監査役の地位は強化され，その権限も充実されてきている。ただし，小会社（資本金1億円以下かつ負債総額200億円未満の会社）の監査役の権限は現在でも会計監査のみである（商特22条）。

監査役の業務監査権の範囲について，取締役の業務監査権との関係から，妥当性にまで及ぶのかという問題がある。通説は，業務執行の妥当性については取締役会が判断すべき事項であるので監査役は適法性のみについて監査権限を有するとする。しかし，取締役の著しく不当な行為についても監査役は監査権限を有するので，消極的意味ではあるが，取締役の行為の合目的性や妥当性についてその監査権限が及ぶものと考えるべきである。

なお，監査役は自ら取締役の業務執行を調査することができるが，それは業務執行に関与するものではない。このため，業務監査の実施を容易にし，取締役の不正な行為を未然に防止するため，会社に著しい損害を及ぼすおそれがある事項を発見した取締役に，監査役への報告義務を課し（274条ノ2），その連携が図られている。

監査役の主な監査権限は次のとおりである。

---

① 調査権
(1) 取締役および使用人に対し営業の報告を求め業務および財産を調査すること（274条）
(2) 必要ある場合に，子会社に対し業務の報告を求め業務および財産の調査をすること（274条ノ3）
(3) 取締役が株主総会に提出する書類を調査すること（275条）
(4) 取締役または精算人が作成した計算書類等を監査すること（281条2項・420条）

② 調査・監査結果の報告
 (1) 監査報告書を作成し，取締役に提出すること（281条ノ3）
 (2) 取締役会に出席し，意見を述べること（260条ノ3第1項）
 (3) 取締役が会社の目的の範囲にあらざる行為などをし，または行うおそれがある場合に，取締役会に報告すること（260条ノ3第2項）
 (4) (3)の場合において，必要あるときは取締役会の招集を請求し，もし開催されない場合には自ら招集すること（260条ノ3第3項・4項）
 (5) 取締役が株主総会に提出する書類に違法等の事項がある場合に株主総会で意見を述べること（275条）
③ 訴えの提起など
 (1) 取締役が会社の目的の範囲にあらざる行為などをし，会社に著しき損害を与えるおそれがある場合に，その行為の差止を請求すること（275条ノ2）
 (2) 各種の訴えを提起すること（247条・280条ノ15・363条・372条・380条・415条・428条）
 (3) 会社と取締役の間の訴訟において会社を代表すること（275条ノ4）
 (4) 会社の現況その他の事情により支払不能または債務超過に陥るおそれがある場合に，会社の整理の申立てをすること（381条）
 (5) 清算の遂行に著しい支障をきたす事情がある場合に，特別清算の申立てをすること（431条）

　監査役はその任務を怠り会社に損害を与えた場合，会社に対して損害賠償の責任を負い（277条），監査役がその職務を行うにつき悪意または重大な過失がある場合には，第三者に対しても責任を負う（280条1項・266条ノ3第1項）。また，監査役が監査報告書の重要な事項につき虚偽の記載をしたときは，その記載につき注意をおこたらなかったことを証明しないかぎり，第三者に対して責任を負う（280条1項・266条ノ3第2項）。そして，監査役が取締役または会計監査人とともに会社または第三者に対して責任を負う場合，これらの者と連帯して責任を負う（278条，商特11条）。

（4） 監査役の独立性

　監査役の職務は独立性が確保されることにより，その信頼性が保たれることになる。このため，監査役は会社または子会社の取締役または支配人その他の

使用人を兼務することが禁止され（276条），その任期は取締役より長く3年と定められ，この期間を短縮することは原則として禁止されている（273条）。さらに，監査役の選任および解任について，取締役の場合と異なり監査役には意見陳述権が認められている（275条ノ3）。

また，精神的な独立性は，経済的な独立性により裏付けられるものであるから，監査役の報酬は取締役の報酬とは別に定めなければならず，その額が定款で定められていなく株主総会で定める場合，監査役には意見陳述権が認められている（279条）。そして，監査費用は監査を実行するため必要なものであるから，監査役がその前払いを請求した場合や立替払い後に利息を含めてその支払いを請求した場合など，取締役はその費用が監査役の職務の執行に必要がないことを証明しなければそれを拒否することはできない（279条ノ2）。

監査役の員数は1名以上で足りるが，大会社においては3名以上でなければならず，監査の独立性を高めるため，そのうち1名以上は就任前5年間会社または子会社の取締役または支配人その他の使用人でなかった者（いわゆる社外監査役）でなければならない（商特18条1項）。また，監査役は互選により常勤の監査役を定めなければならない（同条2項）。

（5）　**監査役会制度**

大会社における取締役の業務はその規模が大きくその内容は複雑であるので，複数の監査役が職務を分担し組織的な監査を実施する必要がある。このため，平成5年の改正により監査役の員数は3名以上とされ，監査役会制度が導入された。監査役会は，その決議により監査の方針，会社の業務および財産の状況に関する調査の方法，その他監査役の職務に関する事項を定めることができる（商特18条ノ2第2項本文）。ただし，各監査役の権限は監査役会の決議によっても制限することはできず（同条ノ2第2項但書），その独任制は保たれている。このため，次に記載する監査役会の権限以外の監査権限については，各監査役の個別の権限となるし，監査役会で職務分担が決定されたとしても，それに反対の監査役はその決議に反し自ら必要と判断した調査を行うことができるし，またその決議に賛成した監査役でも必要と判断すれば自己の担当外とされた事項についても調査することができる。そして，監査役会の作成する監査報告書に各監査役は自らの意見を付記することができる（同14条3項後段）。

なお，監査役会の決議は過半数をもって行うことを原則とするが，③(4)の会計監査人の解任につい全員一致が必要である（同18条の3）。

---

① 各種の書類・報告の受領
　(1) 会計監査人から監査報告書を受領すること（商特13条）
　(2) 会計監査人がその職務を行うに際し取締役の不正行為等を発見した場合に報告を受けること（商特8条1項）
　(3) 各監査役から監査の結果につき報告を受けること（商特14条1項）
　(4) 各監査役にその職務の執行状況の報告を求めること（商特18条の2第3項）
　(5) 会社に著しい損害を及ぼすおそれがある事項を発見した取締役から報告を受けること（商特19条1項，商274条ノ2）
② 監査報告書を作成し取締役に提出し，その謄本を会計監査人に送付すること（商特14条2項）
③ 会計監査人の選任・解任等
　(1) 会計監査人の選任，解任，不再任の議案に同意すること（商特3条2項・6条3項・5条の2第3項）
　(2) 会計監査人の選任，解任，不再任の議題を提案すること（商特3条3項前段・6条3項・5条の2第3項）
　(3) 会計監査人の選任に関する議案を提案すること（商特3条3項後段）
　(4) 会計監査人を解任すること（商特6条の2第1項）
　(5) 監査役会の決議によって会計監査人を解任した場合，その理由等を総会で報告する監査役を選任すること（商特6条の2第2項）
　(6) 会計監査人が欠けた場合などに仮会計監査人を選任すること（商特6条の4）

---

(6) 会計監査人制度

　大会社に対する利害関係者は多数であり，会社の経理内容も複雑であることから，専門家による監査制度として，昭和49年に会計監査人による監査が導入された。会計監査人は専門的能力が要求されていることから，その資格は公認会計士または監査法人に限られている（商特4条1項）。そして，監査の公正を保つため，会計監査人の独立性に関する規定が設けられている（同条2項）。

会計監査人の選任は株主総会で行われ，その任期は1年であるが，その地位の安定を図るため，別段の決議がなければその総会において再任されたものとみなされる（商特5条の2）。また，その選任・解任等においては監査役会による同意などが必要である（同3条・5条の2・6条・6条の2・6条の3）。

会計監査人の権限は会計監査に限定されているが，監査役の監査の充実を図るため，その職務を行うに際し，取締役の職務遂行に関し不正な行為等を発見した会計監査人に，監査役会への報告義務が課せられている（同8条1項）。また監査役がその職務を行うため必要がある場合に，会計監査人に対し監査に関する報告請求権が認められ（同8条2項），会計監査人による監査と監査役による監査の連携が図られている。

会計監査人は計算書類等の会計に関する監査を行うため，次のような権限を有している。

---

① 会社の会計帳簿および書類を閲覧または謄写すること（商特7条1項）
② 取締役または支配人その他の使用人に対して会計に関する報告を求めること（商特7条1項）
③ その職務を行うため必要がある場合には，会社の業務および財産を調査すること（商特7条2項）
④ その職務を行うため必要がある場合には，子会社に対し会計に関する報告を求めること（商特7条3項）
⑤ その職務を行うため必要がある場合には，子会社の業務および財産を調査すること（商特7条3項）

会計監査人の会計監査に関する意見が監査役会または監査役と異なるときは株主総会に出席して意見を述べることができ，または定時総会において会計監査人の出席を求める決議がなされた場合には，株主総会に出席して意見を述べなければならない（商特17条）。

なお，会計監査人がその職務を怠ったことにより会社に損害を生じさせた場合，会社に対して責任を負い（同9条），監査報告書の重要な事項について虚偽の記載をしたことにより第三者に損害を生じさせた場合，その職務を行うにつき過失がなかったことを証明することができなければ第三者に対しても責

任を負う（同10条）。また，会計監査人が取締役または監査役とともに会社または第三者に対して責任を負う場合，これらの者と連帯して責任を負う（同11条）。

15　資本と準備金はどうちがうのか

(1)　資本の意義

　株式会社の資本とは，会社が確保すべき財産の基準額を意味している。その額は登記され（188条2項6号），貸借対照表の資本の部に資本金として記載されるが（計算規34条1項），定款の記載事項ではない。ここで，注意しなければならないことは，資本の額は会社が有する財産の額それ自体を示すものではなく，会社が確保すべき財産の基準額を示すということである。また，会計学上で資本という言葉は，さまざまな意味で用いられ，会社が保有する財産として総資本という意味で用いられたり，負債（他人資本）に対する自己資本という意味で用いられたり，利益に対する意味として用いられたりする。

　この資本の額は，株主の有限責任（200条）との関係から，その重要性が説明される。すなわち，物的会社である株式会社は，会社財産のみが会社債権者に対する債務の弁済の担保となっているので，会社の信用を維持するには，会社財産の確保を図る必要があり，その目標となるべき一定の数値を定め，それに相当する財産を会社に確保することにした。この一定の数値が資本の額であり，平成2年の商法改正により株式会社に最低資本金制度が導入され，その額は1,000万円と定められた（168条ノ4）。

　資本の額はこのように債権者保護との関係から重要であるので，その額の算定基準を商法が定め，額面以下による株式の発行を禁止し（202条），発行価額の全額払込み制を採用し（170条・177条・280条ノ7），現物出資に厳格な検査を要求し（173条・181条・280条ノ8），取締役などに資本充実責任を課すことなどにより（192条・192条ノ2・280条ノ13・280条ノ13ノ2），その充実維持を要請している（資本充実・維持の原則）。また，その減少には厳格な手続が必要であり自由に減少することはできない（資本不変の原則）。すなわち，資本の額は原則として，取締役の決議による新株の発行や，法定準備金の資本組入れにより増

加することができるが（280条ノ2・293条ノ3，ただし，280条ノ2第2項または280条ノ5ノ2にもとづく新株発行や配当可能利益の資本組入れ（293条ノ2）には，株主総会の決議が必要である），資本の減少は，株主総会の特別決議が必要なばかりではなく，債権者保護手続が必要となる（375条・376条）。

（2）資本の額の算定基準

　資本の額は，商法に別段の定めがある場合を除き，原則として発行済株式の発行価額の総額である（284条ノ2第1項）。ただし，額面株式を発行する場合には，その発行価額の2分の1または券面額のいずれか大きい金額を超える額は資本の額に組み入れないことができ，無額面株式を発行する場合には，発行価額の2分の1を超える額は資本の額に組み入れないことができる。ただし，会社の設立時に無額面株式を発行するときには最低5万円を超える額に限られる（284条ノ2第2項）。なお，転換社債の転換権が行使されて発行される株式の発行価額は転換社債の発行価額により計算され（341条ノ7第2項・222条ノ3），新株引受権付社債の新株引受権の発行価額は新株引受権の内容としてその発行時に定められている価額である（341条ノ16）。

　会社が有償無償の抱合せ増資を行い，1株の100分の1に満たない端数の合計数に相当する株式および失権株について株主を募集した場合（280条ノ9ノ2第2項），その発行価額のうち当初の増資における有償部分を超える額は，端数に相当する株式を有する株主および失権株主にその端数および新株の数に応じて分配しなければならないので（280条ノ9ノ2第5項），資本の額に組み入れることができない（284条ノ2第3項）。

　吸収合併における増加資本の額は，合併契約書の記載事項であり（409条3号），消滅会社より承継した財産の価額から承継した債務の額を控除した額（純資産額）から，合併交付金および消滅会社の株主に移転した自己株式の帳簿価額の合計額を控除した額を超えることができない（413条ノ2第1項前段）。ただし，合併に際し額面株式を発行する場合には，券面額に発行株式総数を乗じた金額は資本に組み入れなければならないが（同項後段），無額面株式を発行する場合の最低額についての定めはなく，資本を増加いないこともできる。新設合併の場合も同様であるが，自己株式の移転は生じないのでこれを承継純資産額の控除項目とはしていないことと，無額面株式を発行する場合にも資本

の組入れ額の最低額に関する規制を，株式会社の設立と同様に5万円に発行済株式総数を乗じた金額としていることが（413条ノ2第2項），吸収合併の場合と異なる。

　株式交換における増加資本の額は，株式交換契約書の記載事項であり（353条2項3号），株式交換の日における完全子会社となる会社に現存する純資産額に，その会社の発行済株式総数に対する株式交換によって完全親会社となる会社に移転する株式の割合を乗じた額から，株式交換交付金および完全子会社となる会社の株主に移転した自己株式の帳簿価額の合計額を控除した額を超えることができない（357条前段）。ただし，株式交換に際し額面株式を発行する場合には，券面額に発行株式総数を乗じた金額は資本に組み入れなければならないが（同条後段），無額面株式を発行する場合の最低額についての定めはなく，資本を増加しないこともできる。

　株式移転により完全親会社を設立する場合の資本の額は，株主総会の承認事項であり（365条），株式移転の日における完全子会社となる会社に現存する純資産額から株式移転交付金を控除した額を超えることができない（367条前段）。ただし，株式交換に際し額面株式を発行する場合には券面額に発行株式総数を乗じた金額，無額面株式を発行する場合には5万円に発行株式総数を乗じた金額は資本に組み入れなければならない（同条後段）。

（3）　準備金の意義の機能

　準備金とは，法律の規定または株主総会の決議により，会社財産を会社に留保するために積み立てられた額をいい，資本のまわりのクッションとしての機能を有している。この額も資本の額と同様に，会社が有する特定の財産の額それ自体を示すものではなく，社外に流失せず会社内部に留保されている一定の額を示しているにすぎない。

　準備金は法律の規定により留保される法定準備金と会社の判断で積み立てる任意準備金（任意積立金）とに分けられる。法定準備金は，資本の欠損塡補を目的として商法がその積立てを義務づける準備金であり，資本と同様に配当可能利益を計算する場合に純資産額から控除される（290条）。任意準備金は利益処分により会社に留保された利益の額であり，会社の財務体質を強固なものとするためなどの理由により積み立てられた剰余金である（計算規35条2項参照）。

そして，単に準備金という場合，通常法定準備金を意味する（293条ノ3参照）。

法定準備金は，その財源の違いにより資本準備金と利益準備金に分けられる。資本準備金は株式払込剰余金，株式交換差益，株式移転差益，減資差益および合併差益からなり（288条ノ2），株主により拠出された資金またはそれに準じるものである。資本準備金の積立てには限度額はない。利益準備金とは，商法によって積立てが義務付けられている利益の留保額である。会社は，資本の4分の1に達するまで，毎決算期の利益の処分として支出する金額の10分の1以上を，中間配当を行う場合にはその10分の1を利益準備金として積み立てなければならない（288条）。

会社の純資産の額が資本の額および法定準備金の合計額より少ないときを資本の欠損といい，法定準備金はこの塡補に充てるために使用される（289条1項本文）。この目的のために法定準備金を使用するには，損失処理案を株主総会に提出し，その承認を受けなければならない（283条）。この他には，資本に組み入れる以外法定準備金を使用することはできない（289条1項但書，ただし，株式消却特例法により，公開会社の株式消却について，平成14年3月31日までは資本準備金をその財源として使用することができる（同法3条ノ2，附則5条））。

16　会社の計算と利益の配当はどのように行われるか

（1）　株式会社の作成する計算書類

株式会社は，会社の財産および損益の状況を明らかにするため，貸借対照表，損益計算書，営業報告書，利益金処分案（または損失処理案）およびそれらの附属明細書を作成しなければならない（281条）。

貸借対照表とは，一定時点における会社の財政状態を示すものであり，資産・負債・資本に区分された一覧表である（計算規4条）。損益計算書とは，一定期間における会社の経営成績を示すものであり，経常損益の部と特別損益の部に分かれている（同37条）。営業報告書は，会社の状況に関する重要な事項を記載した報告書であり（同45条），他の計算書類と異なり文章による説明書である。主要な事業内容，営業所および工場，株式の状況，従業員の状況，その営業年度における営業の経過および成果，親会社との関係，重要な子会社

貸借対照表，損益計算書

貸借対照表
(平成〇年3月31日現在) （単位：百万円）

資産の部		負債の部	
科目	金額	科目	金額
流動資産	147,068	流動負債	136,644
現金預金	41,796	支払手形	40,725
受取手形	11,675	買掛金	31,125
売掛金	2,642	短期借入金	7,839
有価証券	25,505	長期借入金	10,007
商品	75,272	未払金	13,944
前払費用	1,966	未払事業税等	1,984
短期貸付金	2,165	未払法人税等	6,365
未収入金	4,476	未払費用	3,302
繰延税金資産	1,810	預り金	2,280
その他の流動資産	6,829	賞与引当金	2,508
取立不能見越額	△72	設備関係支払手形	10,235
固定資産	322,862	その他の流動負債	6,327
有形固定資産	171,436	固定負債	184,755
建物	79,494	新株引受権付社債	36,338
構築物	8,010	転換社債	64,000
機械装置	99	長期借入金	8,870
車両運搬具	20	預り保証金	63,728
器具備品	3,539	未払退職金	3,322
土地	58,005	長期納税引当金	278
建設仮勘定	22,266	長期前受収益	7,110
無形固定資産	11,546	その他の固定負債	1,107
借地権	3,817		
借家権	3,196		
施設利用権	2,105	負債合計	321,400
その他の無形固定資産	2,427	資本の部	
投資等	139,879		
投資有価証券	12,141	資本金	34,638
子会社株式	17,148	法定準備会	91,586
長期貸付金	171	資本準備金	88,210
差入保証金	101,604	利益準備金	3,376
店舗貸借仮勘定	6,116	剰余金	51,833
長期前払費用	556	配当準備積立金	4,700
その他の投資	2,443	別途積立金	36,000
取立不能見込額	△312	当期未処分利益	11,133
繰延資産	2,527	（うち当期利益）	(10,848)
新株発行費	1		
社債発行費	2,525	資本合計	178,057
資産合計	499,458	負債・資本合計	499,458

損益計算書

平成〇年4月1日から平成〇年3月31日まで　　（単位：百万円）

科　　　目	金	額
〔経常損益の部〕		
営業損益の部		
営　業　収　益		
売　　上　　高	584,621	
貸　借　料　収　入	17,391	
その他の営業収入	4,626	606,639
営　業　費　用		
売　　上　　原　　価	423,778	
販売費及び一般管理費	159,066	582,844
営　業　利　益		23,794
営業外損益の部		
営　業　外　収　益		
受取利息及び配当金	7,022	
その他の営業外収益	2,831	9,853
営　業　外　費　用		
支　　払　　利　　息	8,679	
その他の営業外費用	2,538	11,218
経　常　利　益		22,430
〔特別損益の部〕		
特　別　利　益		
子会社株式売却益	1,048	
投資有価証券売却益	1,098	2,146
特　別　損　失		
役員退職慰労金	90	
店舗改装除却損	319	
補　　償　　金	2,042	2,541
税引前当期利益		22,124
法人税その他の税の額	13,086	
法人税等調整額	1,810	11,276
当　期　利　益		10,848
前　記　繰　越　利　益		3,072
中　間　配　当　額		2,535
利益準備金積立額		253
当　期　末　処　分　利　益		11,133

の状況などが記載される（同45条）。利益処分案は，損益計算書で計算された未処分利益から当期の処分予定額を控除して，次期繰越利益を計算し，損失処理案は，損益計算書で計算された未処理損失に処理予定額を加算して，次期繰越損失を計算する。そして，附属明細書は，貸借対照表，損益計算書および営業報告書の記載を補足する重要な事項を記載する書類である。会計方針を変更したときの変更理由，資本金および準備金の増減，資産につき設定されている担保権の明細などが記載される（同46条〜48条）。

（2）計算書類の確定手続

株式会社の計算書類は厳格な手続によって確定する。そして，その確定手続は会社の規模により異なっている。

(a) 「株式会社の監査等に関する商法の特例に関する法律」（以下「商特」という）の適用のない会社（中会社）の場合　まず，代表取締役により作成された計算書類は，取締役会での承認を受け監査役の監査を受けなければならない（281条）。このため，計算書類は定時株主総会の会日より7週間前までに監査役に提出され，その附属明細書は計算書類の提出日より3週間以内に監査役に提出される（281条ノ2）。計算書類を受領した監査役は，その後4週間以内に監査報告書を代表取締役に提出する（281条ノ3）。監査役の監査を受けた計算書類等および監査報告書は，株主総会の会日の2週間前から5年間本店に（その謄本は3年間支店に）備え置かれ，株主および会社債権者の縦覧に供されるとともに（282条），計算書類及び監査報告書は株主総会の招集通知に添付される（283条2項）。そして株主総会において，営業報告書についてはその内容が報告され，貸借対照表・損益計算書・利益処分案についてはその承認を受けることによって確定する（283条1項）。確定した貸借対照表（またはその要旨）は，株主総会の承認後遅滞なく公告される（283条3項）。

(b) 大会社の場合　大会社については，会計監査を厳格にするため，監査役の監査のほか会計監査人による会計監査が要求されている（商特2条）。

代表取締役により作成され，取締役会の承認を受けた計算書類は，監査役会および会計監査人の監査を受けるため，定時株主総会の会日の日より8週間前までに監査役会および会計監査人に提出され，その附属明細書は計算書類が提出された日より3週間以内に監査役会および会計監査人に提出される（同12

条)。計算書類を受領した会計監査人は，その後4週間以内に監査報告書を監査役会および代表取締役に提出し（同13条1項），監査役会は会計監査人の監査報告書を受領した日から1週間以内に監査報告書を代表取締役に提出する（同14条1項）。監査を受けた計算書類等およびその監査報告書は，中会社と同様に株主および会社債権者の縦覧に供され，株主総会の招集通知に添付され（283条2項），株主総会の承認を受ける（283条）。そして，貸借対照表（またはその要旨）のみでなく損益計算書（またはその要旨）についても株主総会後遅滞なく公告しなければならない（商特16条2項）。

なおここで，会計監査人の監査報告書に「貸借対照表又は損益計算書が法令又は定款に違反せず，会社の財産及び損益の状況を正しく示している旨」（適法意見）の記載があり，監査役会が会計監査人の監査結果が相当であると認た場合には，貸借対照表および損益計算書は営業報告書と同様に株主総会の報告事項となる（商特16条1項）。しかし，監査役会が会計監査人の監査を相当と認めない場合（各監査役の付記意見を含む），または会計監査人の監査意見が適法意見でない場合には，原則に戻り貸借対照表および損益計算書は株主総会の承認事項となる。

(c) 小会社の場合　小会社は，中会社と同様に，代表取締役によって作成され，取締役会の承認を受け，監査役の監査を受けた計算書類は，株主総会で承認を受けることによって確定し，貸借対照表（またはその要旨）は株主総会の承認後遅滞なく公告される（283条）。しかし，その手続は中会社よりも簡素化されている。

計算書類は，監査役の監査を受けるため，定時株主総会の会日より5週間前までに監査役に提出され，附属明細書は計算書類が提出された日より2週間以内に監査役に提出される（商特23条1項・2項）。監査役は計算書類を受領した後4週間以内に，監査報告書を代表取締役に提出する（同23条3項）。そして，監査役の監査を受けた計算書類および監査報告書は，株主総会の会日の1週間前から5年間本店に備え置かれ，株主および会社債権者の縦覧に供されるが（同23条4項，附属明細書は不要），株主総会の招集通知の添付書類ではない。

(3) 株式会社の配当規制

会社の営利性は，対外的な活動によって利益を獲得するだけではなく，その

図1　計画書類の確定の流れ図

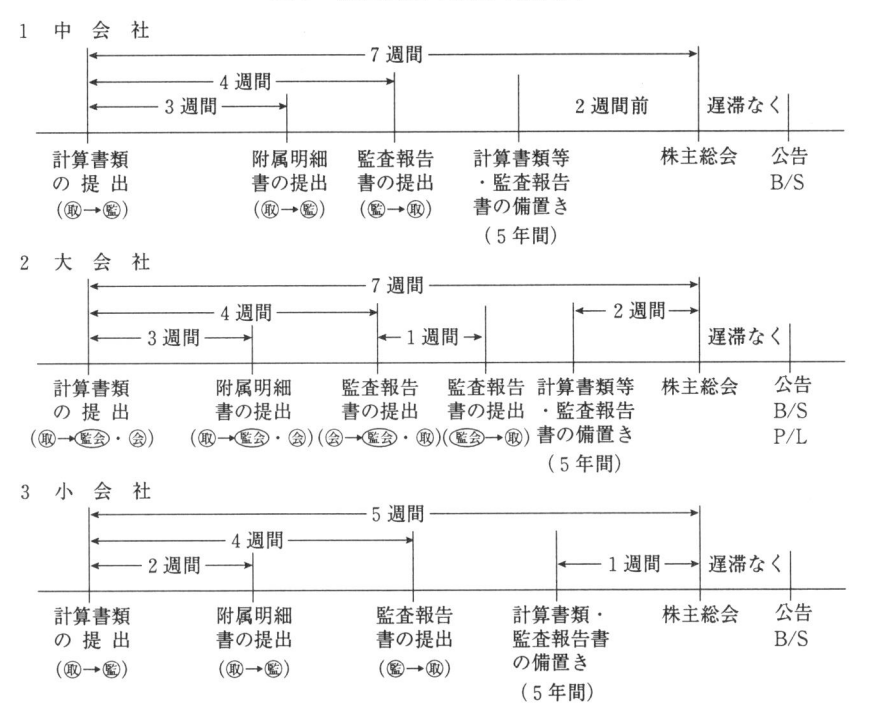

1　中会社

```
    ←――3週間――→←―――――7週間―――――→
  ←――4週間――→          ←2週間前→←遅滞なく→
計算書類        附属明細      監査報告      計算書類等        株主総会      公告
の提出         書の提出      書の提出      ・監査報告                    B/S
(取→監)       (取→監)      (監→取)      書の備置き
                                        (5年間)
```

2　大会社

```
    ←――3週間――→←―――――7週間―――――→
  ←――4週間――→    ←1週間→    ←2週間→
                                              ←遅滞なく→
計算書類      附属明細      監査報告      監査報告      計算書類等    株主総会    公告
の提出       書の提出      書の提出      書の提出      ・監査報告              B/S
(取→監会・会)(取→監会・会)(会→監会・取)(監会→取)    書の備置き              P/L
                                                    (5年間)
```

3　小会社

```
              ←―――――5週間―――――→
  ←――4週間――→
←2週間→                   ←1週間→ ←遅滞なく→
計算書類      附属明細      監査報告      計算書類・    株主総会      公告
の提出       書の提出      書の提出      監査報告書               B/S
(取→監)      (取→監)      (監→取)      の備置き
                                        (5年間)
```

(凡例) 取=取締役　監=監査役　監会=監査役会　会=会計監査人

利益を各構成員(社員・株主)に分配することを含む。株式会社における株主への利益の分配は、会社の解散時に行われる残余財産の分配ならびに各決算期における利益配当、中間配当および建設利息の配当によって行われる。

中間配当は、営業年度を1年とする会社が定款をもって営業年度中の一定の日(1営業年度に限り1回のみ)を定め、取締役会の決議によりその日の株主に行う金銭の分配である(293条ノ5)。建設利息は、会社の目的としている事業がその性質によって会社成立後2年以上その全部を開業できないと認められる場合において、会社が定款の定めをもってその開業前一定の期間内に株主に分配する一定の利息である(291条)。したがって、株式会社の株主への利益の分配の中心は、各決算期における利益配当である。

株式会社が利益配当をするためには、会社に配当可能利益が存在していることと(実質的要件)、株主総会において確定した貸借対照表および損益計算書に

もとづいて配当の決議を行うこと（形式的要件）が必要である。

株主会社の会社債権者を保護するためには，会社財産の維持・拘束する必要があるので，維持すべき財産の一定額について資本（資本金）という概念を用い，その資本を超える額についてのみ配当ができるものとしている。債権者保護を強化するため，配当可能利益の計算においては，次の金額が貸借対照表上の純資産額（資産－負債）から控除される（290条1項）。

① 資本の額
② 法定準備金の額（資本準備金および利益準備金の額）
③ 利益準備金の要積立額
④ 繰延資産のうち開業費，開発費および試験研究費の金額が，上記②，③の金額を超過している時にはその超過額

図2　配当可能利益

1　④繰延資産超過額のない場合

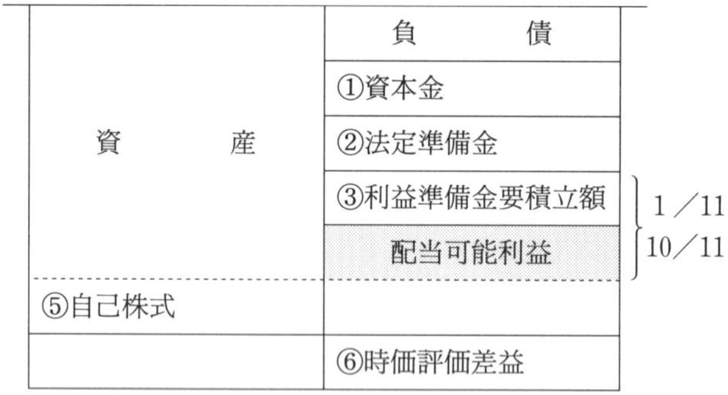

資　　産	負　　債	
	①資本金	
	②法定準備金	
	③利益準備金要積立額	1／11
	配当可能利益	10／11
⑤自己株式		
	⑥時価評価差益	

2　④繰延資産超過額のある場合

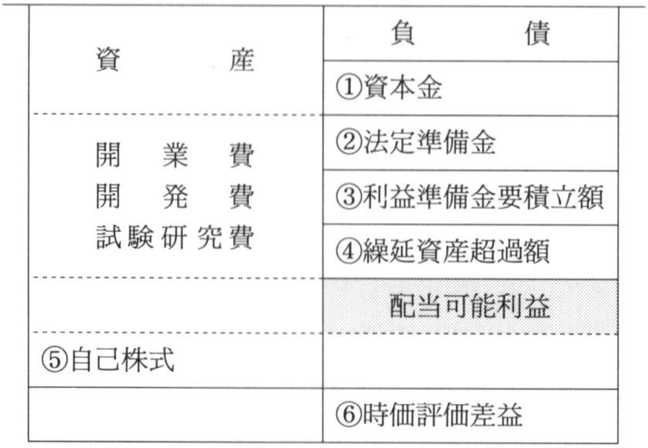

資　　産	負　　債
	①資本金
開　業　費	②法定準備金
開　発　費	③利益準備金要積立額
試　験　研　究　費	④繰延資産超過額
	配当可能利益
⑤自己株式	
	⑥時価評価差益

⑤ 取締役および使用人への譲渡目的のために取得した自己株式，譲渡制限付株式の売渡請求により取得した自己株式，譲渡制限付株式の相続人から取得した自己株式の資産の部に計上した金額
⑥ 金銭債権，社債，株式などを時価を用いて評価した総額が，その取得価額の合計額を超える場合には，時価により評価したことにより増加した貸借対照表の純資産額（ただし，低価基準等を用いたことによる時価評価額は，この場合の資産の時価評価額から除かれる）

実質的要件に違反し配当がなされた場合を違法配当といい，民事・刑事による次のような制裁が設けられている。

違法配当が行われた場合，それに関与した取締役は会社および第三者に対して責任を負う（266条1項1号・2項・3項・266条ノ3）。会社に対する責任は無過失責任であり，第三者に対する責任においても過失の立証責任が転換されている（266条ノ3第2項）。違法配当について会社に賠償した取締役は，悪意の株主に対して求償権を行使することができる（266条ノ2）。このような民事上の責任とは別に，違法配当を行った取締役は会社財産を危うくする罪として5年以下の懲役または500万円以下の罰金が科せられる（489条3号）。

17 資本調達方法にはどのようなものがあるか

（1） 各種の資金調達方法

会社が事業を運営するためには資金が必要であり，会社の内部に留保された資金で不足する場合には，外部から資金を調達する。外部からの資金調達方法はおおむね，①借入，②新株発行，③社債の発行に分類することができる。会社はこれらのうち，財務状況や金融市場の動向などを考慮し，その組み合わせを決定する。証券市場が未発達であったころ，長期資金の調達の多くを会社は，銀行からの借入（間接金融）に頼っていたが，証券市場の発達により，直接金融としての新株の発行や社債の発行が増加した。

借入に関する商法の規制は少なく，「多額の借財」について取締役会の承認を要求しているのみである（260条2項2号）。その借入が多額か否かの判断は，会社の事業規模，売上高，資本金などにより総合的に判断される。

(2) 新株の発行

会社は定款に定めた「会社が発行する株式の総数（授権資本または授権株式数）」（166条1項3号）の範囲内において，未発行株式を発行し資金を調達することができる。未発行株式が少なくなってきた場合には，定款を変更し既発行株式の4倍まで授権株式数を増加することができる（374条・342条）。

新株の発行は定款に別段の定めがなければ，原則として取締役会の決議によって行うことができる。取締役会によって発行する新株の額面無額面の別，種類，数，新株の発行価額，払込期日，新株の発行方法等が決められ，払込期日の2週間前までに新株の額面無額面の別，種類，数，新株の発行価額，払込期日および募集の方法が公告または株主に通知される（280条ノ2第1項・280条ノ3ノ2）。新株の申込は株式申込証によって行われ，取締役は申し込まれた新株につき割当を行った後，払込期日にその発行価額の全額を払い込ませ（通常株式の申込時に申込証拠金を受領しているので，それを払込金に充てる），払込期日後遅滞なく新株を発行する（280条ノ6・280条ノ7・226条）。そして，新株発行により登記事項（発行済株式の数，資本の額）に変更が生じるので，変更登記を行わなければならない。

新株の発行方法には，①株主割当，②第三者割当，③募集の三種類がある。

株主割当による新株発行とは，株主にその持株数に応じて新株引受権を与えることによって行う新株の発行である。定款に株式の譲渡につき制限を設けている会社の場合，この方法が原則となる（280条ノ5ノ2，他の方法により新株を発行する場合には株主総会の特別決議が必要である）。株主割当により新株を発行する場合，一定の日を定めその日における株主名簿上の株主が新株引受権を有する旨をその日の2週間前に公告し（280条ノ4第2項），新株引受権を有する株主にその者が有する新株引受権の内容と申込み期日までに株式の申込をしないとその権利を失う旨などを記載した通知をしなければならない（280条ノ5）。このため，この方法により新株を発行する場合には，280条ノ3ノ2の公告または通知は必要ではない（280条ノ3ノ3第1項）。なお，会社は株主の新株引受権について譲渡できる旨を定めることができ（280条ノ第1項6号），この場合，会社はその旨を280条ノ4第2項の公告に含め，必要に応じて新株引受権書を発行しなければならない（280条ノ6ノ2）。新株引受権書が発行され

ている場合，株式の申込は新株引受権書によって行われる（280条ノ6ノ4）。

第三者割当による新株発行とは，新株引受権を特定の者に与えることによって行う新株発行である。つまり，株主に新株引受権を与えたとしてもそれが持株数に比例していない場合や，経営者や取引先など株主以外の者に新株引受権を与えることにより行う新株発行である。募集による新株発行とは，株主割当または第三者割当以外の方法による新株発行であり，広く一般から株主を募集する公募と，募集の範囲を限定する縁故募集とがある。これらの方法は，その発行価額がとくに有利に決められると，既存株主の権利が害されるおそれがある。このため，株主以外の者にとくに有利な発行価額により新株を発行する場合，発行する新株の額面無額面の別，種類，数，および最低発行価額について株主総会の特別決議において定めなければならず，その決議において取締役はとくに有利な価額をもって新株を発行する理由を開示しなければならない（280条ノ2第2項）。

新株発行が法令もしくは定款に違反しまたは著しく不公正な方法により行われ，それにより株主が不利益を受けるおそれがある場合，株主はその新株の発行を差し止めることができ（280条ノ10），また，授権株式数の枠を超える新株の発行がなされるなど，違法な新株発行がなされた場合，株主，取締役または監査役は訴えによりその新株発行の無効を主張することができる（280条ノ15）。さらに，取締役を通じて著しく不公正な発行価額で新株の引受をした者に対し，会社は公正な発行価額との差額の支払を求めることができ，株主は代表訴訟によりこの支払を求めることができる（280条ノ11）。

(3) 社債の発行

社債の発行は，会社が行う一般公衆からの借入であり，①確定利息を支払わなければならず，②償還期が到来したら元本を弁済しなければならなず，③社債権者は会社の構成員（株主）ではないので，株式とは異なる。また，①債権者が多数の公衆であり，②その条件がすべての債権者に対して共通であり，③債権の譲渡を容易にするため債権が有価証券に表彰されているので，通常の借入とも異なる。

社債には，①普通社債，②転換社債，③新株引受権付社債の三種類がある。普通社債とは，一般的な社債で，転換権や新株引受権が付いていない社債であ

る。転換社債とは、株式に転換できる権利（転換権）が認められている社債であり、新株引受権付社債とは社債権者に発行会社の新株引受権が付与されている社債である。そして、新株引受権付社債には、新株引受権を社債券から分離して別々に譲渡できる分離型新株引受権付社債と両者が一体となっている非分離型新株引受権付社債とがある（341条ノ8第2項5号）。

また、社債の元利の支払を担保するため社債に物上担保を設定することができ、このような社債を担保付社債という。担保付社債は、商法のほか担保附社債信託法によって規制されている。

普通社債は取締役会の決議によって発行することができる（296条）。社債を募集する場合、発行限度額規制は平成5年の改正により撤廃されたが、払込未了の社債がある場合には新たな社債を募集することができないし（298条）、会社は原則として社債権者のため社債管理会社を定め、弁済の受領、債権の保全など社債の管理の委託をしなければならない（297条本文）。ただし、社債の最低券面額が1億円以上の社債の発行や発行口数が50口未満の場合には、社債管理会社を設置する必要はない（同条但書）。

社債の申込は社債申込証によって行われるが（301条）、引受証券会社がその全額の引受をする場合には、社債申込証の作成は必要ない（302条）。社債の募集が完了したら、取締役はその全額または第1回の払込をなさせ（303条）、社債全額の払込がなされたら社債券を発行する（306条1項）。

転換社債や新株引受権付社債の発行は、一種の条件付新株の発行の要素を含むので、新株の発行とほぼ同じである。したがって、転換社債や新株引受権付社債の発行も原則として取締役会の決議によって行うことができるが（341条ノ2第2項・341条ノ8第2項）、既存の株主の利益を害するおそれがある場合には、株主総会の特別決議が必要となる（341条ノ2第2項・341条ノ2ノ6・341条ノ8第4項・5項・341条ノ11ノ2）。

18　会社の合併・分割はどのように行われるか

（1）　会社の合併の意義

合併とは、二つ以上の会社が契約（団体法ないし組織法上の特殊な契約）に

よって合体して一つの会社となることをいう。合併の態様には，吸収合併と新設合併とがある。吸収合併とは，合併をする各会社（合併当事会社）のうち，一方の会社Ａ（存続会社）が合併後も存続し，他の会社Ｂ（消滅会社）が解散して，ＡがＢの財産および株主を引き継ぐ方式の合併である（409条参照）。これに対し，新設合併は，合併をする会社ＡおよびＢ（消滅会社）が解散し，一つの新たな会社Ｃ（新設会社）を設立して，ＣがＡおよびＢの株主・財産を引き継ぐ形式の合併である（410条参照）。

吸収合併と新設合併

〈吸収合併〉

```
A
(存続会社)       A
B              (存続会社)
(消滅会社)
```

〈新設合併〉

```
A
(消滅会社)      C
B            (新設会社)
(消滅会社)
```

対等の会社間の合併の場合においても，吸収合併の方法をとることのほうが圧倒的に多い。その理由として，新設合併の場合には，改めて株式の上場や営業に必要な許認可の手続を取らなければならないこと，すべての当事会社の株主に新株券を発行するために手数と費用がかかること，登録免許税が高いこと，などがあげられる。

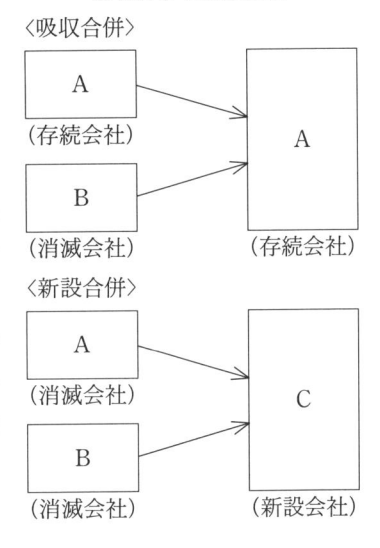

（２）　合併と営業譲渡の異同

合併は，経済的には，企業規模の拡張による競争力の強化，企業グループの再編成による経営の合理化・効率化などを目的として行われる。同様の目的は，会社間の営業の譲渡（245条１項１号・３号）によっても実現できるが，営業譲渡が通常の取引法上の契約による営業の移転であるのに対し，合併は団体法ないし組織法上の契約による会社の合体であることから，両者の間には，次のような相違がある。

①　営業譲渡の場合には，譲渡会社は当然には解散しないが，株主総会の決議で解散する（404条２号）ときは，清算を行い株主に残余財産を分配して消滅する。これに対し，合併の場合には，合併当事会社の全部または一部は当然に解散し，清算を経ないで消滅するが，その株主は存続会社または新設会社に吸収される。

②　営業譲渡の場合には，譲渡契約で定めた範囲の譲渡会社の財産が譲受会

社に格別に移転されるため、譲渡会社は、営業の一部のみを譲渡することも可能であるが、債務については、債権者の承諾を得て譲受会社に免責的債務引受をさせない限り、これを免れることができない。これに対し、合併においては、消滅会社のすべての権利義務が、当然に存続会社または新設会社に包括的に承継される。

（3） 合併当事会社の種類

株式会社は、他の株式会社と合併するのが通例である。しかし、商法および有限会社法は、以下のように、9通りの広範な組合せによる合併を認めている。すなわち、①人的会社（合名会社・合資会社）＋人的会社→人的会社（56条1項）、②人的会社＋人的会社→株式会社（56条1項）、③株式会社＋人的会社→株式会社（56条1項・2項）、④株式会社＋株式会社→株式会社（56条1項・2項）、⑤有限会社＋有限会社→有限会社（有59条）、⑥有限会社＋株式会社→有限会社（有59条）、⑦有限会社＋株式会社→株式会社（有59条）、⑧有限会社＋有限会社→株式会社（有59条）、⑨株式会社＋株式会社→有限会社（有60条1項）が可能である。ただし、有限会社と人的会社の合併は、その需要も少ないことから認められていない。

（4） 合併の手続

株式会社の合併の手続は、合併当事会社の代表取締役が合併契約書を作成して合併契約を締結することに始まり、次に、株主総会において合併契約書の承認を受け、債権者保護手続などをとり、契約書に定めた合併期日に至ると当事会社が実質的に合体し、さらに合併の登記がなされると合併の効力が発生する。なお、平成9年の改正商法は、合併報告総会および創立総会を廃止するなど、合併手続の簡易化・合理化をはかった。

上述のように、合併をするには、まず当事会社の間で合併契約書が作成されなければならない（408条1項）。合併契約書には、法定の記載事項が記載されなければならない（409条・410条）。これは、合併条件や合併後の存続会社・新設会社の基本的構造を定めるものである。各当事会社は、合併契約書の承認のための株主総会の開催日の2週間前から、合併契約書や当事会社の貸借対照表・損益計算書等を本店に備え置き、これを株主および会社債権者の閲覧に供しなければならない（409条）。

合併契約書については，各当事会社の株主総会の特別決議（343条）を得ることが必要である（408条3項）。株主総会の招集通知には，合併契約書の要領を記載することを要する（同条2項）。合併に反対する少数株主には，株式買取請求権が認められている（408条ノ3）。

各当事会社は，合併決議の日から2週間以内に会社債権者に対して，合併につき異議のあるときには一定期間内に異議を申し出るべき旨を官報で公告し，かつ，会社に知れたる債権者に対しては原則として格別にその旨の催告をしなければならない（412条）。債権者が異議を申し出たときは，会社は，債務の弁済もしくは相当の担保の提供をするか，または債権者への弁済を目的として信託会社に相当の財産の信託を行わなければならない（412条2項・100条3項）。

会社が合併をしたときは，存続会社については変更の登記，消滅会社については解散の登記，新設会社については設立の登記をしなければならない（414条1項）。消滅会社の全財産は合併契約書に定めた合併期日（409条6号・410条5号）に存続会社または新設会社へ移転し，これにより当事会社は実質的に合体するが，合併の効力は，以上の合併登記によってはじめて発生する（416条1項・102条）。

（5）簡易合併

存続会社が合併に際して発行する新株の総数が，存続会社の発行済株式総数の20分の1を超えず，かつ，消滅会社の株主に支払をなすべき金額（合併交付金）が最終の貸借対照表により存続会社に現存する純資産額の50分の1を超えない場合には，存続会社においては株主総会の承認を得ることなく，取締役会の決議だけで合併することができる（413条ノ3第1項）。以上の要件を満たすときは，存続会社の株主に及ぼす影響があまり大きくないからである。この制度を簡易合併というが，この手続を利用することができるのは，吸収合併の場合であって，しかも存続会社が株式会社の場合のみである。消滅会社は株式会社以外の会社であってもよいが，簡易合併の場合でも消滅会社にあっては，通常の合併手続によらなければならない。簡易合併の場合にも，存続会社の株主保護のため，当該株主に株式買取請求権が認められている（同条5項）。

（6）合併の効果

合併によって，吸収合併の場合には当事会社の一部が解散し，新設合併の場

合には当事会社の全部が解散する。もっとも，通常の解散の場合とは異なり，清算手続を経ることなく，解散する当事会社は解散と同時に消滅する。

　合併により，吸収合併の場合には存続会社の新株が発行されるか存続会社の有する自己株式が移転され（409条ノ2），新設合併においては新会社が成立する。消滅会社の株主は，持株数に応じて存続会社または新設会社の株式（416条3項・217条1項但書）を与えられ，存続会社・新設会社に収容される。

　合併によって，存続会社または新設会社は，消滅会社の権利義務を包括承継する（416条1項・103条）。したがって，各個の権利義務について格別の移転行為を必要とせず，また合併契約または合併決議をもってその一部を除外する旨を定めても無効である。ただし，権利の移転につき対抗要件の具備を必要とするものについては，格別にその手続をとらなければならない（不動産の移転登記など）。

　なお，商法は，合併の手続等に重大な瑕疵があった場合に備えて，合併無効の訴えの制度を設けており（415条・105条－111条），合併無効の主張を可及的に制限するとともに，合併が無効となる場合にも，その無効を画一的に確定し，かつ，無効の遡及効を否定する措置を講じている。

（7）　会社分割の意義と方法

　会社の分割とは，会社がその特定の営業部門を別会社として分離独立させることをいう。会社の合併の場合には，二つ以上の会社が一つの会社となるのに対し，会社の分割においては，一つの会社が二つ以上の会社となる。会社の分割は，企業の優良事業部門を分離して効率化と収益向上をめざすとか，不採算部門を切り離すなどの目的で行われる。会社の分割は，合併とともに，企業再編成の一方法である。

　従来，わが国の商法には，合併の反対現象とされる会社分割に関しては直接の規定が置かれていなかったため，会社を分割するには既存の法制度を利用して行うほかなかった。これは，直接的に会社分割を対象とした法律規定に基礎をおく法律上の分割に対して，経済的・実質的に同一の目的を達するための一連の行為として事実上の分割といわれている。その方法としては，親会社がその完全子会社ないしそれに準ずる子会社を設立し，①子会社の設立の際に親会社の分離する部門の営業を現物出資する方法（168条1項5号），②子会社の成

立後の新株発行の際に当該営業を現物出資する方法（280条ノ2第1項3号），③子会社が設立の際に財産引受の形で当該営業を譲り受ける方法（168条1項6号），ならびに④子会社が成立後に事後設立の形で当該営業を譲り受ける方法（246条1項）がある。しかし，①ないし④のいずれの方法をとっても，原則として，裁判所の選任する検査役の調査が必要であること（173条1項－3項・181条1項・2項・280条ノ8第1項・2項・246条2項・3項），親会社の個々の株主に対して子会社の株式を分配できないこと，また親会社の債権者の保護が十分でないことなどから，税務上の措置の整備とともに，商法上，会社の分割に関する規定の整備の必要性が指摘されてきた。

(8) 会社分割法制の整備

前述のように，わが国では，分割規定が置かれていなかったので，事実上の分割が行われてきたが，この場合には分割会社の株主・債権者の利益保護の見地からも問題が生ずる。したがって，物的側面のみならず株主段階まで含む人的側面にも及ぶ分割法制の整備が望まれ，この問題は昭和49年の商法改正に先立ってかなり議論された経緯があるが，今日まで立法の実現をみることができなかった。

ところが，最近，合併法制の合理化のための商法改正（平成9年）ならびに株式交換制度等の導入を内容とする商法改正（平成11年）が実施されたことに伴い，これら企業再編のための法整備の一環として，早急な分割法制の創設が産業界や政府から求められた。こうした要請を受けて，法務省民事局参事官室は，平成11年7月7日に「「商法等の一部を改正する法律案要綱」中間試案」を公表し，関係各界に対して意見照会を行った。法務省は，この意見照会の結果を踏まえて，平成12年1月に「商法等の一部を改正する法律案要綱案」をとりまとめ，2月の法制審議会総会の承認を受けて，3月には「商法等の一部を改正する法律案」を通常国会に提出し，平成13年1月からの施行を目指している。

以下では，「商法等の一部を改正する法律案」の概要を紹介する。

(a) 分割の態様　会社の分割は，新設分割と吸収分割とに大別される。新設分割とは，分割によってB会社を新しく設立し，これに分割をするA会社の営業の全部または一部を承継させる方法である。これに対し，吸収分割とは，A会社が，その営業の全部または一部をすでに存在するB会社に承継させる方

法である。新設分割では，企業が合併する場合に同じ事業を営む部門を統合したり，優良部門を取り出して別会社にしたりすることで効率化と収益向上が見込める。吸収分割は，大企業による中小企業の優良部門の吸収などを想定したものである。

また，新設分割および吸収分割の両者について，「分社型」と「分割型」の会社分割が認められている。「分社型」の会社分割の場合には，分割をする会社（A会社）自体が分割により設立された会社または承継する会社（B会社）の株式を保有するのに対して，「分割型」の会社分割では，B会社の株式をA会社の株主に分配することになる。

(b)　分割の手続　分割をする会社は，分割計画書（新設分割の場合）または分割契約書（吸収分割の場合）を作成し，株主総会の特別決議（343条）による承認を受けなければならない。分割計画書および分割契約書の記載事項は，合併契約書の法定記載事項にほぼ相当する内容となっている。

分割をする会社の取締役は，分割計画書等（以下，分割契約書を含むものとする）の承認総会の開催前に，分割計画書等を本店に備え置かなければならない。これは，株主が事前に分割の可否や株式買取請求権行使の要否等を判断し，また，会社の債権者が分割に対する異議を述べるかどうかを判断するための情報を開示するとともに，分割の効力発生後に，株主および債権者に，分割無効の訴えを提起するかどうかを判断するための情報を開示することを目的とするものである。

分割計画書等の承認総会に先立ち，会社に対し書面で分割に反対の意思を通知し，かつ，総会において分割計画書等の承認に反対した株主には，株式買取請求権が認められている。

また，分割をする会社は，その債権者に対し，分割に異議があれば一定の期間内にこれを述べるべき旨を官報をもって公告し，かつ，判明している債権者には格別にこれを催告しなければならない。会社の分割の内容について開示するとともに，異議を述べた債権者については，当該債権者に対して弁済等をなし，異議を述べなかった債権者については，分割を承認したものとみなすこととして，債権者を保護するとともに，分割手続が円滑に進められるように配慮している。

なお，分割に際しては，裁判所の選任する検査役の調査を要しないものとしている。

(c) 簡易な分割の手続　分割によって設立する会社が分割をする会社に対して分割に際して発行する株式の総数の割当てをする場合（いわゆる分社型の場合）において，分割によって設立する会社が分割をする会社から承継する財産につきその会社の会計帳簿に記載した価額の合計額が，その会社の最終の貸借対照表の資産の部に計上した額の合計額の20分の1を超えないときは，株主総会の承認決議を得ることを要しない（新設分割の場合）。分割をする会社が設

会社分割の態様

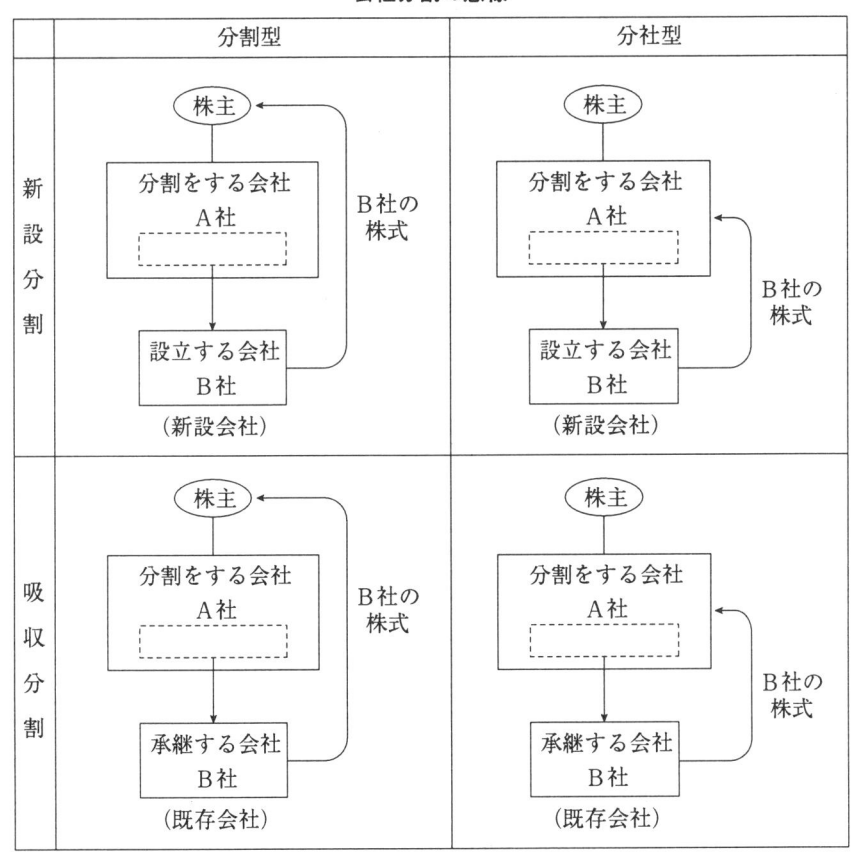

	分割型	分社型
新設分割	株主 ← 分割をする会社 A社 → 設立する会社 B社（新設会社），B社の株式 → 株主	株主 ← 分割をする会社 A社 → 設立する会社 B社（新設会社），B社の株式 → A社
吸収分割	株主 ← 分割をする会社 A社 → 承継する会社 B社（既存会社），B社の株式 → 株主	株主 ← 分割をする会社 A社 → 承継する会社 B社（既存会社），B社の株式 → A社

立する会社に移転する財産の額から債務の額を控除した額が，分割をする会社の有する純資産の額に比較して著しく小さい場合には，株主に与える影響が軽微であること，営業の重要でない一部の譲渡については，株主総会の特別決議が不要とされていること等を考慮し，会社分割の手続を簡素合理化する観点から，株主総会の承認決議を得ないで会社分割をすることを認めたものである。

なお，吸収分割の場合には，分割をする会社における簡易分割の手続のほかに，承継する会社における簡易分割手続も認められている。

(d) 分割の効果　新設分割は，分割により設立した会社が設立の登記をすることによって効力を生ずる。また，吸収分割は，承継した会社が分割の登記をすることによって効力を生ずる。設立した会社または承継した会社は，分割計画書等の定めるところにより，分割した会社の権利義務を包括的に承継することになる。分割する会社の権利義務は，分割計画書等の定めるところに従い，分割により法律上当然に，新設する会社または承継する会社に移転し，そのための特段の行為をする必要はない。ただし，個々の財産についての対抗要件を格別に具備しなければ，その移転を第三者に対抗することはできない。債務については，免責的に設立する会社に承継されることとなる。

格別の催告を受けなかった債権者に対する分割をした会社の債務については，その債務を負担するものとされた会社がこれを履行しない場合においては，分割計画書等の記載にかかわらず，その債務を負担するものとされなかった会社も，分割の日におけるその有する財産の価額の限度において連帯してその弁済の責めに任ずるものとする。

なお，分割の手続等に重大な瑕疵が存在し，その分割を事後的に無効としなければならない場合に，法律関係の画一的確定，遡及効の阻止および無効主張の可及的制限の要請に対応するため，分割無効の訴えの制度を設けている。分割無効の訴えについては，合併無効の訴えに関する規定がひろく準用されている。

第3編

各種の企業取引

第1章 ■ 企業取引の特則

　商行為についても一般法である民法が適用されるが，商取引は営利性・安全性・簡易迅速性等が求められるから，商法は商行為に関して民法とは異なる特則を定めている。これらの特則は，当事者が商人であるか否かに関係なく商行為であれば適用される規定，当事者の一方が商人であることを要する規定および当事者の双方が商人である場合に限って適用される規定に分類することができる。もっとも，いくつかの規定については，民法の解釈が商法に接近してくること（民法の商化）により，現実的意義を失ったものもあるといわれている。

1　商行為一般に関してどのような特則があるか

(1)　商行為の代理・委任

(a)　商行為の代理　　民法では，代理が成立するためには，代理人が本人のためにすることを表示して代理行為を行うことが要件である（顕名主義，民99条）。ただし，相手方は代理人が本人のために行為していることを知っているか，または過失により知らなかったときは，例外的に本人に対して効果が生ずる（民100条）。これに対して，商法は，商行為の代理，すなわち本人にとって商行為となる行為を代理する場合は，本人のためにすることを表示しなくても，その行為の効果は本人に帰属すると規定されている（504条本文）。簡易迅速性が重んじられる商取引においては，たとえば商業使用人が営業主のために取引する場合のように，相手方にいちいち本人のために行為することを示すのは煩雑であり，また相手方も本人の存在を知っている場合が多い。しかも，商取引においては取引の相手方の個性よりも取引の内容が重視される。このような理由から，商法は非顕名主義を定めたと説明されている。

　もっとも，非顕名主義を徹底すると，本人との間で法律関係が生ずるだけであるから，代理人を行為の当事者と信じて取引した相手方に不測の損害を及ぼ

すおそれがある。そこで，同条但書は，相手方が本人のためにすることを知らなかったときは，相手方は代理人に対してその履行の請求をなすことを妨げないと定めて相手方の保護をはかっている。なお，相手方が本人のためにすることを知らなかったことについて過失がある場合は，履行の請求は認められないと考えられる。

　ところで，このような場合に，誰と誰との間に法律関係が成立することになるのかについては，学説の対立がある。従来の多数説は，非顕名主義の原則により，本人と代理人との間に法律関係が発生し，本人は相手方に対し権利義務を生ずるが，代理人と相手方との間には法律関係は生じない。ただ相手方保護のために代理人は相手方に履行の責任を負うと解する。この見解は条文に忠実な解釈であるが，相手方が代理人を本人であると誤解して代理人に弁済をしても有効な弁済とならない不利益を受けるおそれがある。これに対し，判例・通説は，非顕名主義の原則によって，本人と相手方との間に法律関係が生ずると同時に，相手方保護のため，相手方と代理人との間にも同様の法律関係が発生し，相手方はいずれの法律関係も選択できるが，どちらか一方の法律関係を主張したときには，もはや他方の法律関係は主張できないとする（最判昭和43年4月2日民集22巻4号1043頁）。この考え方によると，相手方は，本人と代理人とのいずれか自己に有利な方との法律関係を選択できるので，相手方の保護としては十分である。

　判例・通説のように相手方が選択権を持つとすると，本人および代理人は，相手方に対して相当の期間内にいずれの法律関係を選択するか確答すべき旨を催告することができ，その期間内に確答がないときは代理人の意思表示の原則にしたがって代理人との法律関係が選択されたものと解すべきである。また，本人または代理人が相手方による法律関係の選択の前に相手方に請求したところ，相手方が請求者以外の者との法律関係を選択した場合においては，請求者の請求のときに選択された債務について催告に準じた時効の中断があったものとみなされる（最判昭和48年10月30日民集27巻9号1258頁）。

　なお，504条は会社代表機関の代表にも類推適用される。しかし，要式行為である有価証券上の行為については，行為の性質上同条の適用はないと解される。

(b) 受任者の権限　　商行為の受任者は委任の本旨に反しない範囲では，委任されていない行為も行うことができる（505条）。しかし，民法の委任でも同様に解することができるので，本条は単なる注意的規定である。

(c) 本人の死亡と代理権　　民法では，本人が死亡すれば代理権は消滅する（民111条1項1号）。しかし，この原則が商取引に適用されると，商業使用人などの代理権がすべて消滅することにより営業活動が一時中断してしまう。また，代理人の営業活動を継続させることが取引の安全にもつながる。そこで506条は，本人が死亡しても商行為の委任による代理権は消滅しないとした。

(2) 契約の申込の効力

(a) 対話者間の申込の効力　　対話者間，すなわち直接に相手方と意思の交換ができる地位にある当事者間において，承諾の期間を定めずに契約の申込をうけた者が，直ちに承諾をしないときは，その申込はその効力を失う（507条）。民法にはこの場合の規定はないが，本条と同様に解する説が通説である。

(b) 隔地者間における申込の効力　　隔地者間において，承諾期間の定めなしに契約の申込を受けた者が，相当の期間内に承諾の通知を発しないときは，その申込は効力を失う（508条1項）。民法上は，承諾を受けるのに相当な期間を経過した後に申込を撤回しうるにすぎない（民524条）ことに対する特則である。遅延した承諾の通知は，申込者の側で，これを新たな申込とみなすことができる（508条2項，民523条）。

(3) 多数当事者の債務

(a) 多数債務者の連帯　　数人が共同で一債務を負担したときは，民法では原則として各債務者が平等の割合で義務を負う（民427条）。これに対して，商法は，信用を強化するために，数人がその一人または全員のために商行為たる行為によって債務を負担したときは，その債務は各自連帯してこれを負担すると定める（511条1項）。

(b) 保証人の連帯　　民法上は，原則として保証人の責任は第二次的である。すなわち，債権者から履行を請求されてもいわゆる催告の抗弁権（民452条）や検索の抗弁権（民453条）を主張できる。また保証人が数人いれば，債務を分割負担すればよい（民456条）。これに対し，商法は，主たる債務者が商行為により債務を負担したか，または保証が商行為であるときは，主たる債務者お

よび保証人が各別の行為により債務を負担しても（両者の行為の時点が異なる場合でも），その債務は連帯債務となると定める（511条2項）。したがって，保証人には前述のような権利はない。債権者の権利行使が容易かつ確実にできれば取引も円滑になるからである。本条の「保証が商行為であるとき」とは債務者のために商行為である場合に限るとするのが多数説である。なお，本条は任意規定であって反対の特約を妨げないと解されている。

（4）法定利率

民事法定利率は年五分である（民404条）のに対して，商法は商行為により生じた債務について年六分とした（514条）。商取引では資金が効率的に運用されるのが通例だからである。したがって，債務は当事者のいずれか一方にとって商行為である行為によって生じたことを必要とし，かつそれで足りる。また，商行為によって生じた債務とは，商行為によって直接生じた債務だけでなく，これと実質的に同一性を有する債務も含まれる（債務不履行による損害賠償債務や契約解除による現状回復債務等）。

なお，利息一般の規制として利息制限法「出資の受入れ，預り金及び金利等の取締りに関する法律」（出資取締法）の規制にも注意すべきである。

（5）流質契約の許容

民法では，質権を設定したとき，担保される質権の弁済期前に，被担保債権が弁済されないときには質物の所有権が質権者に移るか，法律の定める競売などの方法によらずに質物を処分できるという内容の契約（流質契約）を，締結することは禁止される（民349条）。債権者の暴利行為を防ぐことをねらったものである。しかし，商法では，商行為によって生じた債権を担保するために設定した質権に対しては民法349条は適用されない（515条）。商人は冷静に自己の利害を考えて行動するから，このような保護は必要ではない。また，迅速な質物処分により金融の円滑化をはかることができるからである。商行為によって生じた債権とは当事者の一方にとって商行為である行為によって生じた債権であると通説は解している。もっとも，現実には任意処分が可能な譲渡担保がよく利用されていることから，本条はあまり意味がない規定ともいえる。

(6) 債務履行の場所・時間

商行為によって生じた債務の履行の場所が，その行為の性質または当事者の意思表示によって定まらないときは，特定物の引渡は行為の当時そのものが存在した場所でなし，その他の履行は，債権者の現時の営業所，もし営業所がなければその住所で行うことを要する（516条1項）。民法では，一般債務の履行の場所として債権者の住所を定めるのに対して，商行為によって生ずる債務の債権者は商人であることが多いので，債権者の現時の営業所を住所に優先させただけである。

債務の履行またはその請求は，法令または慣習により取引時間の定めがあるときには，その時間内に行うべきである（520条）。民法にはこれに関する規定はないが，同様に解することができる。

(7) 消滅時効

商行為によって生じた債権については，商法その他の法令に特に規定がなければ，5年間これを行わないときは，時効によって消滅する（522条）。商取引は迅速な結了が要求されることから，一般債権の10年の消滅時効（民167条1項）を短縮したものである。債権は，当事者のいずれか一方にとって商行為であれば足りる。商行為によって生じた債権には，この債権と実質的に同一性を有する債権（たとえば契約解除による現状回復請求権，債務不履行による損害賠償請求権）も含まれる。

ところが，本条は非商人間の絶対的商行為によって生じた債権にも適用されるため，相手方にとり短期時効が適用される場合であるかどうか明らかでないことがある。また本条の適用限界が必ずしも明確とはいえない点もある。さらに，商法その他の法令中により短期の消滅時効を定める規定も多く（566条・567条・589条・626条等），本条の適用範囲は比較的限られている。そこで，むしろ本条を削除し，必要に応じて個別的規定を設けた方がよいという立法論も有力である。

2 当事者の一方が商人である場合どのような特則があるか

(1) 商人の諾否通知義務

本来契約の申込を受けても，承諾をしない限り契約は成立するものではない。しかし，商法は，平常取引関係にある商人に対して，その商人の営業の部類に属する契約の申込がなされたとき，遅滞なく諾否の通知を発しないときは，申込を承諾したものとみなしている（509条）。商取引の迅速性の要請にもとづき，平常取引関係があるため契約の締結が当然予想されるような場合の相手方を保護し，商人の責任の厳格化をはかったものである。このような諾否通知義務を課せられるのは，商人に限定され，かつ承諾期間を定めずに申し込まれた場合に限られる。承諾期間がある場合には，その期間経過までに諾否の返事がなければ，申込を失効させる趣旨と考えられるからである。

(2) 送付品保管義務

商人がその営業に関する契約の申込を受けた場合，申込と同時に受け取った物品があるときは，その申込を拒絶する場合でも，申込者の費用でその物品を保管する必要がある（510条）。民法では，原則として，契約の申込を受けた者は，申込と同時に物品の送付を受けても，単に申込者の返還請求に応じるだけでよく，このような保管義務はない。しかし，商取引においては申込に際して見本その他の物品が送付されることが多く，そうした物品の安全保護と取引の信用をはかるため保管義務が認められた。ただ，その物品の価格が保管費用を支払うのに足りない場合，または商人がその物品を保管することにより損害を受ける場合は保管義務はない（同条但書）。

(3) 報酬請求権

契約して他人のために法律行為を行ったり，物を保管しても，とくに契約で定めていない場合には，民法では報酬を請求することができない（民648条・656条・665条）。これに対して商人は営利を目的として行動するのが通常だから特則が設けられている。すなわち，商法は，商人が他人のために営業の範囲内の行為をしたときには，相当の報酬が請求できると定める（512条）。

しかし，判例は，非商人たる弁護士が，明示の報酬特約なしに受任業務をし

たときでも，黙示の報酬特約があるとか，慣習上の報酬請求権があると解しているため，商人と非商人間の差異は事実上はなくなっている。

（4）立替金の利息請求権

商人がその営業の範囲内で他人のために金銭の立替をしたときは，その立替日以後の法定利息を請求することができる（513条2項）。

（5）受寄者の注意義務

寄託（他人のために物を保管する契約）は，民法上は無償が原則である。この場合，寄託を受けた者は自己の財産におけると同一の注意をもってすれば足りる（民659条）。これに対し，商人がその営業の範囲内で寄託を受けたときは，報酬を受けない場合でも，善良な管理者の注意（その人の職業地位等に応じて通常要求される注意）をもって保管しなければならない（593条）。これは商人の信用を強化および取引の円滑化をはかるためである。寄託はそれを営業とする倉庫業者等の場合だけでなく，ホテル・旅館等の一時預りも含まれる。

3　当事者双方が商人である場合の商行為に関する特則にはどのようなものがあるか

（1）金銭消費貸借の法定利息請求権

民法上は消費貸借契約は無償を原則としている（民587条）。しかし商人間の消費貸借については，商人である貸主は営利を目的として活動しているし，貸付をしなかったならば，金銭を他で有利に運用していたはずである。そこで，とくに約定しなくとも，商人である貸主は法定利息を請求できると定められている（513条1項）。ただ，商人間の消費貸借に限定していることには批判があり，貸主が商人であればその営利的性格により利息請求権を認めるべきであるといえる。もっとも，実際には利息が約定されることが多いので，本条が適用されることは少ないであろう。

（2）商人間の留置権

商人間で継続的取引関係があるとき，その取引関係は一体的に捉えられる。その取引関係の中で得た相手商人に対する多数の債権は，その一体的取引関係にもとづき占有している相手商人の物品によって担保させるのが便利である。

個別の担保権を設定することによっても同様の結果となるが，それでは迅速性を重視する商取引に適さない。そこで，商人間において，その双方のために商行為たる行為によって生じた債権が弁済期にあるときは，債権者は弁済を受けるまで，その債権者との間における商行為によって自己の占有に帰した債務者所有の物または有価証券を留置することができる（521条）。これは民法上の留置権（民295条以下）と比較すると，被担保債権と留置物との間に直接的関連性がなくとも，一体的取引関係の中から生じたという一般的関連性があればよいとする点で民法より要件を緩和したものである。他方，留置物は債務者所有のものでなければならない点は民法の留置権より要件が厳格である。

　商法は，このような商人間の留置権のほか，代理商（51条），問屋（557条），運送取扱人（562条），運送人（589条），船長（753条2項）のそれぞれについて，留置権の特則を設けている。

第 2 章 ■ 普通取引約款

1 普通取引約款にはどのようなものがあるか

　普通取引約款とは，企業が特定種類の大量同型の取引を画一的に処理するために，あらかじめ定型的に設定された契約条項である。普通契約条款，業務約款などとよばれることもある。約款の内容は，契約の種類によってさまざまであるが，その種の契約から生ずべき当事者の権利義務，契約不履行に対する制裁，契約の存続期間および期間満了前の解約権などの条項，そのほかに企業者の免責に関する条項（免責約款）や裁判籍などに関する条項を含むのが通常である。

　約款は，企業取引の定型化によって，大量かつ集団的な取引を簡易迅速に画一的に処理しようとする企業者側の要請に基礎をおくものである。それゆえ，約款の多くは，企業者またはその団体の一方的な作成にかかるものであるが，企業者の団体とその取引相手方の団体が共同して作成したり，またそのいずれにも属しない第三者によって作成されることもある。わが国では，普通保険約款，運送約款，倉庫寄託約款，銀行取引約定書，当座勘定約定書，証券または商品取引所の受託契約準則，電気・ガスの供給規程，ホテルの宿泊約款などとして広く利用されており，「生きた商行為法」あるいは「経済の自成法」とみることができる。さらに進んで，最近では，大規模な企業取引はいわゆる「法律からの逃避」現象を示しているともいわれる。

2 普通取引約款はなぜ法的効力をもつのか

　普通取引約款の拘束力の根拠については，約款の本質と関連して，従来からさまざまな理論が主張されてきた。

まず，約款による契約も普通の契約と同様に解して，当事者が約款の内容を十分に認識し，かつこれによることに異議がない場合にはじめて約款による個々の契約は拘束力を生ずるとする説がある（法律行為理論）。しかし，この理論では当事者が約款の内容について知っていたかどうかという主観的事情によって，約款による契約の効力が左右されることになる。それでは，約款の利用によって，多数の取引を画一的に処理しようとする約款利用の目的を達することができない。このような不都合な結果を避けるために，法律行為理論は，当事者が約款による意思を有していたと推定ないし擬制をすることになる。判例は，このような立場をとっている。

たとえば，保険契約の締結に関し，当事者双方がとくに普通保険約款によらない旨の意思を表示しないで契約したときは，反証のないかぎり，その約款による意思をもって契約したものと推定すべきとし，その意思を推定する根拠として，その会社の普通保険による旨を記載した申込書に，保険契約者が任意に調印して申込をした事実を挙げている（大判大正4年12月24日民録21輯2182頁）。その後の判例も，これにならって，当事者が約款の内容を容易に知りうる状態にあれば，約款による意思をもって契約したものと推定するのが相当であるとしている。

ところで，約款の内容を相手方の知りうる状態におくこと（公示義務・交付義務）を企業者側に課す個別の法規がある（鉄道営業法3条，海上運送法10条，航空法107条，割賦販売法4条，宅建業法37条等）。この場合，法定の義務が履行され，約款の内容が相手方に容易に知りうる状態におかれていたのであれば，各当事者は約款による意思をもって契約したと推定するのが相当である（大阪高判昭和38年10月30日判時369号42頁）。すなわち，公示義務・開示義務は，意思推定を幅広く機能させる点において，とくに判例の立場にとって重要な意義を有するといえる。

このように当事者の意思の推定を約款の拘束力の根拠とする判例の立場に対しては，その推定が覆されると約款の法的拘束力がなくなり，法的安定性を欠くことになる。そこで学説は，大量・集団的取引を画一的に処理しようとした約款の本来の機能という観点から法的拘束力を認めていこうとしている。代表的な学説としては，自治法説と商慣習法説がある。

自治法説は、「社会あるところに法あり」の法諺にのっとって、団体が自主的に制定する法規として、約款も定款等と同様に法源性を認める立場である。このうち約款は、単なる事実ではなく、企業の維持強化および取引の円滑旺盛化という商法の理念の支持を受けているところに法規としての妥当性があるとする。したがって、約款が定められている特定の取引を行おうとする者は、その欲すると否とを問わず、当然自治規約としての約款に拘束される。

これに対しては、企業者側が制定したにすぎない約款は、団体がその構成員に対して定めるものでないから、自治法とみることは困難であり、また、約款は、企業取引の便宜化と合理化の要請のために利用するものであり、かつ企業者の経済的力を持って事実上行われているにすぎないのであって、約款自体として一般的適用を主張しうるような法的基礎を有していないと批判される。

商慣習法説（白地商慣習法説）は、大量・集団的取引契約においては、当事者間の契約は約款によるという商慣習法（1条）ないし事実たる慣習（民92条）が存在するため、個々の契約が約款によって支配されるとみる立場である。この商慣習法説は、既存の法理論を基礎に置いており、しかも、約款の使用が一般化している取引分野においては、顧客が約款の使用されることを知っていたか否か、また、約款の内容を知っていたか否かにかかわらず約款の拘束力を認めることができることから、企業者側の要請にも合致し、現在の多数説となっている。

この説にも、新種の企業における新約款採用の場合の説明が困難であるとの批判がある。これに対しては、そのいわゆる新種の企業が、そこでの契約は約款によるとの慣習法ないし事実たる慣習が存在する取引分野に属している限り、新約款の拘束力を説明することは困難でないと商慣習法説から反論することができる。しかし、最近の消費者信用取引における約款のように、これまで全く存在しなかった新たな内容の約款が生まれてくる分野がある。このような分野においては、契約は約款によるとの慣習法ないし事実たる慣習が成立しているとはいいがたい。この場合は、商慣習法説も判例と同様の意思推定に戻るとされる。

このように約款全体に拘束力が認められるからといって、約款の個別条項がそのまま適用されることにはならない。なぜなら、約款は企業者側によって一

方的に作成されるのが通常であって，多くの場合において，取引の相手方としての一般大衆の利益を保護する必要があるからである。そこで，行政的規制，司法的規制および立法的規制という形で約款の内容に規制が加えられている。

行政的規制としては，約款の認可・届出がある（保険4条2項3号，倉庫8条等）。これに違反した場合には，罰金・免許取消等の処分が定められている。なお，銀行取引約款（銀行取引約定書・当座勘定規定・普通預金規定など）については，法律上特別な認可・届出の制度はなく，銀行に関する一般的監督に服するにすぎない。

また，取引相手方が公衆である約款（鉄道・ガス・電気等）については，その公示が要求されている場合も少なくない。

ところで，約款について主務官庁の認可が必要な場合において，認可を受けていない約款の私法上の効力が問題となった判例がある。これは，船舶保険を一般の火災保険や生命保険と区別し，前者においては後者におけると異なり，保険契約者は，相当程度の営業規模と資力を有する企業者であるのが普通であって，保険業者に比して必ずしも経済的に著しく劣悪な地位にあるとはいえず，保険業者は利用者の意見と利益を無視して一方的に自己に有利な内容の約款を定めることはできず，約款の内容を保険業者の定めるところに委ねても，その合理性を確保しえないものではなく，主務大臣の認可を受けない約款もそのことだけで無効とされるものではない，とする（最判昭和45年12月24日民集24巻13号2187頁）。これに対し，多数説は，認可を欠く約款による契約も，強行法規や公序良俗に反しないかぎり，私法上当然に無効ではない。これは一般の火災保険や生命保険のような家計保険でも同様であるが，約款による契約が，強行法規や公序良俗違反のため無効と解すべきことになる範囲が船舶保険のような企業保険の場合よりも広いにすぎないとしている。すなわち，家計保険のような場合，認可のない約款条項は，認可を受けたそれと比べると，その有効性につきより厳格な基準がとられるべきであり，妥当性に疑問がある程度であっても無効と解されることになる。約款の認可制度によって，約款の内容の合理性ないし妥当性を実際上期待することができるという側面もあるが，主務官庁の認可があったからといって，当該約款の個別条項の有効性が法的に承認されるわけではないからである。

司法的規制としては，裁判所が不当な約款条項から取引の相手方である公衆の利益を保護するために，当該条項の効力を否定したり，制限的な解釈をとることが考えられる。しかしながら，現在までのところ約款の効力が否定された例はきわめて少ない。その事例としては，荷主が保険者から保険金の支払を受ける限度において運送人に対する損害賠償請求権を事前に放棄する趣旨の「保険利益受益約款」を商法739条違反として無効と解した最判昭和49年3月15日民集28巻2号222頁があるくらいである。

　立法的規制としては，一定の条項を法律で直接に制限・禁止することが考えられる。たとえば，商法739条には海上運送契約における免責約款を制限する規定が置かれている。また，割賦販売法では，解除や損害賠償額についての制限を定めている（5条・6条）。しかし，わが国では，現在のところ立法的規制は一定の範囲に限られている。これに対し，最近の諸外国の立法には，消費者の利益を保護するため，不当な約款を定めることをあらかじめ防止したり，不当な約款の無効を宣言するものもある（1976年ドイツ普通取引約款規制法等）。

第3章 ■ 商事売買

1 民事売買と商事売買はどうちがうか

(1) 序

　売買は，企業取引にとってもっとも主要なものである。民法が売買の規定を詳細に定めているのに対し（民555条−585条），商法ではわずか5ヵ条（524条−528条）を置いているにすぎない。これは民法に詳細な規定があることから，民法の適用を基本として商法に若干の特則があれば十分であり，あらためて商法に細かな規定を置く必要がないためである。また，実際の売買では，契約自由の原則にもとづき，当事者間の特約，商慣習，商慣習法，普通取引約款などによるため，売買について詳細な規定を設けて画一的な規制を図ることは妥当ではなく，むしろ詳細な規定は売買取引を阻害することになる。商事売買の規定は，売買取引の簡易・迅速の確保と売主の保護をはかるためのものである。

(2) 売主の供託権および自助売却権

　商人間の売買において，買主がその目的物を受け取ることを拒み，またはこれを受け取ることができないときには，売主はその物を供託することができ（売主の供託権），また，相当の期間を定めて催告をした後にこれを競売することができる（自助売却権）（524条1項）。このように売主は，供託権および自助売却権によって目的物の引渡義務を免れることができる。これは，商事売買では，商品が大量に反復継続して売買され，価格の高騰や急落が激しく，民法の規定だけでは売主の利益を損なう恐れがあることから，供託権および自助売却権を行使することによって，法律関係を簡易・迅速に確定し，売主を保護するものである。

　売主の供託権および自助売却権の要件として，まず，商人間の売買であることを要する。商人間の売買とは，両当事者にとって商行為でなくてはならない。

なお，商人が売買について代理人を用いる場合，その代理人が商人である必要はない。次に，買主がその目的物を受け取ることを拒み，またはこれを受け取ることができないことを要件とする。民法では，受領拒絶および受領不能の要件として，債務の本旨にしたがった履行の提供が必要である（民413条）。しかし，商法では，受領拒絶および受領不能の事実が存在すれば524条が適用されるのであり，この点に違いがある。

　供託権につき，商法上の供託権と同様の規定が民法にも置かれている（民494条）。両者の差異は，供託通知についてのみ見ることができる。商法では，売主が供託したときには，遅滞なく買主に対して通知を発しなくてはならないとしており，発信主義を採っているが（524条1項後段），民法は到達主義を採っている（民97条1項・495条3項）。

　自助売却権につき，売主は，相当の期間を定めて催告した後に目的物を競売することができ，損敗しやすい物は催告せずに競売することができる（524条2項）。売主は，競売したときには，遅滞なく買主に対して通知を発しなくてはならない（524条1項後段）。この通知は，供託通知と同様に発信主義であり，民法と異なる。売主が競売したときには，その代価を供託しなくてはならないが，その全部または一部を売買代金に充当することができる（524条3項）。民法でも売主の自助売却権が認められているが，弁済の目的物が供託に適さない場合，滅失・毀損のおそれがある場合，保存について過分の費用を必要とする場合に，裁判所の許可を得てこれを競売に付し，その代価を供託することができると規定している（民497条）。民法の規定では供託が原則であり，例外的に自助売却権が認められているにすぎない。しかし，商法では，売主は供託権と自助売却権のどちらかを選択できるとしており，この点で民法とは異なる。

（3）　確定期売買の解除

　確定期売買とは，売買の性質または当事者の意思表示により，一定の日時または一定の期間内に履行しなければ，契約した目的を達することができない売買をいう。この確定期売買において当事者の一方が履行せずに履行期を徒過した場合，相手方は直ちに履行を請求するのでなければ，契約は当然に解除されたものとみなされる（525条）。

　民法の規定では，確定期売買につき当事者の一方が履行せずに履行期を徒過

した場合，相手方は催告をせずに直ちに契約の解除をすることができるとしており（民542条），これは契約解除の要件である催告を不要としているにすぎず，解除のためには意思表示が必要となる。このような民法の規定では，契約が解除になるか否かが相手方の意思にかかっており，もう一方の当事者の地位は不安定なものとなるため妥当ではない。したがって，商法は，売買取引における簡易・迅速な法律関係の確定のため，民法の542条の定期行為一般の解除権の特則として，相手方が直ちに履行を請求しなければ，契約は当然に解除されたものとみなしているのである。

確定期売買の要件として，以下のものが必要である。第一に，商人間売買であることを要する。法文上にこの旨が明言されていないため，商人間の商行為である売買のみに適用される規定であるとする通説と，これに限定せずに少なくとも当事者の一方にとって商行為である売買であれば適用されるとする有力説とが対立している。第二に，売買の性質または当事者の意思表示により，一定の日時または一定の期間内に履行しなければ，契約した目的を達することができないことを要する。しかし，商人間売買であることだけから直ちに確定期売買ということはできず，また，履行期を一定の日時と定めたことだけから直ちに確定期売買ということもできず，これらは個別的・具体的に判断しなくてはならない。確定期売買とされた判例として，暑中見舞いとして配るうちわの売買（大判大正9年11月15日民録26輯1779頁）などがある。第三の要件として，当事者の一方が履行せずに履行期を徒過したことを要する。この不履行は，債務者の責めに帰すべき事由によると否とを問わず，所定期間の経過という客観的事実によって判断される。第四として，相手方が直ちに履行の請求をしなかったことを要件とする。ここでいう直ちにとは，履行期と同時または履行期経過後直ちにの意味である。

525条の効果は，民法の一般原則にしたがい，原状回復義務および損害賠償責任が生ずることとなる。

（4） 買主の検査・通知義務

商人間の売買において，買主がその目的物を受け取ったときには，遅滞なく検査し，瑕疵あるいは数量不足を発見したときには（売買の目的物に直ちに発見できない瑕疵があった場合，買主が6ヵ月以内に発見したときには），直ちに売主

に対して通知を発しなくては,瑕疵あるいは数量不足を理由に契約の解除・代金減額・損害賠償の請求をすることができない(526条1項)。

　民法では,売買の目的物に瑕疵または数量不足がある場合,善意の買主は,この事実を知ったときから1年以内ならば,契約の解除・代金減額・損害賠償の請求をすることができるとしている(民563条－566条・570条)。しかし,これでは,売主は長期間不安定な地位に置かれ,売主の善後策の機会をも奪うことになることから妥当とはいえない。したがって,商法では,買主に検査・通知義務を課すことにより,売主を保護しているのである。

　要件は,以下のとおりである。第一に,商人間売買であることを要する。これは,両当事者が商人であることから,目的物の検査に必要な知識を有することを考慮したものである。第二に,買主が目的物を受け取ったことを要する。これは,買主が,目的物を現実に受け取り,検査することができる状態になくてはならない。したがって,貨物引換証や船荷証券の交付は,ここでいう受け取りにはならない。第三に,目的物に瑕疵あるいは数量不足があることを要する。瑕疵とは,民法570条の物の瑕疵であって,権利の瑕疵を含むものではない。そして,目的物の瑕疵とは,通常または契約で定められた性質・価値・形状・効用などを有しないことである。なお,数量超過および全く異なる目的物が給付された場合,通説は通知義務はないものと解している。全く異なる目的物を引き渡した場合には,債務不履行の問題となるだけである。第四として,売主に悪意がないことを要する。悪意とは,売主が目的物の引渡時に目的物に瑕疵あるいは数量不足があることを知っていたことである。売主が悪意であった場合には,これを保護する必要はなく,買主は通知をしなくても契約の解除・代金減額・損害賠償の請求をすることができる(526条2項)。

　検査は,通知の前提となる事実行為であり,その程度・方法は,目的物の性質・数量・受領の場所などによって異なるが,正常な取引慣行を基準に判断され,買主の病気や不在などの主観的事情は考慮されない。

　直ちに発見できない瑕疵または数量不足の通知の時期は,発見が受領後6ヵ月以内ならば,直ちに通知すれば期間後の通知であってもかまわない。また,通知の内容は,売主の善後策をとる機会を考慮しなくてはならないため,単に瑕疵あるいは数量不足があることだけを通知したのでは不十分である。なお,

通知義務違反の効果は，買主の契約の解除・代金減額・損害賠償の請求ができなくなるだけであって，損害賠償の問題を生じさせるものではない。

526条が特定物・不特定物を問わず適用されることは，判例・学説の認めるところである（最判昭和35年12月2日民集14巻13号2893頁）。

（5） 買主の保管・供託・競売義務

商人間売買において，目的物の瑕疵あるいは数量不足を理由に買主が契約を解除したといえども，売主の費用をもって保管または供託しなくてはならず，その目的物について滅失・毀損の恐れがある場合には，裁判所の許可を得て競売し，その代価を保管または供託しなくてはならない（527条1項）。また，売主より買主に引き渡した物品が注文した物品と異なる場合，あるいは注文よりも数量を超過している場合，注文と異なる物品あるいは注文の数量の超過部分について，買主は保管・供託・競売をしなくてはならない（528条）。

民法の規定によると，売買の目的物の瑕疵あるいは数量不足によって買主が契約を解除をした場合，各当事者は原状回復義務により，買主は受け取った目的物を売主に返還する義務を負うだけである（民545条）。このような民法の規定では，売主は，返送費用と運送費を負担するだけでなく，運送中の危険や転売の機会を失うことにもなる。そのため，商法は，買主に特別な義務を負担させることによって，売主の保護をはかっているのである。

これらの義務の発生要件は，次のとおりである。第一の要件として，商人間売買であることを要する。第二として，買主が，目的物の瑕疵あるいは数量不足を理由に契約を解除したこと，あるいは，受け取った物品が注文した物品と異なるか，注文した数量を超過していることを要件とする。第三に，売主と買主の営業所，もし営業所がないときには住所が同市町村内にないことを要する。つまり，送付売買でなくてはならない。これは，両者が同市町村内であれば，売主が直ちに適切な措置を講ずることができるためである。したがって，売主と買主の営業所が同市町村内であっても，売主が買主の指定した他地に目的物を送付した場合には，買主はこれらの義務を負担することになる。また，売主と買主の営業所が同市町村内でなくとも，目的物の引渡が売主の営業所でなされるような場合には，買主がこれらの義務を負担しないことになる。第四として，売主に悪意がないことを要件とする。これは，527条1項が526条を前提と

しているためである。

　このような要件を備える場合には，買主は保管義務あるいは供託義務を負うことになるが，保管と供託のいずれを選択するかは買主の自由である。また，買主は，目的物について滅失・毀損の恐れがある場合には，裁判所の許可を得て競売し，その代価を保管または供託しなくてはならない（527条1項但書）。そして，競売した場合には，遅滞なく売主に対して通知を発しなくてはならない（527条2項）。

　義務違反の効果として，買主が保管・供託・競売義務に違反をした場合には，売主に対して損害賠償責任を負うことになる。

2　消費者保護のためにどのような法律が定められているか

（1）序

　商事売買であっても，商人と非商人（消費者）間の売買である消費者売買については，商法に特段の規定は置かれていない。消費者保護が関心を引き始めたのは，高度経済成長にともなう消費社会の中で，さまざまな消費者被害が顕在化した昭和30年代以降のことである。国民の消費生活の安定と向上を確保することを目的とする消費者保護基本法が昭和43年に制定され，その後消費者保護の趣旨を含んだ各種法律が制定された。

　いわゆる消費者法または消費者保護法なる呼称があるが，これは別個独立した法律が存在しているのではなく，消費者保護を目的とし，割賦販売法，訪問販売等に関する法律，製造物責任法，食品衛生法，薬事法，不当景品類及び不当表示防止法，不正競争防止法などさまざまな法律によって構成される複合法領域の総称である。また，今後の消費者法の中核を担うと考えられる消費者契約法の立法化がまたれている。

（2）特殊販売

　特殊販売とは，店頭での消費者への対面販売以外の販売方法であり，これには訪問販売・通信販売・電話勧誘販売・連鎖販売取引がある。これらの販売方法は，情報伝達の技術進歩や方法の多様化，利便性の向上，積極的な顧客開拓などから普及したものである。しかし，これらは，詐欺的な勧誘，消費者の知

識や経験の不足につけこんだ契約締結，商品販売より組織の拡大に重点を置くマルチ商法などの問題を生じさせている。そして，これら特殊販売全体を規制しているのが訪問販売等に関する法律である。

訪問販売とは，営業所など以外の場所で申込を受け，契約を締結する，指定商品・指定権利の販売，もしくは指定役務の提供である（訪販2条1項）。同法は，販売業者の氏名などの明示（同3条），書面の交付義務（同4条・5条），不実の告知や人を威迫して困惑させる行為の禁止（同5条の2），クーリング・オフ制度（同6条），損害賠償などの額の制限（同7条）を規定している。クーリング・オフとは，申込時または契約時に交付された書面によって，クーリング・オフに関する事項が告げられた日から8日間（大津簡判昭和57年3月23日NBL271号19頁），一切の不利益を受けることなく申込の撤回・契約解除ができる制度である。

通信販売とは，販売業者または役務提供事業者が，郵便などの方法によって申込を受けて行う指定商品・指定権利の販売，または指定役務の提供であって，電話勧誘販売に該当しないものである（同2条2項）。同法では，広告規制（同8条），誇大広告などの禁止（同8条の2），承諾などの通知（同9条）などを規定しているが，クーリング・オフの制度はない。

電話勧誘販売とは，販売業者または役務提供事業者が，電話勧誘行為により，顧客から郵便などの方法によって申込を受けて行う指定商品・指定権利の販売，または指定役務の提供である（同2条3項）。同法は，販売業者の氏名などの明示（同9条の4），再勧誘などの禁止（同9条の5・9条の9），書面の交付（同9条の6・7），承諾などの通知（同9条の8），クーリング・オフ制度（同9条の12）などを規定している。

連鎖販売取引（マルチ商法）とは，商品または権利の再販売・受託販売・販売のあっせん，あるいは役務の提供・そのあっせんにより，特定利益が収受し得ることをもって誘引し，その者と特定負担をすることを条件とする取引である（同11条）。同法は，禁止行為（同12条），広告規制（同13条），書面の交付（同14条），20日間のクーリング・オフ制度（同17条）を定めている。

(3) 信用販売

信用販売とは，消費者が商品・権利の購入または役務の提供を受けるにあた

り，信用供与を受け，代金の支払を猶予される取引である。一回の代金が少額となるため高価な商品が購入しやすいという利点から，複雑な契約内容であるにもかかわらず安易に契約を締結する消費者が多く，また販売業者が消費者にとって不利な条件を付けるなど，消費者の保護が必要となっている。このような信用販売を規制しているのが割賦販売法であり，同法には割賦販売・ローン提携販売・割賦購入あっせんが規定されている。

　割賦販売とは，購入者から代金を2ヵ月以上の期間にわたり，かつ3回以上に分割して受領することを条件として（個品方式および総合方式），または，証票などを利用者に交付して，あらかじめ定められた時期ごとに，その証票などと引き換えに，またはその提示を受けて代金の合計額を基礎として，あらかじめ定められた方法により算定して得た金額を利用者から受領することを条件として（リボルビング方式），政令で指定された商品・権利を販売し，または役務を提供することである（割賦2条1項）。同法では，販売条件の表示（同3条1項－3項），書面の交付（同4条・同条の2），契約の解除などの制限（同5条），損害賠償などの額の制限（同6条），クーリング・オフ制度（同4条の3）などを規定している。

　ローン提携販売とは，購入者が指定商品などの代金にあてるために，2ヵ月以上の期間にわたり，かつ3回以上に分割して返還することを条件に，提携金融機関から金銭を借り入れ，ローン提携販売業者が購入者の債務を保証して指定商品などを販売することである（同2条2項）。これには，個品方式・総合方式・リボルビング方式がある。同法では，販売条件の表示（同29条の2），書面の交付（同29条の3・同条の4），クーリング・オフ制度（同29条の4）などを規定している。そして，割賦購入あっせんと同様に抗弁の接続も規定している（同29条の4）。

　割賦購入あっせんとは，購入者が販売業者から購入した場合，あっせん業者（信販会社など）は販売業者に対して代金相当額を一括して支払い，購入者はあっせん業者に対し2ヵ月以上の期間にわたり，かつ3回以上に分割して支払うことである（同2条3項）。これにも，個品方式・総合方式・リボルビング方式がある。同法において，割賦販売と同様の規定を設けている他に，指定商品の販売に関し，購入者は販売業者との間で生じている事由をもってあっせん業

者に対する支払を拒むことができるという抗弁の接続を規定している（同30条の4）。

第4章 ■ 代理営業・仲立営業・問屋営業

1 代理営業と仲立営業はどうちがうか

(1) 序

　商人は，企業活動を営む上で，単独でこれをすべて行うことは困難であり，さまざまな補助者の労力を利用せざるをえない。この補助者には，特定の商人に従属して企業組織の内部にあって補助をする商業使用人の他に，自ら商人とは独立の関係に立ちながら補助をする代理商・仲立人・問屋・運送取扱人などがある。これらは，委託者が特定の者か不特定の者か，または，取次・媒介・代理などのいかなる取引形態を業としているかによって区別されている。

(2) 代理商の意義

　代理商とは，商業使用人ではなく，一定の商人のために，平常の営業の部類に属する取引の代理または媒介をする商人であり（46条・502条11号・12号），旅行業・保険業・運送業などで広く利用されている。代理商により補助を受ける商人を本人という。本人は特定されていることを要するが，必ずしも一人である必要はなく，特定していれば代理商が複数の本人を補助することもできる。本人は，商人でなくてはならず，商人以外の者のために取引の代理または媒介をする者は，民事代理商であって，商法上の代理商とは区別される（相互保険会社の代理店）。なお，平常とは，代理商と本人との間に継続的な関係があることである。

(3) 代理商契約の法的性質

　代理商には，本人の代理をなす締約代理商と本人と第三者間で媒介をする媒介代理商がある。どちらの代理商になるかは，代理商契約によって決まり，両者を兼ねることもある。なお，代理店という名称は，広く使用されているが，その態様はさまざまなものがあり，必ずしも商法上の代理商と一致するとは限

らず，代理商契約の内容によって判断されることになる（大判昭和15年3月12日新聞4556号7頁）。締約代理商契約の法的性質は，取引の代理という法律行為の委託を受けるため委任契約であり（民643条），一方，媒介代理商契約の法的性質は，取引の媒介という法律行為でない事務の委託を受けるため準委任契約である（同656条）。

(4) 代理商の権利義務

代理商は，報酬請求権（512条，民648条，民法の委任規定では無償が原則），費用前払請求権（民649条）・出捐償還請求権（民650条）などの権利を有する他に，以下の権利義務を有する。

(a) 通知義務　代理商が取引の代理または媒介をなしたときには，遅滞なく本人に対して通知を発しなくてはならない（47条）。この通知は，本人の請求がない場合であっても行わなくてはならない（民645条・656条）。通知義務を怠ったことにより本人に損害が生じた場合には，代理商は損害賠償責任を負うこととなる（大判昭和10年5月27日民集14巻949頁）。

(b) 競業避止義務　代理商は，本人の許諾がなければ自己もしくは第三者のために本人の営業の部類に属する取引を行いまたは同種の営業を目的とする会社の無限責任社員もしくは取締役となることができない（48条1項）。これは代理商が営業上知り得た秘密を利用し自己または第三者のために利益を図ることを防止するためである。この義務に違反した場合代理商に損害賠償責任が生じ，本人は代理商契約を解除することができるだけでなく（50条2項）支配人の場合と同様の介入権の行使が認められている（48条2項・41条2項・3項）。

(c) 留置権　代理商は，取引の代理または媒介を行ったことによって生じた債権が弁済期にあるときは，特約のない限り，その弁済を受けるまで，本人のために占有する物または有価証券を留置することができる（51条）。この代理商の留置権は，被担保債権が留置物によって生じたことを必要としない点で民事留置権（民295条）と異なっている。また，留置物が，債務者の所有する物または有価証券であることを要せず，また債務者との商行為によって債権者の占有に帰したことも必要としない点で商事留置権（521条）とも異なる。これは，代理商の業務の性質を考慮したものである。

(5) 代理商と第三者との関係

代理商の代理権の範囲は，代理商契約によって決まる。締約代理商は委託を受けた範囲内で代理権を有するが，媒介代理商は代理権を有していない。しかし，物品の販売またはその媒介の委託を受けたる代理商は，代理権授与行為がなくても，売買の目的物の瑕疵または数量不足の他，売買の履行に関する通知を受ける権限を有するとしている（49条）。

（6）　代理商関係の終了

代理商関係は，委任および準委任であるため，委任の一般的終了原因によって終了し（民653条・656条），また，本人の廃業・解散によっても終了する。しかし，本人の死亡は，民法と異なり終了原因とはならない（506条）。なお，契約期間の定めがない場合，各当事者は二月前に予告して契約解除をしなくてはならない（50条1項）。やむをえない事由（代理商の不誠実など代理商契約を継続することが社会通念上不当と認められる事由）がある場合には，契約期間の定めがあると否とを問わず，いつでも契約の解除ができる（50条2項）。

（7）　仲立人の意義

仲立人とは，他人間の商行為の媒介を業とする者である（543条）。仲立人を利用するのは，適当な商取引の相手方を見つけたり，また，この取引相手の信用調査など，商取引を円滑に行うために，その分野に精通した仲立人の補助が必要となるためである。仲立人は，有価証券や不動産の売買・金融・海運業・旅行業などの取引で広く利用されている。なお，ここでいう媒介とは，当事者である他人間の法律行為の成立に尽力するという事実行為である。また，仲立人の媒介する法律行為は，少なくとも当事者のどちらか一方にとって商行為でなくてはならない。当事者にとって商行為に当たらない行為（民事行為，結婚相談業者・宅地建物取引業者など）の媒介を業とする者は，このような媒介自体は商行為となるため，商人ではあるものの（502条11号・4条1項），商法上の仲立人にはあたらず，これを民事仲立人という。民事仲立人は，512条の規定により報酬請求権を有する（最判昭和44年6月26日民集23巻7号1264頁）。

代理商は，商人の営業補助者であり，独立の商人である点で仲立人と同じである。しかし，締約代理商が本人の名において取引を代理する者であるのに対して，仲立人は商行為の媒介という事実行為にとどまる点で異なる。また，媒介代理商と仲立人は媒介を業とする点は同じであるが，媒介代理商は特定の商

人のために継続的に取引を媒介するのに対して、仲立人は不特定多数の一般商人のために随時取引を媒介する点で異なる。

（8）　仲立契約の法的性質

仲立契約とは、仲立人と商行為の媒介を委託する者との間で締結される契約であり、これには双方的仲立契約と一方的仲立契約がある。前者は、仲立人が積極的に契約の成立に尽力する義務を負い、契約が成立した場合には委託者が仲立料の支払義務を負うものであり、その法的性質は準委任（民656条）である。後者は、仲立人に契約成立に尽力する義務はないが、契約が成立した場合には委託者が仲立料の支払義務を負うものであり、法的性質は請負（民632条）に近いものである。

（9）　仲立人の権利義務

(a)　見本保管義務　　仲立人がその媒介する行為について見本を受け取ったときは、その行為が完了するまで、これを保管しなくてはならない（545条）。これは、当事者間の紛争の防止を図るためのものである。

(b)　結約書交付義務　　当事者間において行為が成立したときは、仲立人は遅滞なく各当事者の氏名、商号、行為の年月日、その要領を記載した書面（結約書・仕切書・契約書）を作成して、署名の後、これを各当事者に交付しなくてはならない（546条1項）。これは、契約成立の事実やその内容を明確にすることにより、当事者間の紛争を防止するためである。また、直ちに履行すべき場合を除き、仲立人は各当事者に結約書に署名させた後、これを相手方に交付しなくてはならない（546条2項）。当事者の一方が結約書を受領せず、またはこれに署名しないときには、仲立人は遅滞なく相手方に対して通知を発しなくてはならない（546条3項）。

(c)　仲立人日記帳作成義務・謄本交付義務　　仲立人は、帳簿（仲立人日記帳）に各当事者の氏名、商号、行為の年月日、その要領を記載することを要す（547条1項）。また、当事者は、いつでも仲立人が自己のために媒介した行為について、その帳簿の謄本の交付を請求することができる（547条2項）。

(d)　氏名黙秘義務・介入義務　　当事者が氏名や商号を相手方に示さないことを仲立人に命じた場合、仲立人は結約書や仲立人日記帳の謄本に氏名や商号を記載することができない（548条）。これは、黙秘によって取引を有利にする

ためのものである。そして，このような場合，仲立人が自ら履行する責任を負う（549条）。これは，黙秘された相手方を保護するための規定である。

(e) 報酬請求権・給付受領代理権　仲立人は，商人であることから，特約のないときにも仲立料を請求することができる（512条）。しかし，仲立料は，契約が成立し，結約書作成交付後でなければ請求できない（550条1項）。仲立人の報酬は，特約のない限り当事者双方が平分して負担する（550条2項）。また，仲立人は，特約または慣習のない限り，媒介した行為について，当事者のために支払その他の給付を受けることはできない（544条）。

2　問屋をめぐる法律関係とはどのようなものか

（1）　問屋の意義

問屋とは，自己の名をもって他人のために物品の販売または買入をなすことを業とする者をいう（551条）。このように，自己の名をもって他人のために法律行為をなすことを引き受ける行為を取次といい（502条11号），問屋は取次業者の一つであり，証券会社などがこれにあたる。また，取次業者として他に準問屋（558条）と運送取扱人（559条）がある。自己の名をもってとは，問屋自らがこの法律行為の当事者となることであり，他人のためにとは，委託者の計算において，つまり，法律行為によって生じた損益は問屋ではなく委託者に帰属することである。また，物品には動産だけでなく有価証券も含まれる（最判昭和32年5月30日民集11巻5号854頁）。一般に卸売商のことを問屋（とんや）と称するが，これは自己の計算において販売をなすを業としているため自己売買商であって商法上の問屋（といや）とは異なる。問屋を用いる利点としては，委託者側にとっては問屋の信用・知識・経験などを利用でき，売買の相手側にとっては委託者の信用や代理権の調査を不要とすることができる点にある。

（2）　問屋契約の法的性質

問屋契約とは，物品の売買という法律行為をなすことの委託を内容とする委任契約である（552条，民643条）。問屋契約の当事者は，委託者と問屋であり，問屋は，商人であるが委託者は商人であることを要しない。また，委託された物品の売買契約の当事者は問屋と売買の相手方であり，問屋は委託者の代理人

として売買契約をなすのではない。

(3) 問屋の権利義務

問屋は，報酬請求権（512条）・費用償還請求権（民649条・650条）を有する他に，以下の権利義務を有する。

(a) 履行担保義務　問屋は，委託者のためになした販売または買入につき，相手方がその債務を履行しない場合，自らその履行をなす責任を負う（553条本文）。この規定は，委託者の保護と問屋制度の信用確保を目的とした規定である。なお，別段の意思表示や慣習があればこの限りではない（553条但書）。

(b) 指値遵守義務　問屋が委託者の指定した金額より安く販売をなし，または高く買入した場合，自らその差額を負担するときは，その販売または買入は委託者に対してその効力を生じる（554条）。委託者が売買価格を指定するときには（指値売買），問屋はこれに従わなくてはならず，これに反する場合，委託者の利益が害されるため，委託者にその効力は生じない。しかし，問屋が差額を負担した場合には，委託者にとって不利益とならないため，その効力が生じるのである。

(c) 通知義務　問屋が物品の販売または買入をしたときには，遅滞なく委託者に対してその通知を発しなくてはならない（557条，47条）。これは，民法645条に対する特則である。

(d) 留置権　問屋は，別段の意思表示がない限り，物品の売買をなしたことによって生じた債権が弁済期にあるときは，その弁済を受けるまで委託者のために占有する物および有価証券を留置することができる（557条・51条）。

(e) 供託権および自助売却権　問屋が買入の委託を受けた場合，委託者が買い入れた物品を受け取ることを拒み，または受け取ることができないときには，商事売買と同様の供託権および自助売却権が認められている（556条・524条）。

(f) 介入権　問屋が取引所の相場ある物品の販売または買入の委託を受けたときは，自ら買主または売主となることができる（555条1項）。この規定が認められているのは，取引所の相場があるものならば，客観的に取引価格が不当であるか否かを判断することができ，問屋が介入権を行使しても委託者の利益を害する恐れがないためである。また，この場合，問屋の報酬請求権は認められる（555条2項）。

第5章 ■ 運送営業・運送取扱営業

1 運送営業にはどのような種類があるのか

(1) 序 論

　運送とは，人または物品を場所的に移動させることである。運送契約は，この運送という仕事の完成を目的とした請負契約の一種と考えられる。この運送営業は，運送が行われる地域により陸上運送，海上運送，航空（空中）運送に分類できる。また，その対象によって大別すれば，品物を対象とする物品運送と，人を対象とする旅客運送に分類できる。

　なお，これら運送事業は対公衆的性格が強いため，多くの特別法や行政的取締法規が存在する。したがって実際上，商法は特別法令に規定のない場合に補充的に適用される。

(2) 運送の種類と法規制

　(a) 陸上運送　陸上運送は，陸上だけでなく湖川や港湾で行う運送も含まれる（569条）。さらにこの「陸上」は，地面および地下をいうので，地下鉄営業も陸上運送に含まれる。さらに地表近くの空間も含まれるので，ロープウェイもこの陸上運送に含まれる。この陸上運送には，商法第3編第8章（569条以下）の規定が適用される。その中で物品運送については570～589条，旅客運送については590～592条の規定が適用される。しかし現実には，約款を利用した契約が一般化しており，商法の規定が直接適用されることは少ない。

　またこの分野には，鉄道営業法や鉄道運輸規定，鉄道事業法，軌道法，道路運送法，貨物自動車運送事業法，貨物運送取扱事業法，港湾運送事業法といった多数の特別法令が優先して適用される。これらによって，事業者に規制が設けられている。たとえば，鉄道運送業者は，運送契約を申し出られたときこれを断ることはできず，申込順に運送しなければならない。また運賃，料金，約

款は，運輸大臣の認可と営業所での公示が求められている。

(b) 海上運送　海上運送は，湖川港湾以外の海上で船舶により行う運送をいう。この海上運送には，商法第4編第3章（737条以下）の規定が適用される。その中で物品運送については737-776条，旅客運送については777-787条の規定が適用される。しかし現実には陸上運送同様，約款を利用した契約が一般化しており商法の規定が直接適用されることは少ない。

この海上物品運送のうち，日本以外で船積みか陸揚げをするものは，特別法の国際海上物品運送法が適用される（国際海上物品運送法第1条）。これは1921年に制定されたハーグ・ルールを基礎として1924年に採択された船荷証券統一条約を国内法化したものである。1992年この国際海上物品運送法は改正されるが，それは1968年の船荷証券統一条約改正議定書（ウィスビー・ルール）制定を受けたものである。

国際海上運送が複数の国をまたいでなされる以上，共通のルールとなる条約の存在が必要であり，それを国内法化した特別法が作られる。船主責任制限法（1957年の船主責任制限条約や1976年の海事債権責任制限条約に基づくもの），油濁損害賠償保障法（1979年の油濁民事責任条約および1971年の油濁基金条約にもとづくもの）などもそうである。

その他，多数の国際的商慣習（たとえば共同海損に関するヨーク・アントワープ・ルール）や国際的な標準約款（ボールタイム，プロデュース・フォーム等）が広く使われている。これらは任意法規に優先して適用されている。また，わが国の国内的定期傭船契約には，日本海運集会所制定の標準書式が広く利用されている。これもまた任意法規に優先して適用されている。その他，海上運送法や内航海運業法といった行政法がある。

(c) 航空（空中）運送　航空運送は，空中において航空機（法律上は航空法第2条に規定されている）により行われる運送をいう。商法典に限らず，わが国には航空運送に関する国内私法規定は全く存在しない。行政的取締法規の航空法があるだけである。ただし国際運送（契約で定められた出発地と到達地とが別々の国にあるもの，または出発地と到達地が同一内でも予定寄航地が他国にあるもの）の場合には，自動執行条約としてのワルソー条約が効力を持っており，また1966年に国際航空運送協会が制定したモントリオール協定などが商慣習法

として機能している。さらにこれらに依拠した航空運送約款が広く利用されている。なおワルソー条約とは，狭義には1929年に採択された The Convention for the Unification of Certain Rules Relating to International Transportation by Air をいう。その後，このワルソー条約を改正するため，1955年にハーグ議定書，1961年にグァタラハラ条約，1971年にグァテマラ議定書，1975年にモントリオール議定書が採択されたが，通常はこれら全体の総称として使われる。ただし，わが国において発効しているものは1929年ワルソー条約とハーグ議定書である。

またこの航空運送に，この陸上運送についての規定を適用すべきという説がある。すなわち航空運送に関する特別の国内私法法規が存在しないことから，商法570条以下の運送法規が実質的には運送一般に関する総則規定であるとして，この陸上運送についての規定を航空運送に適用すべきという見解や，航空運送が陸上運送に含まれるという見解などである。しかし航空運送は，危険性という観点からは海上運送に近く，発着の場所や方法では陸上運送に近いので，一律にどちらと決めずに，状況に応じて類似している方を類推適用すべきであろう。

(d) 複合運送　　単一の運送人が，海上運送・陸上運送・航空運送といった異なる運送手段を組み合わせて全運送区間を引き受けるものである。今日盛んに行われている運送形態であるが，これについては特別の私法規定が存在せず，今後の法規制の整備が待たれる領域である。

このように，運送には幾つかの種類があるが，商法商行為編で規定しているものは陸上運送であるから，以下に陸上運送における規定を中心に見ていく。

(3) 物品運送

(a) 運送人の権利　　運送人は，荷送人に運送状（送り状・出荷案内書ともいう）の交付を請求できる（570条）。単なる証拠書類でしかないが，運送準備や運送品の同一性判断に用いられる。また運送人は，到達地における運送品引渡後，運送賃を請求することができる。したがって，運送品の一部が滅失し引渡が完了しなかった場合，それが不可抗力によってであっても運送賃を請求できない（576条1項）。ただし運送品滅失の原因が，運送品の性質や瑕疵，または荷送人の過失によるときは運送賃の全部を請求することができる（同条2項）。

なおこの運送賃や立替費用を請求する相手は契約当事者たる荷送人であるが，運送品を荷受人に引渡後は，荷受人もこの支払義務を負う（583条2項）。

また運送賃や立替費用について，支払を受けるまで運送品を留置する留置権を有する。ただし留置する運送品が，請求している債権と関連性を持つ場合だけである（562条）。

(b) 運送人の損害賠償義務　運送人は，到達地において，運送品を指定期日に荷受人に引き渡す義務を負う。したがって運送品が毀損・滅失・延着した場合，自己もしくは運送取扱人（運送人が委託した中間運送取扱人のこと）またはその使用人が運送品の受取・保管・運搬・引渡，その他運送に関する注意を怠らなかったことを証明しない限り損害賠償責任を負う（577条）。すなわち，運送人は自らの無過失だけでなく，履行補助者の無過失をも立証しなければ損害賠償責任を負うことになる。古来，ローマ法においては，運送人にはレセプツム（receptum）責任という厳格な絶対責任が課せられていた。すなわち，受領（レセプツム）という事実だけで，法律上当然に結果責任とされ，故意・過失がないことや不可抗力によることを立証したとしても責任を負うとされた。現在でもこれを踏襲して，不可抗力によることを証明しないかぎり責任を免れないとする無過失責任主義によるフランス法系諸国のような立法例もあるが，わが国は過失責任主義とっている。したがって債務不履行の一般原則と差はなく，商法577条は確認的意味の規定にしかすぎないものといえる。

なおこの損害賠償請求権者は荷送人もしくは運送品の到着後の荷受人（貨物引換証が発行された場合には，その所持人）である（583条1項・572条）。またこの損害賠償額の基準には，特別の定めが設けられている。すなわち，全部滅失の場合は引渡予定日の到達地の時価，毀損や一部滅失の場合は引渡日（延着の場合は引渡予定日）の到達地における時価を基準にして計算された価値の減少額となる（580条）。

さらに高価品（重量や容積に比して著しく高価な物品）の場合には，特別の定めがある。すなわち，荷送人が運送人に対してそれが高価品であることを明告（高価品の種類と価格を告げること）しないときは損害賠償責任を負わない（578条）。明告がない限り，普通品としての損害賠償責任も負わないとされる。

では，明告はないが偶然に高価であることを運送人が知ったときについては

どうであろうか。知っていた以上必要な注意を尽くしうるとして高価品としての損害賠償責任を負うという説，損害額は予知できたので普通品としての注意すら怠ったときに高価品としての損害賠償責任を負うという説，明告がない以上責任を負わないという説など諸説がある。

　さらに，この578条で免責されるのは，あくまで運送契約にもとづく債務不履行責任であり，荷送人や荷受人の有する運送品に対する所有権の侵害という不法行為責任が別に存在するか否かで議論がある。請求権競合説では債務不履行責任と不法行為責任を別個の権利であるとしており，この立場では578条で免責されても，不法行為責任は免れえない。他方，法条競合説では，現実の請求権の発生はすべきとして，債務不履行で免責された以上不法行為責任は問われないというものである。私見は，請求権競合説を認めると，明告を促した578条の立法趣旨が薄れてしまうので，法条競合説によるべきものと考える。

　この賠償責任は，運送人に悪意がない限り，荷受人が運送品を受け取った日から1年で時効により消滅する（短期消滅時効，566条1項・589条）。この悪意について，通説では，運送人が故意に滅失・毀損を生ぜしめる，または滅失・毀損を隠蔽することをさすとするが，判例・通説では滅失・毀損があることを知っていることを意味すると解している。さらに多数の運送関係を処理する運送人保護のため，特別消滅事由（588条）が定められている。荷受人が留保をなさずに運送品を受け取り，かつ運送賃などの費用を支払ったとき責任は消滅する。ただし運送品に直ちに発見できないような毀損や滅失があり荷受人が引渡日より2週間内にその通知をしたとき，また運送人に悪意があったときはこの限りではない。ただし，標準宅配便約款では，留保を一般消費者に要求するのは酷であるとの配慮から，毀損を発見した場合は留保の有無にかかわらず荷物受領後14日以内に通知すれば足りるとされる。

　(c)　貨物引換証作成義務　　運送人は荷送人の請求に応じて貨物引換証を作成・交付しなければならない（571条）。この貨物引換証は，運送人に対する運送品の引渡請求権を表彰する債権的有価証券である。したがって，運送品の引渡を請求できるものは貨物引換証の正当な所持人であり，引渡は貨物引換証と引換でなければならず（受戻証券性，584条），運送品の処分も貨物引換証によってのみ可能となる（処分証券性，573条）。またこれを裏書することにより

譲渡することができる（指図証券性，574条）。またこの貨物引換証には一定の事項の記載が法定されている（要式証券性，571条2項）が，手形や小切手ほど厳格なものではなく，その本質を損なわない範囲の不備があっても有効とされる。さらに，この貨物引換証には物権的効力が認められている。貨物引換証の引渡があれば，運送品自体が引渡されたものとみなして運送品に対する占有権を認めるものである（575条）。

さらにこの貨物引換証の流通性保護のため，運送人と貨物引換証所持人との間においての運送に関する事項は，貨物引換証に記載された文言にしたがうものとされている（572条）。これを債権的効力あるいは文言証券性という。ところで貨物引換証は，運送契約の成立とそれにもとづく運送品の受取を前提として発行されるため，貨物引換証の権利は証券発行の原因たる運送契約に影響を受けることとなる（要因証券）。しかるに，原因たる運送契約と，証券に記載された文言が相違していた場合，すなわち運送人が運送品を受け取らないのに引換証を発行した場合（空券）や，引換証の記載と実際の運送品とが相違する場合（品違い）にどのように解するかが問題となる。かつては要因性を重視する見解が有力であったが，近時は貨物引換証の流通性を保護する観点から，文言性を重視し運送人は証券の記載に従って運送品引渡義務を負うというものが通説となっている。

一方，海上運送において発行されるものを船荷証券というが，船荷証券や貨物引換証のように運送品の引渡を表彰する有価証券を運送証券という。貨物引換証は海上運送の中で発達した制度を陸上運送に取り入れたもので，貨物引換証の規定の多くは船荷証券の規定を準用したものである。なお，国際海上物品運送法9条は，船荷証券の不実記載を対抗力の問題とし，運送人は不実記載を善意の船荷証券所持人に対抗できないものとしている。

またこれら運送証券は，荷為替手形の利用による代金決済と組み合わせて利用されている。荷為替手形とは，商品の売主が買主を支払人として振り出し，運送証券により支払または引受が担保された為替手形のことである。

　(d)　相次運送　　同一の運送品について数人の運送人が相次いで運送する場合をいい，以下の4種類がある。すなわち，①一人の運送人（元受運送人，運送取契約の当事者）が運送の全区間の運送を引き受け，その者が自己の計算で

全部または一部を他の運送人（下受運送人，この場合は運送取契約の当事者ではなく履行補助者となる）に委託する「下受運送」，②同一の運送品について，数人の運送人がそれぞれ独立して，特定の部分区間の運送を引き受けるもの，すなわち荷送人はそれぞれ別の運送人に運送の委託をする「部分運送」，③数人の運送人が全区間の運送を引き受け，その内部において各自の担当区間を定める「同一運送」，④数人の運送人が，一通の「通し運送状」により，順次各特定区間の運送を引き継いでいく「連帯運送（共同運送）」である。商法579条は，数人が相次いで運送をなす場合に各運送人は連帯して損害賠償責任を負うと定めているが，通説ではこの数人が相次いで運送をなす場合とは，④の「連帯運送（共同運送）」を指すものと考えられている。

　(e)　海上物品運送の種類　　海上物品運送は大別すると，「傭船契約」と「個品運送契約」に分けられる。傭船契約とは，海上運送人たる船主が船舶の全部または一部を傭船者に貸し切ってこれに船積みした物品を運送することを約し，相手方たる傭船者がその報酬として運送賃（傭船料）を支払うことを約する契約をいう。したがって運送企業の主体が借り切っている方に，すなわち運営の権限や危険負担が借り切っている側にあるときは傭船契約ではなく，船舶賃貸借となり，賃借人が船舶所有者となる。裸傭船は，傭船という語を使っているが船舶賃貸借であり，賃借人が船舶の占有者である。それに対し個品運送契約とは個々の物品の運送を約した契約である。

　そして傭船契約は傭船の期間により，「定期（期間）傭船」，「航海傭船」，「混合傭船」に分けられる。定期傭船とは，一定期間たとえば1ヵ月というような形で期間を定めたものをいう。航海傭船とは，一航海または数航海というような形で期間を定めたものをいう。また混合傭船は，この両者を組み合わせたものである。さらに船舶の貸切形態による分類では，船舶全部を貸切ったものを「全部傭船」，一部を貸切ったものを「一部傭船」という。前述したボールタイムやプロデュース・フォーム，日本海軍集会所制定の標準書式，これらに類する約款による傭船契約は，狭義には，この中の定期傭船と解される。その本質については，労務供給約款と船舶賃貸借との混合契約だという説と，航海傭船と同様の純運送契約だという説が対立しており，さらにこの二説の折衷的学説がいくつかあるが，わが国判例の立場は，船長・船員に対する指揮権の

点から混合契約説をとっている。

　また傭船者が自己の積荷を積まずにさらに第三者と運送契約を結ぶ場合元の傭船契約を「主たる運送契約」，さらなる契約を「再運送契約」といい，この再運送契約が傭船契約としてなされると元の傭船契約を「主たる傭船契約」さらなる契約を「再傭船契約」という。

(4) 旅客運送

(a) 乗車券　　旅客運送は請負契約であるから，運送賃は後払いが原則である。しかし留置権や先取特権によって債権回収が可能な物品運送と異なり，債権確保の手段が乏しいため，通常前払の特約がある。さらに大量かつ集団的な取引を処理するため，乗車券がよく用いられる。
鉄道などにおいては，一般的に乗車前に乗車券を購入して運賃を前払いするのはこのためである。また運送契約の成立時点は乗車券購入時と考えられる。ただし乗車後に購入する場合は，乗車時に契約が成立したものと考えられる。

　なおこの乗車券の法的性質は何であろうか。普通乗車券について通説では，自由に譲渡できることから運送開始前においては有価証券，運送開始または入鋏の後においては単なる証拠証券とし，乗車後に発行される乗車券も単なる証拠証券であるとする。

　回数乗車券について，通説は包括的な運送契約にもとづく運送債権を表彰する有価証券であるとしているが，判例は有価証券性を否定し金銭代用証券にすぎないものと解している。では回数券発行後に運賃値上げがなされたときに，差額の支払義務はどうなるであろうか。これを有価証券ではなく金銭代用証券と解するとこの支払義務が存在することとなる。一方これを有価証券と解する立場では，値上げは表彰された権利には影響しないとして差額支払義務はないとする説と，契約の具体的内容は約款または商慣習に委ねられているとして（有価証券ではあるが）差額の支払義務を認める説（通説）がある。

　また定期券について通説は，譲渡性がないため有価証券ではなく証拠証券だとするが，定期券を所持しなければ別の方法で定期券の購入を証明しても乗車を拒否されることから，有価証券の一種とする見解もある。

(b) 旅客運送人の責任　　旅客運送人は，自己またはその使用人などの履行補助者が運送に関する注意を怠らなかったことを証明しない限り，旅客が受け

た損害の賠償責任を負う（590条1項）。物品運送と異なり損害賠償額の算定基準は定型化されておらず、損害賠償額の算定にあたって被害者およびその家族の状況を斟酌したければならない（同条2項）。そして旅客から引渡を受け運送を引き受けた手荷物については、無償であったとしてもその滅失・毀損・延着につき、自己またはその使用人などの履行補助者が運送に関する注意を怠らなかったことを証明しない限り、損害賠償責任を負う（591条1項）。だが旅客から引渡を受けていない携帯手荷物の滅失・毀損については、旅客運送人の保管の範囲外にあるため、自己またはその使用人などの履行補助者に過失がある場合以外は損害賠償責任を負わない。

2　運送取扱人にはどのような権利と義務があるか

（1）　運送取扱人の意義

　自己の名で物品運送の取次を引き受けることを営業する者をいう（559条）。つまり委託者である荷送人の計算で、運送取扱人が権利義務の主体となって運送人を選択して物品運送契約を結ぶものであり、「取次」をなすものである。したがって委託者たる荷送人の名において物品運送契約を結ぶものは、単なる「代理」であり、この運送取扱人には含まれない。同様に、荷送人と運送人間の運送契約の仲介という「媒介」をなす仲立人も運送取扱人には含まれない。
　法はこのように、運送取扱人を取次のみに限定している。しかし現実には、委託者たる荷送人の代理人として運送人と運送契約を締結する場合も多く見られる。だが、委託者たる荷送人にすれば、取次の委託と代理の委託の区別はあいまいなことが多い。となれば、法の適用を「取次」にのみ限定するより、物品運送の代理や媒介にも適用する方が望ましいと思われる。現に、貨物運送取扱事業法では、第2条で「利用運送事業」を「運送取次事業」からなる「貨物運送取扱事業」という包括的概念を定義し、そしてこの「運送取次事業」として、①自己の名をもってする運送事業者の行う貨物の運送の取次もしくは運送事業者からの貨物の受取、または、②他人の名をもってする運送事業者への貨物運送の委託もしくは運送事業者からの貨物の受取を行う事業をいう（同条10項）とし、商法で運送取扱としているものより概念を拡張している（下線部分

が拡張したもの）。

　また「物品」運送の取次を業とする者なので，旅客運送の取次を業とする旅行業者はこの中に含まれない。商法では取次商として，自己の名で「物品の販売または買入れ」の取次を引き受けることを営業する問屋（551条），「物品の販売・買入れ以外の行為」の取次をなす準問屋（558条）と「物品運送」の取次をなす運送取扱人の三種を規定している。旅行業者はこのうちの準問屋にあたる。

　商法では，問屋・準問屋に関する規定を第3編6章に，運送取扱人に関する規定を第3編7章においている。しかし運送取扱人も取次商の一種ゆえ，この7章に定めのない事項に関しては取次商の一般規定が定められている問屋の規定が準用される（559条2項）。

（2）運送取扱人の権利

　運送取扱人は「取次を業とする」商人である。よって報酬に関して特段の取り決めをしていない場合でも，相当の報酬を請求することができる（512条）。ただし運送賃の定められた運送取扱契約においては，特段の取決めがない場合は報酬を請求できない（561条2項）。これは，その定められた運送賃の中に運送取扱人の報酬が含まれていると考えられるからである。

　委託者たる荷送人と運送取扱人の間で結ばれる運送取扱契約は委任契約なので，運送終了を待つまでもなく，運送取扱人が運送品を運送人に引き渡した時点で，報酬の請求が可能となる（561条1項）。ただし運送人が運送を完了しえなかった場合には，運送人選択についての責任が問われることがあるが，それと報酬請求権は別個のものである。

　また運送取扱人には，運送賃など運送取扱のために支出した費用を委託者に請求できる費用償還請求権を有する（559条2項・552条2項，民法649条・650条）。そして報酬や運送賃・立替費用などについて，支払を受けるまで運送品を留置する留置権を有する。ただしあくまで，運送人と同様，運送品と請求している債権とが関連性を持つ場合だけである（562条）。なお運送取扱人が留置権を行使するためには，運送品を占有していなければならないが，運送品は運搬のため運送人に占有されているのが通常である。その場合運送取扱人は，運送人に対しては荷送人たる地位にあると考えられるので，運送品を間接占有し運送品

の処分権を有するため（582条），運送取扱人が運送人に対し運送品の引渡差止を指示することによって留置権を行使できる。

また運送取扱人は，特約がない限り，委託された運送品について，自らが運送人として運送することができる（565条1項）。これを介入権という。なお，この介入権が行使されたからといって，運送取扱契約が運送契約に替わるわけではなく二つの契約が並存していることとなる。

（3） 運送取扱人の義務

運送取扱契約は，委任契約であるから，運送取扱人は善管注意義務を負う（民644条）。
その範囲は運送品の受取・保管・運搬・引渡の全過程におよぶ。さらに運送人や他の運送取扱人（相次運送取扱の場合）の選択も含まれる。したがって，運送取扱人は，委託された運送品が毀損・滅失・延着した場合，自己またはその履行補助者が運送品の受取・保管・運搬・引渡，運送人や他の運送取扱人の選択，その他運送に関する注意を怠らなかったことを証明しない限り，委託者もしくは運送品の到着後の荷受人に対して賠償責任を負う（560条）。荷受人は，契約当事者ではないが，運送人と荷受人との関係と同様（583条）に，運送取扱人と荷受人の間にも直接の法律関係を生じさせている（568条）。なおこの損害賠償額につき，高価品の場合は，運送人と同様に，明告がなければ免責される（568条・578条）。なおこの責任は，運送取扱人に悪意がない限り，荷受人が運送品を受け取った日から1年で時効により消滅する（566条1項）。

（4） 相次運送取扱

同一の運送品について数人の運送取扱人が相次いで運送取扱をなす場合をいい，以下の三種類がある。すなわち，①一人の運送取扱人（元受運送取扱人，運送取契約の当事者）が運送の全部にわたって運送の取次を引き受け，その者が自己の計算で運送取扱事務の全部または一部を他の運送取扱人（下受運送取扱人，この場合は運送取扱契約の当事者ではなく履行補助者となる）に委託する「下受運送取扱」，②同一の運送品について，数人の運送取扱人がそれぞれ独立して，特定の部分区間の運送取扱を引き受けるもの，すなわち荷送人はそれぞれ別の運送取扱人に運送取次の委託をする「部分運送取扱」，③最初の運送取扱人が委託者から最初の運送取次を引き受けるとともに，自己の名で委託者の計

算において第二の運送取扱人（第二以下の運送取扱人を中間運送取扱人というが，これが到達地における受取引受の場合は到達地運送取扱人という）に運送取次の委託をする，「狭義の相次運送取扱」である。商法563条1項に，数人相次いで運送の取次をなす場合には，後者は前者に代わってその権利を行使する義務を負うように定めているが，これは前記三種のうちの「狭義の相次運送取扱」の場合を指すものと考えられる。

第6章 ■ 倉庫営業と場屋営業

1　倉庫営業者にはどのような義務と責任があるか

(1)　倉庫営業者の意義

　倉庫営業者とは，他人のために物品（動産に限る）を倉庫に保管することを業とするものをいう（597条）。保管とは，物品を自己の占有内に蔵置し，滅失・毀損を防いで現状維持に努めることをいう。倉庫の全部または一部を単に他人に賃貸して自由に利用させているときは，保管といえないので倉庫営業とはならない。しかし倉庫の全部または一部を特定の者に貸し切っていても，保管をなしているときは倉庫営業に属する。また物品運送人のように，他の営業をなすものがその営業に付随して物品の保管をなすときは，保管を業とするものではないので倉庫営業者とはならない。この倉庫業を営むためには，運輸大臣の許可を受けなければならない（倉庫3条）が，許可をうけていなくても597条の要件を満たしているときは，商法上の倉庫営業者となる。

　なお，相手のためにする保管の約束は寄託契約である（民657条）から，この倉庫営業者には，商法に規定がない場合は民法657条以下の寄託の規定が適用される。またこの寄託契約は，物品を現実に受け取ることによって効力が発生する（民657条），すなわち引渡を要件とする要物契約であるが，倉庫寄託契約による寄託引受は寄託物の引受前から存在しうるため，通説はこれを諾成契約と解している。

(2)　倉庫営業者の権利と義務，責任

　倉庫営業者は商人である（502条・4条1項）から，特約がなくても保管料の請求ができる（512条）。また立替費用を請求することもできる（民665条・650条）。しかし預かった受寄物を出庫した時でなければ請求することはできない（618条）。

商法上，商人がその営業に関連して物品を預かったとき（寄託）は，たとえ無報酬であっても，善良なる管理者の注意をもって保管しなければならない（593条）。民法659条では，無償の受寄者は自己の財産におけるのと同一の注意を払えばよいとしているが，商事寄託の場合は，それよりも責任が重くなっている。このことは倉庫営業者にも妥当する。したがって無報酬であっても営業の範囲内で寄託を引受けたならば善良なる管理者の注意をもってこれを保管し，保管期間経過後または期間内であっても寄託者（倉庫証券発行後はその所持人。預証券・質入証券を交付しているときは，この両方と引換で寄託物の返還請求ができる）から請求があるときにこれを返還する義務を負う。この受寄物の保管期間につき特約がないときは，やむをえない事由があるときを除き，6ヵ月経過後でなければ返還できない（619条）。これは民法663条1項で，期間の定めがないときはいつでも返還できるとしていることの特則である。

また，倉庫営業者は，寄託者の請求があれば，預証券および質入証券を作成して交付する義務を負う（598条）。またはこれらに代えて倉荷証券を発行する義務を負う（627条1項）。だが，倉庫業法では13条1項で，運輸大臣の許可を受けた倉庫業者でなければ倉庫証券は発行できないことされている。

そして寄託者や倉荷証券・預証券の所持人の請求があれば，営業時間内，いつでも寄託物の点検や見本の摘出，保存に必要な処分をなすことに応じる義務がある。質入証券の所持人には，点検に応ずる義務がある（616条）。

また，受寄物に関する特別の帳簿を備え付ける義務を課している。条文上直接この義務を課す規定はないが，600条・605条・612条・622条・628条は，この帳簿の存在を前提としているので，この特別の帳簿を備え付ける義務を有すると考えられる。

そして受寄物の滅失・毀損について，自己またはその使用人が受寄物の保管につき注意を怠らなかったことを証明しない限り賠償責任を負う（617条）。これは運送人の責任と同質のものである。そして運送人と同様，特別消滅時事由と短期消滅時効がある（625条・626条）。ただし損害賠償額の基準に関する特則や高価品の特則はない。

(4) 倉 庫 証 券

倉庫証券とは，倉庫業者に対する寄託物返還請求権を表彰する有価証券であ

る。これには預証券および質入証券，または倉荷証券がある。預証券と質入証券は一方のみを交付することは許されず，必ず併せて交付される。この両者を併せて受け取ることにより，質入証券を質入して金融を得ると同時に，寄託物を預証券で売却することができる。ただし質入証券は質入のための裏書をして初めて独立性を持つ。それ以前は預証券に付随しているだけで，裏書があるまで双方とも独立して譲渡はできない（603条2項）。また倉荷証券では質入と売却を同一の証券でなさなければならないので，この二つを同時になすことは不可能である。立法例では，前者の制度だけの復券主義か後者の制度だけの単券主義，両者を認めた併用主義がある。わが国では併用主義を採用しており，法律上二つの制度が併存しているが，実際上は預証券・質入証券は全くといっていいほど利用されていない。

　倉庫証券の有価証券としての性質は貨物引換証と同様で，法律上当然の指図証券（627条）であり，要式証券（599条），受戻証券（620条）である。また債権的効力（602条），物権的効力（604条）も認められている。

　また実社会では法で定めのない荷渡指図書がよく利用されている。これには，①寄託者が倉庫営業者へ物品の引渡を求めて発行した（だけ）のもの，②前記①に倉庫営業者が承認の署名をしたもの，③倉庫営業者がその履行補助者に宛てて受寄物を引き渡すよう指示したものがある。この中の①は荷渡依頼書ともいわれる単なる免責証券であるが，②は寄託物の返還請求権が認められる有価証券と考えられている。③は出庫指図書ともいわれ，流通を目的としたものではないが，一定限度において有価証券性を認めた判例がある（名古屋地判昭和30年12月1日下民集6巻12号2630頁）。ただしこれらに有価証券性を認めるにしても，判例（大阪地判昭和57年12月20日判時1080号144頁），多数説ともに物権的効力を認めていない。

2　場屋営業者にはどのような義務と責任があるか

（1）　場屋営業者の意義

　場屋取引とは，客の来集に適する施設を設け，客に利用させる行為であり，場屋営業者は，この場屋取引を業として行うものである。594条では，旅店，

飲食店，浴場を例示しているが，この他，劇場・映画館などの興業場営業やパチンコ店・ボーリング場などの遊技場営業が含まれる。また通説では理容業（ただし判例では理髪業は含まれないとされる。大判昭和12年11月26日民集16巻1681頁）・美容業も含まれる。そしてこれらの各業種に対して対公衆的性質から，それぞれ行政的規制がなされている（たとえば，旅館業法や食品衛生法，環境衛生関係営業の運営化の適正化に関する法律などの法律がある）。

（2）　場屋営業者の義務と責任

　場屋取引では，多数の客が頻繁に出入りしてある程度の時間そこに滞留するという特徴がある。このような場所で客は自己の所持品の安全を自分で守ることができないことがある。そこで商法は客の保護と場屋の信用維持のため，場屋営業者の責任を強化している。なおこの客とは，客観的に見て設備の利用する意思で場屋に入ったと認められるものであれば，現実にその設備を利用したか，利用契約を締結したか否かは問われない。

　場屋営業者は寄託を受けた物品の滅失・毀損について，それが不可抗力によって生じたことを証明しなければ損害賠償責任を負う（594条1項）。ローマ法では旅店主にレセプツム責任を課していたが，それを踏襲したものである。この不可抗力につき通説は，事業の外部から生じた出来事であり，かつ通常必要と認められる注意を尽くしても防止することができないようなものと解している。また寄託を受けていない携帯品については，場屋営業者または使用人など履行補助者の過失によって滅失・毀損した場合のみ賠償責任を負う（594条2項）。ただし，これら594条の責任は強行規定ではないため，責任を制限する特約を結ぶことは認められる。だが，ただ一方的に，この携帯品について責任を負わない旨の告示をしただけでは免責されることはない（594条3項）。

　これら場屋営業者の責任には，1年の短期消滅時効がある（596条1項）。ただし場屋営業者または使用人など履行補助者に悪意があるときは適用されない（596条3項）。

第7章 ■ 金　融　業

1　銀行はどのような営業をするのか

（1）　銀行法上の銀行
　商法上の取引銀行（銀行法上の銀行業務も当然そうだが）を実際に営むためには，内閣総理大臣の免許を受けなければならず（銀行4条1項），「銀行の業務の公共性にかんがみ，信用を維持し，預金者等の保護を確保するとともに金融の円滑を図るため」（同1条），銀行は株式会社に限定され，その最低資本額は10億円とされ，その資本減少は内閣総理大臣の認可を受けなければならない（同5条）等の制約がある。

（2）　商法上の銀行取引
　(a)　「両替其他ノ銀行取引」（502条8号）　　「両替其他ノ銀行取引」（502条8号）に関し，異種貨幣の交換行為たる両替が銀行取引に該当することには問題はない。「其他ノ銀行取引」につき，それは交換価値すなわち金銭または有価証券の転換を媒介することであるから，不特定または多数の資金供給者から預金または有価証券の方法で資金を受け入れること（受信行為）および資金需要者に貸し出すこと（与信行為）の両者を不可分一体に並存的に併せ行うことであると解するのが通説・判例である。本説では，受信行為を伴わない自己資金（東京地判昭和31年9月14日下民7巻9号2526頁，貸金業者）はもとより特定人（東京地判昭和28年6月10日下民4巻6号826頁，貸金業者）または少数者から受け入れた資金で貸し出す質屋（最判昭和50年6月27日判時785号100頁）および多くの貸金業者の与信行為は銀行取引ではないといわざるをえない。銀行法上の銀行業が，預金または定期積金等の受入と資金の貸付または手形の割引とを併せ行うこと（銀行2条2項1号）または為替取引（2号）のいずれかを行う営業であるとされているのも，本説の傍証になるであろう。

これに対して，銀行取引も時代に応じて拡大するものであり，これを金銭または有価証券の転換を媒介することと解するのは古い商業中心主義の残滓にすぎず今日では説得力に乏しいとする説は，理論的には，首肯できる。

しかし，実際には，両説の差異は質屋業や貸金業を個人企業で営む場合の商事消滅時効（522条）位であり，通説・判例をとってもそれほど不都合はないとも指摘されており，商法適用の限界の明確を期すべく営業的商行為（絶対的商行為もそうであるが）限定列挙主義を採る現行商法の下では，通説・判例の立場はやむを得ない。

為替取引は買為替（与信行為）と売為替（受信行為）を行うことによりそれ自体が銀行取引になるが，付随取引はもとより預金取引も貸出取引も独立しては銀行取引にはならない。

現実には，銀行法で銀行は株式会社に限定されるので，「両替其他ノ銀行取引」を営業的商行為と規定する実益は乏しい。

(b) 固有の商人（4条1項）たる銀行と附属的商行為（503条1項）　自己の名をもって営業的商行為たる商法上の銀行取引をなすことを主観的営業（営業活動）とする銀行は，固有の商人（4条1項）となる。その他の行為も固有の商人たる銀行が，その営業のためにする行為は附属的商行為となる（503条1項）。

(c) 商法上の銀行取引と銀行法上の銀行業務（銀行10条等）との関係　商法上の銀行取引は，伝統的には，銀行を取り巻く私的利益の調整という見地から考察すべきものであり，銀行法上の銀行業務は銀行に対する行政監督ないし取締または銀行に関する産業警察というべき経済法の一種たる業法上の見地から考察すべきものであり，両者は法的性質を異にする。よって，一方では，銀行法上の銀行業務の全てが商法上の銀行取引に該当するわけではないのは当然であり，他方では，理論的には，商法上の銀行取引は銀行法上の銀行業務に限定されるわけではない。しかし，実際には，商法上の銀行取引よりも銀行法上の銀行業務の方が広範であるように思える（法上の銀行取引の下で議論されているのは預金取引・貸付取引が中心であり，そうであるならば，付随業務等を含む銀行法上の銀行業務の方が明らかに広範である）。

(3) 銀行法上の銀行業務

銀行法上の銀行業務は、預金または定期積金等の受入、資金の貸付または手形の割引、為替取引（銀行10条1項）、付随業務（2項）、一定の証券業務（同11条）、担保付社債信託業務等（同12条）である。以上のうち、預金または定期積金等の受入、資金の貸付または手形の割引、為替取引（同10条1項）は、銀行にとって固有のかつ主要な業務であるだけではなく、商法上の銀行取引に該当する。貸出業務は証券貸付・手形貸付・手形割引であるが、これらは手形・小切手の説明に譲ることにする。そこで、以下で、預金業務と為替取引を説明する。

最近は、コンピューターを駆使した電子資金移動取引（EFT）が為替業務はもちろん預金業務でも中心的な取引形態として確立している。現代的な電子資金移動取引にふさわしい新たな法解釈が要請されている。

また、銀行業務においても普通契約約款の一種たる銀行取引約定書等が使用されているが、顧客特に自然人たる顧客に不利にならないように、普通契約約款の合理的な法解釈が要請される。

(a) 預金または定期積金等の受入（銀行10条1項1号）……預金業務

(イ) 預金の種類　預金の種類毎に預金取引約款が定められている。預金には、普通預金・総合口座・定期預金・当座預金の他、通知預金・納税準備預金・別段預金・貯蓄預金がある。

① 総合口座　普通預金に定期預金と当座貸越の三者を組み合わせて、一つの口座で1通の預金通帳で普通預金の受払の方法で一つの取引として行うものである。普通預金の残高が不足すると不足額について自動的に定期預金を担保とする当座貸越が行われ、また残高が銀行から見て貸越になっている普通預金に入金があると、その金額は自動的に貸越金の返済に充てられるものである。取引の相手方は個人であり、貸越極度額は預入定期預金の90％以内でかつ一般に200万円以内である。

② 定期預金　あらかじめ一定の預入期間を定めて預け入れるかまたは一定の預入期間の範囲内で預金者が任意の日を満期日と定めて、その預入期間が満了するまでは原則として払戻請求できない預金である。もっとも、定期預金の満期日が当事者双方のために定められている場合であっても、銀行が預金者の損失を填補すれば、期限の利益を放棄して払い戻すことは差し支えない（民

136条，大判昭和9年9月15日民集13巻1839頁）。途中で払い戻す必要がないので銀行にとっては最も安定した運用資金であるから，利率も最高である。譲渡性預金・大口定期預金・スーパー定期預金・期日指定定期預金・変動金利定期預金等がある。他店小切手（他手）による定期預金の受入は原則として行わない。満期日を経過してから書替継続する場合に，従前の定期預金の満期日を預入日とする起算日書替は原則として認められない。

③ 当座預金　返済期の定めがなく利息が付かない消費寄託契約に小切手による支払委託という委任契約が結合した混合契約たる当座勘定取引である。小切手契約は振出人から支払銀行に対する小切手の支払の委託を目的とする委任契約であるが（東京控判昭和5年12月16日評論20巻民法352頁），判例は，当座勘定契約は，取引先と銀行との間で成立する契約で，預金残高等支払資金の範囲内で，取引先の振り出した小切手の支払をすることを約したものであると解している（大判昭和6年7月20日民集10巻561頁）。小切手所持人の支払請求を銀行が拒絶できるかに関して，当座勘定契約は取引先と銀行との間の小切手支払に関する契約であり，第三者のためにする契約（民537条）を含むものではなく，小切手所持人の支払請求に応じなければならない商慣習もないとされた（前掲大判昭和6年）。当座勘定契約が交互計算を含むかにつき，判例は分かれるが，実務上は，当座預金に対して強制執行が行われていて各個の債権の譲渡・質入・それへの差押えに応じている。当座預金の消滅時効がいつから進行するかにつき，通説は，当座勘定契約の終了の時から進行するとする。

㋺　消費寄託契約の要物契約性　① 預金契約は一般に消費寄託契約であるとされているので（民666条），それは受寄者たる銀行が受寄物たる金銭を受け取ることにより，その効力を生じる（要物契約性，民587条）。消費寄託契約の要物契約性に関して，判例（東京高判昭和29年11月12日下民集5巻1866頁）によると，実際に金銭の授受がないのに，銀行が誤って預金通帳や預金証書を発行してしまった場合には，預金契約は成立しない。逆に，振込依頼人の過誤により被振込人甲の氏名を乙と誤記し，被仕向銀行が乙の預金口座に入金した場合には，預金契約は乙と被仕向銀行との間に成立する（最判平成8年4月26日金判995号3頁）。

② 手形割引により裏書人に払い渡すべき手形金（東京控判大正8年10月3日

評論 8 巻商法562頁）や手形貸付の貸付代り金を預金勘定に振替えることにより，その要物契約性を満たすことができる。

③　日本銀行支払の政府振出の小切手（日銀小切手）や銀行の自己宛小切手の交付は金銭の授受と同視し得る場合であるから，これらの交付によりその要物契約性を満たすことができる（大阪地判昭和35年9月6日金法255号4頁）。銀行の自己宛小切手は日銀小切手ほどのきわめて高度の信用力はないが，日銀小切手に準じるものとしてほぼ妥当であろう。

④　Y銀行甲支店はAの申出に従って先日付振込手続をとったが，振込指定日の前日にAから振込取消の申出があったが，被仕向店であるY銀行乙支店はいったんBの口座に入金記帳した上で改めて出金手続をとって振込金を返金した場合に，振込の意思表示が発効する振込指定日より前に右意思表示を撤回する組戻しの意思表示が乙支店に到達しているのであるから，受取人Bの預金債権は成立していない，とされた（大阪地判昭和55年9月30日金判611号38頁）。

(ハ)　預金契約の成立時期　　預金契約の成立時期は(ロ)をふまえた上で，入金方法ごとに場合分けする必要がある。

①　現金による窓口入金の場合　　顧客が銀行の窓口で現金を差し出したが係員が手を触れないで他の事務を継続しているうちに，この現金が盗取された窓口一寸事件で，大審院は寄託が成立したというためには現金の占有の移転がなければならないが，本件ではこのような事実は認められない等と判示した（大判大正12年11月20日新聞2226号4頁）。しかし，通説は，係員が現金の点検等の手続を終了していないから預金としての消費寄託契約は成立していないが，窓口に差し出された現金につき単純寄託契約が成立するので，この現金について銀行が顧客に対して負う善管注意義務に違反したとして銀行に損害賠償責任を認めた原審に賛成している。通説の結論は妥当である。

また，Y銀行の支店長Aは金融ブローカーBに導入預金を依頼しBはXに取り次ぎ，XはBと共にY銀行の支店長室でAに2億円を交付したが，Aが正規の入金手続をとったのは5,000万円だけであり，残額は1,500万円の入金手続をとったが1億3,500万円は横領した事件で，預金の受入についての権限を有する職員が，定期預金とする趣旨で，顧客から金員を受領した場合は，これにより右預金契約が成立し，爾後の金員収納に関する処理は，右の結果に影響を

及ぼさない，とされた（最判昭和58年1月25日金法1034号41頁）。

　② 他手による入金の場合　　他店払いの小切手である他店小切手（他手）による入金の場合に，いつから預金契約が成立するかにつき，判例・多数説は取立委任説に立ち，他手の取立委任と停止条件付預金契約が結合したものであり，他手の取立が終了して初めて預金契約が成立すると解している。他手を見合いとして過振りを決済した場合は，当座勘定規定では，当該他手は過振りによって取得した債権を担保するために銀行に譲渡されたものとされている。もっとも，実務は，入金された他手が不渡となった場合には預金契約の効力は遡及的に消滅するとして，譲渡説のうちで他手の不渡を解除条件とする預金契約の成立を認める説に立っているようでもある。

　③ 振替入金の場合　　貸付代り金から預金への振替の場合につき，貸付代り金を預金勘定に振り替えその記帳をすることによって預金契約が成立する（大判昭和6年6月22日新聞3302号11頁等）。

　㈡　預金者の認定と預金名義の調査義務　　① 他人名義や仮設人名義で預金をした場合には，預金者は誰であるかにつき，記名式定期預金に関して，問題が生じる。預入行為者説（主観説）や折衷説もあるが，判例は，預入行為者が出捐者から交付を受けた金銭を横領し自己の預金とする意図でその預金をした等の特段の事情の認められない限り，自己の預金とする意思をもって自ら出捐をした者を預金者と認定すべきであるとして，出捐者説（客観説，実質説ともいえる）で確定している（最判昭和57年3月30日金法992号38頁等）。出捐者説は私法の一般原則の適用場面と捉えることになる（商201条の判例〔最判昭和42年11月17日民集21巻9号2448頁〕と学説を参照）。なお，無記名式定期預金の場合も同じ法理であるが，昭和63年3月でその新規受入が停止された。

　② 第三者の通称名義の普通預金につき，銀行は，銀行に預金取引に来た者と預金名義人とが同一人であるか否かを調査し，他人名義による預金取引が行われるのを防止する義務を負わない，とされる（最判平成元年3月2日金法1220号27頁）。出捐者説の下では，銀行が預入行為者や名義人を預金者と誤認して，預金を払い戻したり担保の提供を受けて相殺してしまうことが起こりうる。銀行としては，預金債権の準占有者に対する有効な弁済（民478条）になるようにすべきである。

㈥　無権利者に対する払戻　①　無権利者に対する銀行の弁済は本来は無効なはずであるが，一定の場合には無権利者であることにつき銀行が過失なき善意である限り，預金債権の準占有者に対する有効な弁済（民478条）として債務者たる銀行を保護する。窓口における係員からの従来型の無権限払戻である。預入行為者等が預金通帳または証書と届出印を持参した場合がその典型であるが，預入行為者等が預金通帳等と届出印を持参しない便宜払いの場合（最判昭和42年12月21日金判95号5頁）・自称代理人の場合（最判昭和37年8月21日民集16巻9号1809頁）等は，民法478条が直接適用される場合である。

問題は，預入行為者等が無権利者であることにつき，どういう場合に銀行が過失なき善意であるとされるか，である。印鑑照合が不適切で届出印と違う印影であることを見逃した場合，預金者から預金通帳等・印鑑の紛失届や支払差止の依頼書が提出されているにもかかあらず失念した場合は，銀行に過失があると認定される。預金者の配偶者・親子・兄弟姉妹であっても，預金者の代理人や使者でない限り，銀行に過失があるとされよう。

②　総合口座貸越の場合（東京高判昭和60年7月19日金判725号11頁）・預金担保貸付の相殺の場合（最判昭和59年2月23日金判691号3頁，最判平成6年6月7日金法1422号32頁）等は，民法478条が類推適用される場合である。

③　最近は，キャッシュ・カードと暗証番号による現金支払・入金・振込・残高照会・通帳振込等の兼用機（ＡＴＭ）および現金自動支払機（ＣＤ）の共同利用のネットワークたる MICS も完備されていて，電子資金移動取引の一部を構成している。キャッシュ・カードによる預金の無権限払戻は，ＡＴＭまたはＣＤを使用した現代型の無権限払戻である。銀行の払戻が有効となるには，銀行の無過失として，キャッシュ・カードの発行申込の受付から払戻に至る一連のコンピューター・システム全過程の安全性が確保されていること，すなわちキャッシュ・カードと暗証番号の管理に手落ちがないことであると解さざるをえなくなった。具体的には，キャッシュ・カードを窓口に来た家族に渡した場合や，暗証番号の照会や変更申込に際して本人確認を懈怠した場合は，銀行の過失が認定されやすいといえよう。暗証番号が漏れた場合や事故届が提出された場合に迅速に対応しなかったときも，同様であろう。

判例は，現金自動支払機を利用して預金者以外の者が預金の払戻を受けたと

しても，銀行が預金者に交付していた真正なキャッシュ・カードが使用され正しい暗証番号が入力されていた場合には，銀行による暗証番号の管理が不十分であったなど特段の事情のない限り，銀行は，現金自動支払機によりキャッシュ・カードと暗証番号を確認して預金の払戻をした場合には責任を負わない旨の免責約款により免責される，とした（最判平成5年7月19日金判944号33頁）。判例はカード規定の免責約款による銀行の免責を認めたが，民法478条を適用できたとする見解も多い。債権者側の帰責事由がないときには，民法478条を適用しない見解や銀行は免責を主張しないとする取扱い（カード規定ひな型）は，新たな論点になっている。

　(b)　為替取引（銀行10条1項3号）……為替業務　　(イ)　為替取引の意義および種類　　為替取引とは銀行を介して現金の輸送ないし使用によらないで資金の移動をする取引である。為替取引は送金為替（順為替・並為替）と取立為替（逆為替）とに分けられる。送金為替は債務者から債権者に送金する為替であり，送金と振込がこれに含まれ，取立為替は債権者から債務者に対して取り立てる為替であり，代金取立がこれに含まれる。一国内で資金の移動が行われる為替取引は内国為替取引であり，異なる国の間で資金の移動が行われる為替取引は外国為替取引である。国際取引では取立為替が基本にならざるをえない。送金為替では振込が主要な為替取引になっていて，送金はそれほど使用されていない。代金取立は手形・小切手の説明に譲ることにする。そこで，以下で，最も重要な振込を説明する。

　(ロ)　狭義の振込と振替　　広義の振込には，口座を持っている者が事前に承諾を与えた上で，特定の債権者からの請求があれば，自動的に口座から資金を引き落として債権者の口座に資金を移動する振替と，債務者が主体的に債権者の口座に資金を移動する狭義の振込とがある。少なからず議論のある狭義の振込（以下，単に，振込）を述べる。

　(ハ)　振込の仕組みと法的性質　　振込は振込依頼人が仕向銀行に依頼して振込依頼人の指定する被仕向銀行における受取人の預金口座に一定額の入金をする送金為替で，送金よりも簡便かつつ安全に資金を移動できる。

　①　振込依頼人と仕向銀行間の為替取引契約　　振込依頼人と仕向銀行間の為替取引契約につき，振込の法的性質に関し，第三者のためにする契約説もあ

るが、現時点の通説・判例は委任契約説に立っていて、第三者の預金口座への振込がなされた場合、振込金は当然直接に第三者の預金となり第三者は預金払戻請求権を取得するから、振込契約は委任契約であると解している（東京地判昭和41年4月27日金判14号2頁）。委任契約説は、受取人の預金口座に振込金が入金され預金債権を取得するまでは、受取人に被仕向銀行に対する直接の請求権を認めない（民537条1項対比）。

② 銀行間の為替取引契約　法人格を異にする二つの銀行が相互に円滑に内国為替取引を継続的に行うには、あらかじめ相互に内国為替取引に関する契約（コルレス契約）を締結しておく必要がある。全国銀行内国為替制度がわが国の内国為替制度の中心的な制度であり、内国為替運営機構が加盟銀行の代表者で構成する会議で内国為替取扱規則を制定することによりその時点の全加盟銀行間で為替取引契約が成立したものとする集団的契約方式を採用している。新たに全国銀行内国為替制度に加盟する場合は、加盟の承認と内国為替取扱規則等を遵守する旨の念書の提出により、既加盟銀行と新規加盟銀行との間で為替取引契約が成立したことになる。全国銀行内国為替制度では、加盟銀行の全ての取扱店と相互に為替取引を行える。全国銀行内国為替制度で中心的な制度となっているテレ為替は為替通知の送達手段に全銀システムを利用するものであり、取組日当日に振込通知を発信する当日扱いの振込と、振込依頼人から予め振込依頼を受け付けておいて受取人の預金口座に入金すべき振込指定日の前営業日から5営業日までに振込通知を発信する先日付振込とがある。

銀行間の為替取引契約の法的性質は、委任契約が基本であるが、各銀行は相互に誠意と信頼をもって為替制度の運営に努力すべき事務管理等も含まれているといわれている。

③ 被仕向銀行と受取人との法律関係　被仕向銀行と受取人との法律関係は、両者間になされた普通預金規定または当座預金規定により、「あらかじめ包括的に、被仕向銀行が現金、手形、小切手その他為替による振込金の受入れを承諾し、受入れの都度当該振込金を受取人のため、その預金口座に入金し、かつ、受取人もこの入金の受入れを承諾して預金債権を成立させる意思表示をしているものであることが認められ、右契約は、委任契約と消費寄託契約の複合的契約である」（名古屋高判昭和51年1月28日金法795号44頁）。

㈡　振込における口座相違　　テレ為替では受取人等が片仮名で記載されるので，受取人の記載だけでは正当な受取人の預金口座を特定できず，口座相違が不可避的に生じる。被仕向銀行と各為替当事者との関係は以下のようになる。

①　正当な受取人との関係　　被仕向銀行は口座相違を発見したら，直ぐに入金すべき日付に正当な受取人の預金口座に入金しなければならない。誤入金先の入金を取り消すにはその者の承諾を得る必要はないが，その者の了解をもらうという意味で小切手または預金払戻請求書を徴求しているようである。誤入金先がその振込金を既に引き出して預金残高がなくても，正当な受取人の預金口座への入金はしておかなければならない。

②　仕向銀行との関係　　被仕向銀行は受任者として仕向銀行との関係でも，誤入金を取り消して正当な受取人の預金口座へ入金しなければならない。

③　振込依頼人との関係　　被仕向銀行は振込依頼人とは直接には契約関係に立たないので，口座相違により被仕向銀行が振込依頼人に債務不履行責任を負うことはないが，不法行為責任を負うことがある。

④　誤入金先との関係　　誤入金先との関係につき，入金の前提となる為替による振込がなかったので誤入金先には預金は成立せず，被仕向銀行は当該誤入金を誤入金先の承諾を得ないで一方的に取り消すことができる。誤入金先の預金残高がないときは，誤入金先に不当利得として振込金の返還請求をすることになる。

㈢　預金口座　　①　被仕向銀行が入金義務を負う預金口座　　被仕向銀行が入金義務を負う預金口座は，仕向銀行から受け取った振込通知または振込票の受取人欄に記載されている受取人名義の預金口座である。それ故，受取人名が法人であるのに代表者個人名義の預金口座に入金することや配偶者名義の預金口座に入金することは認められない。

②　預金口座の存在時期　　預金口座は被仕向銀行が振込通知又は振込票を受け取った時に存在する預金口座であり，預金口座は振込依頼人が仕向銀行に振込依頼をした時に存在する必要はない。つまり，受取人の預金口座は振込契約の成立要件ではない。

③　預金口座が存在しない場合　　委任説に立つ以上，当該預金口座が前日以前に解約された口座であった場合や受取人が店頭で現払いを請求した場合に，

たとえ受取人本人であることを確認できたとしても，現払いをなしえない。振込通知または振込票によって指定された受取人の預金口座が存在しない場合だけではなく，預金口座は存在しても入金記帳があるまでは，受取人は振込金の払戻請求をなし得ない。

　被振込人が振込日の前日に銀行取引停止処分を受け被仕向銀行から強制解約された場合には，被仕向銀行は直接または仕向銀行を介して，振込人に被振込人の強制解約を通知して，振込人の回答を待ってその後の手続を行う義務を有するとして，解約された預金口座宛ての振込金を支払った銀行の責任を認めた判例がある（前掲東京地判昭和41年4月27日）。ただし，被仕向銀行の注意義務としては，振込の原因関係は振込契約の内容にならず振込契約は振込の原因関係から切断された抽象的・無因的な取引なので，判例のように，被振込人に払込がなされた金銭を払い戻すと振込人に不測の損害が発生するというような振込依頼人と受取人との利害関係までは配慮すべきではなく，入金口座が存在しない場合として処理すれば足りる。

　㈥　振込遅延　　振込遅延はいつから振込の履行遅滞になるか。

　①　仕向銀行の取扱　　入金時刻についてもまた特別の事情のある場合でも，振込依頼人の申出に対して銀行は約束をしないが，振込依頼人の申出に対して銀行が承諾して振込依頼を受け付けると，銀行はその内容の実現を義務づけられることになる。

　内国為替取扱規則によると，振込通知または振込票の発信時期は原則として為替取組日当日であるが，受付が窓口営業時間終了間際または振込事務の繁忙日等やむをえない事由がある場合には翌営業日までであるから，特別の事情がないのに取組日の三営業日目に振込通知または振込票を被仕向銀行に発信した場合は，仕向銀行は振込依頼人に対して履行遅滞の責任を負う。

　②　被仕向銀行の取扱　　内国為替取扱規則によると，テレ為替の当日扱いの振込では振込通知の受信日，先日付振込では振込指定日が入金日となり，この営業日以降の入金は特段の事情のない限り入金遅延になる。

　㈦　振込の組戻　　組戻とはいったん取り組んだ為替取引を振込依頼人の事情で解消することであり，委任説からは，その解約告知であると構成され（民651条），受取人の預金口座に入金する以前は組戻できる。

① 先日付振込の組戻　当座勘定元帳は文言証券性を有するものではないから，先日付振込の組戻によって真実入金がない場合には，たとえ当座勘定元帳に入金記帳がなされたとしても，それによって預金債権が成立することはない（大阪地判昭和55年9月30日金法944号35頁）。

② 振込資金を欠く振込の組戻　それぞれの委任契約当事者の事情は他の当事者に影響を及ぼすものとはいえず，振込依頼人が仕向銀行に対してその資金を提供しなかったことをもって，仕向銀行は，振込通知に従って入金記帳をした被仕向銀行および受取人に対して，預金債権の不成立を主張できない。振込の組戻は，受取人の承諾を得たうえでなければ許されないが，被仕向銀行が承諾し組戻手続が完了している以上，組戻金額について振込の組戻の無効を主張して不当利得であるということはできない（岡山地判平成5年8月27日金法1371号83頁）。

㈤　仕向銀行の責任の範囲に関する最近の議論　現行の内国為替取扱規則によると，仕向銀行の責任の範囲に関して，仕向銀行は振込通知または振込票を発信するまでは振込依頼人に対して責任を負うが，その発信後は責任を負わないことになっており，仕向銀行から発信された振込通知が共同システムや全銀システム内に入ったときは，各システム参加銀行の共同責任となる。

しかし，電子資金移動取引の下では，振込依頼人が被仕向銀行や全銀システム等の提供者や通信回線の提供者等の故意・過失を主張・立証するのは至難であることから，従来の委任契約説を克服するための努力が模索されている。第一説はネットワーク責任論であり，振込取引に関与するすべての当事者の行為につき，仕向銀行は振込依頼人に対して責任を負うとする。他の為替当事者は仕向銀行の履行補助者であるという構成になるのであろう。第二説は請負契約説であり，仕向銀行は被仕向銀行までの入金を振込依頼人に対して約束しているとする。

今後は，従来の委任契約説を維持すべきか，もしそれを維持すべきではないとしたら，第三者のための契約説ではなく請負契約説的発想に立って，議論の深化が必要である。

2 信託会社はどのような営業をするのか

（1） 「金融機関ノ信託業務ノ兼営等ニ関スル法律」（信託兼営法）上の信託銀行および銀行法上の信託兼営銀行ならびに地方銀行・第二地方銀行および農協・水協・信用協同組合（信協）や信用金庫・労働金庫……信託会社

(a) 信託業務の実施主体　信託法制は複雑で錯綜している。信託業務は，銀行法上の銀行に転換後，信託兼営法に拠る信託主業の普通銀行たる信託銀行が主要な実施主体であるが（信託兼営1条1項），銀行法上の銀行が信託業務を兼営している信託兼営銀行もある。地方銀行・第二地方銀行や農業協同組合・水産業協同組合・信用協同組合や信用金庫・労働金庫も金融再生委員会の認可を受けて信託業務の兼営ができる。信託業法により免許を受けた信託会社は存在しない。以下では，信託銀行を中心に信託兼営銀行についても説明する（同1条1項，信託兼営令2条）。

(b) 信託銀行等に対する信託業法上の法規制　信託業務の実施主体は金融再生委員会の免許を受けた株式会社に限定されている（信託業1条・2条）。信託銀行等は，国債の供託をしなければならず（同7条・8条），指定金銭信託では元本損失の補塡・約定した利益の補足をすることが認められており（同9条），信託財産を自己の固有財産とすることは禁止され，受託者の誠実義務が強化されている（同10条）。

(c) 信託会社　大東亜戦争以前には存在した信託会社という呼称は現在は講学上のそれでしかなく，信託会社という名称の広義の金融機関が存在しないだけではなく（この意味で，証券会社や保険会社とは異なる），信託専業の広義の金融機関も存在しない——信託業法は行政的取締が厳格で信託専業の方が不利であり，これでは不合理である——。実際には，信託業務の実施主体が信託業務を実施する限りで，信託会社に相当する。

（2） 信託法上の信託の引受（信託6条）ならびに担保附社債信託法上の信託の引受（担信3条）

(a) 信託法上の信託の引受（信託6条）　信託法上の信託の引受とは，受託者が委託者から法律行為によって財産権（信託財産）の移転その他の処分を

受け信託目的に従い受益者のために委託者の財産の管理または処分を引き受けることである（信託1条）。信託業は報酬を得ることを目的に行う営業信託のことであり，信託の引受は営業的商行為であるとされているが（同6条），信託業務の実施主体は株式会社に限定されているので——株式会社は生まれながらの商人である——，実際には，信託業務は先ず商人ありきで，株式会社が営業として行う行為は営業的商行為（または絶対的商行為）でなくとも準商行為となるので（商523条），行為主体の商人性から信託法上の信託の引受には商行為性が認められ，信託法上の信託の引受を営業的商行為と規定する意味は最早存在しない。

(b) 担保附社債信託法上の信託の引受（担信3条）　担信法上の信託の引受は絶対的商行為であるとされているが，あえて絶対的商行為であると規定する必要はない。担保附社債信託の引受には金融再生委員会の免許が必要である（同5条）。

(c) 固有の商人（4条1項）たる信託会社と附属的商行為（503条1項）
自己の名を以て営業的商行為たる信託法上の信託の引受をなすことを主観的営業（営業活動）とする信託会社は，固有の商人（4条1項）となる。その他の行為も固有の商人たる信託会社がその営業のためにする行為は附属的商行為となる（503条1項）。

(3) 信託業法上の信託業務

信託銀行等の信託業法上の固有業務は金銭・有価証券・金銭債権等の信託の引受であり（信託業4条），その担保附社債信託法上の固有業務は担保附社債業務であり（同6条），固有業務がその主要な業務であるが，実際には金銭の信託が圧倒的大部分を占めている。信託銀行等は付随業務として，不動産売買の媒介または金銭もしくは不動産の賃貸の媒介・債務の保証・財産に関する遺言の執行等の併営業務（同5条）をも営むことができる。以下では，商事信託を想定しつつ，営業信託・私益信託を取り上げる。

信託業務でも普通契約約款が使用されているが（貸信3条1項，投信12条1項），顧客，とくに自然人たる顧客の不利にならないように，普通契約約款の合理的な法解釈が要請される。

(4) 金銭の信託

信託の引受の時点で信託銀行等に委託される財産が金銭であるものを金銭の信託というが（信託業4条1号），金銭信託・金銭信託以外の金銭の信託がある。信託の終了（一部解約を含む）時点で受益者に金銭が交付されるものが金銭信託である（信託兼営施規3条1項1号）。信託の終了時点で受益者に信託財産が現状有姿のまま交付されるものが金銭信託以外の金銭の信託（金外信）であり，指定・単独運用の金外信たるファンド・トラストはその代表的商品である。以下では，最も主要な金銭信託を説明する。

（5）金銭信託

金銭信託は合同運用指定金銭信託・貸付信託・証券投資信託・年金信託・特定運用金銭信託等である。委託者が信託契約上信託金の運用方法と運用対象の種類を指定して信託銀行等がその範囲内で具体的な運用対象を選択するものを指定運用金銭信託といい（信託兼営施規3条2項2号，貸付信託や年金信託），信託契約上具体的に信託金の運用方法だけではなく運用対象まで特定されているか，委託者がそのつどそれを特定するものを特定運用金銭信託という（信託兼営施規3条2項1号，証券投資信託はこの一種）。

また，公衆の多数の小口の信託財産と合同する合同運用の指定金銭信託には，合同運用指定金銭信託と貸付信託とがある。集団信託は合同運用指定金銭信託の多くと貸付信託であり，その経済的実質は銀行預金に類似しており，合同運用し，運用収益を受託元本に応じて比例配分する。

(a) 合同運用指定金銭信託　合同運用指定金銭信託のうちで，とくに，「一般口」は，特定日でなくともかつ信託金を追加しても設定でき，元本補塡・予定配当率の約定がある。

(b) 貸付信託　貸付信託は，定型化され，信託財産の運用方法が貸付または手形割引に限定され，特定の募集取扱期間内の契約分を纏めて他と分別して運用され（貸信12条），信託財産の運用方法（同2条1項・13条）・信託期間（同3条3項・11条）が制限され，投資しやすいように受益者が収益分配や元本償還を受ける受益権が無記名証券——商法上の有価証券である（東京地判昭和45年9月28日判タ257号278頁）——に表彰され（同2条2項・8条），他益信託が認められず（同10条）・元本補塡（特別留保金の積立強制（同14条））・予定配当率の約定がある。受益者が収益分配や元本償還を受けることによって，受益者によ

る最終計算の承認（同65条）があったとされる。その受益証券は受益権を表彰する証取法上の有価証券でもある（証取2条1項7号の3）とともに信託の成立を証明する信託証書でもある。受託者たる信託銀行が買い取る場合もある（貸信6条3項・4項・11条）。

(c) 証券投資信託　　証券投資信託は，信託金を委託者の指図にもとづき特定の有価証券に対する投資として受託者たる信託銀行が運用する特定金銭信託である。不特定かつ多数の公衆投資家に譲渡するために受益者が収益分配や元本償還を受ける受益権が均等に分割され（投信2条1項），受益権が無記名証券（同5条1項・4項）たる受益証券――商法上の有価証券である（東京地判昭和34年10月12日下民10巻10号2153頁）――に表彰されるが（同5条1項），信託的要素は希薄になっている。証券投資信託類似信託は禁止される（投信3条）。委託者たる証券投資信託委託会社は大蔵大臣の免許を取得した株式会社でなければならず（同2条4項・4条2項・6条），信託財産をもってする有価証券の引受および信託財産として有する金銭の貸付の指図はできず（同16条），受益者の利益をはかるべき誠実義務や専念義務等を課せられているが（同17条・18条以下），株主としての議決権行使の指図ができる（同17条の2）。公衆投資家・証券投資信託委託会社間でも信託類似の関係が成立し，信託関係が二重に存在するともいえる。有価証券の信託の公示（同3条2項）は信託契約上ほとんど行われていない。

(d) 特定金銭信託　　大口の委託者または委託者と投資一任契約（投資顧問2条4項）を締結した投資顧問が受託者に信託財産を特定の有価証券に対する投資として運用するように指図する金銭信託である。簿価分離を狙って株式の含み益が実現したとして課税されることを回避するのに特定金銭信託が盛んに利用された。なお，証券不祥事の最大の原因となった営業特定金銭信託は禁止された（証取42条1項6号）。

3 保険会社はどのような営業を行っているのか

(1) 保険とはどのような制度なのか

　商法第3編（商行為）第10章は，「保険」について規定をしている。保険は，商取引と密接な関係を有しているが，ここでは保険の制度について考えることにする。

　私たちの周りにはいろいろな危険（リスク）が存在している。死亡，疾病，火災，盗難そして交通事故など，枚挙にいとまがない。個人に限らず，事業にもこの危険はつきまとう。たとえば，502条4号は，「運送」に関する行為を営業的商行為としてあげているが，お客さんから荷物の運送を依頼されたところ，その荷物が途中で盗まれてしまったり，誤って壊してしまう可能性がある。このような場合，運送業者は損害賠償責任を負うのだが，高額な賠償金となる可能性がある。その支払いができずに，倒産してしまうかもしれない。

　このようなリスクに対処する一つの方法が保険である。火災によって家を失う，交通事故の加害者となって莫大な賠償責任を負担するなど，築き上げてきた財産を一瞬にして失う危険性に私たちは常に接している。保険は，火災によって財産を失う可能性のある人たち，同じような危険を有している人たちが集まって，経済的にそれに対処しようとする制度である。

　保険の基礎となるものに「大数の法則」がある。火災や交通事故は，特定の個人とってみればまったく偶然に発生し，予測が不可能なことであるが，多数からなる集合体について観察すると，一定の期間にその全体についてそのできごとが現実に発生する度合いが，ほぼ一定しているという法則である。ここに5万戸の家があるA市があると仮定する。火災の発生件数は，各月によりばらつき，また年によりばらつくはずである。ところが，長期間にわたって統計をとってみると，ある程度正確な火災発生件数と損害額の予測が可能になる。その発生率が0.3％だとすると，その市では，平均して1年間に150戸が火災に遭う可能性があるということになる。家が焼けて，その平均損害が1,000万円だとする。150戸の総損害額は15億円。これを5万戸で分担し合うと，1戸あたり分担額は3万円になる。1人で1,000万円を負担するのは大変であるが，5

万人が前もって3万円を払い，火災に遭った人にそこから損害の分を支払っていくのは不可能なことではない。これが保険の基本となる。保険は，このように特定の偶然に発生する事故によって，経済生活に不安定を生じる可能性のある者が，同じ危険にさらされている者同士で集まり，大数の法則にもとづいて求められた保険料を前もって支払い，それを共通の準備財産として形成し，事故の発生に備える経済的な制度である。

(2) 保険の種類

商法は，保険を損害保険と生命保険とに分類しているが，これは論理的な分類方法ではないと批判されている。保険はいろいろな角度から分類ができるが，制度を運営する目的を基準として，公保険と私保険とに分類される。共同経済的な立場から，国または公共団体の政策目的達成のために行うのが公保険。私経済的な立場から，個人または私企業が自己の有する危険に対処するために行うのが私保険となる。公保険には，健康保険や雇用保険などがあり，保険会社が販売している一般の保険は私保険となる。

次に，営利保険と相互保険という分類がある。私保険を，さらに運営主体の違い（目的と言い換えてもよい）によって分類する。営利保険は保険会社が利潤を目的として保険の引受を行うものであり，相互保険は，保険に加入しようとする人たちが相互に保険し合うことを目的とする。保険業法6条1項は，営利保険を営むことができるのは株式会社に限定しており，相互保険は相互会社のみが営むことができると定めている。

物保険・財産保険と人保険という分類は，保険が対象とする危険の客体がなんであるかによる分類である。物の場合が物保険であり，人の場合が人保険である。物保険は，家屋や家具のように，具体的な物を対象とする。しかし，この分類では賠償責任に備える責任保険や，信用・保証保険などが入らないので，これらと物保険を併せて財産保険とよんでいる。人保険には，生命保険，傷害保険そして疾病保険がある。

損害保険と生命保険という分類は，商法の分類するものである。629条は，「損害保険契約ハ当事者ノ一方カ偶然ナル一定ノ事故ニ因リテ生スルコトアルヘキ損害ヲ填補スルコトヲ約シ相手方カ之ニ其報酬ヲ与フルコトヲ約スルニ因リテ其効力ヲ生ス」と規定している。そして，673条は，「生命保険契約ハ当事

者ノ一方カ相手方又ハ第三者ノ生死ニ関シ一定ノ金額ヲ支払フヘキコトヲ約シ相手方カ之ニ其報酬ヲ与フルコトヲ約スルニ因リテ其効力ヲ生ス」と規定している。この二つの違いはどこにあるのであろうか。

損害保険契約は「保険に加入した人に，一定の偶然に因る事故が発生した場合には，保険会社はその損害を塡補する」というものであり，生命保険契約は「人が生存又死亡した場合にあらかじめ約束した保険金を支払う」ものだということである。これで気づくように，損害保険契約は「保険会社から支払われる保険金の額の決定は，生じた損害によって異なる」のに対して，生命保険契約は「保険金の額はあらかじめ決まっており，対象とするのが人の生死」であるという意味になっている。そこで，理論的には，損害保険契約に対して定額保険という分類が行われる。損害保険の典型的なものは火災保険であり，定額保険の典型的なものが生命保険である。

（3） 保険業を営むことができるのはどのような者か

このように，保険は私たちの生活に不可欠なものといえるが，この保険事業を誰でも営むことができるというわけではない。保険業法は，保険業を行うことができる主体を制限している。保険業法3条1項は，「保険業は，金融再生委員会の免許を受けた者でなければ，行うことができない」と定め，「免許」を必要としている。さらに保険業法6条1項は，「保険会社は，資本の額又は基金の総額が政令で定める額以上の株式会社又は相互会社でなければならない」と定め，同条2項は，「前項の政令で定める額は，十億円を下回ってはならない」としている。このように株式会社または相互会社に限定し，しかも最低資本額または最低基金の総額を10億円としているのは，保険業の性質から導かれる。これを利用する一般大衆の利益を害することがないように，比較的大規模でかつ健全に運営されるように規制しているのである。

ところで，保険業法3条2項は，保険会社の受ける免許を「生命保険業」と「損害保険業」の二種類とし，同条3項は，この二つの免許を同一の者が受けることはできないとしている。これが「生損保の兼営禁止」である。生命保険は，生命表（死亡表）によって，人の生死をかなり正確に把握が可能なのに対して，損害保険では事故の発生する確率は年度によってかなり変動し，異常に巨額な損害が発生する可能性がある。また，生命保険は比較的長期の契約であ

り，集めた保険料を長期的に運用することが可能なのに対して，損害保険は比較的短期の契約であるところから，生命保険と損害保険を兼営すると，一方の事業の悪影響がもう一方に波及してしまい，経営が困難になる恐れがあると考えられたからである。しかし，この兼営禁止規定は，保険業法106条1項と107条1項によって実質的に変更されている。日本生命保険相互会社はニッセイ損害保険株式会社を設立し，住友海上火災保険株式会社は，住友海上ゆうゆう生命保険株式会社を設立するというように，生命保険会社と損害保険会社のいずれもが，子会社を利用してもう一方の保険業務の営みができるようになっている。これも，金融制度改革の一つである。なお，金融再生委員会から免許を受けた保険会社は，その商号・名称中に生命保険会社または損害保険会社であることを示す文字を使用しなければならない（保険7条1項）。

(4) 損害保険にはどのようなものがあるか

それでは私たちが加入することのできる保険について検討しよう。

まず損害保険である。損害保険は，物または人に財産上の損害が発生したときに，その損害を塡補（カバー）する保険であり，歴史的には海上保険がその起原であるといわれている。火災保険と海上保険が損害保険の代表とされ，商法はこの二つの保険の他に運送保険についての規定しか有していない。しかし，経済の発展に従って損害保険のニーズは拡大し，現在では200を超える種目がある。

現代社会の中で重要となってきたものに責任保険がある。自動車保険がその例だが，交通事故を起こした場合に，被害者に対する賠償資力を確保するところに目的がある。これによって被害者は救済を受けることができる。製造物責任や医療過誤などもこの責任保険によってカバーすることが可能である。この他にも信用保険や費用・利益保険など，企業活動に関連するリスクをカバーする新たな保険が増えている。

(5) 損害保険契約

損害保険契約には，保険者（保険会社），保険契約者（保険会社と契約を結ぶ者）そし被保険者が存在するが，この被保険者は生命保険契約の被保険者とは異なり，保険金受取人を意味する。被保険者と保険契約者が同一の場合を自己のためにする保険契約といい，別人の場合を他人のためにする保険契約という。

損害保険に特有のものとして,「被保険利益」があるが,被保険者はこの被保険利益の主体として,保険事故が発生した場合に保険金を受け取るのである。それでは,「被保険利益」とはどういうものなのであろうか。

630条は「保険契約ハ金額ニ見積ルコトヲ得ヘキ利益ニ限リ之ヲ以テ其目的ト為スコトヲ得」と定めて,「被保険利益」の存在を要求している。被保険利益の存在は,保険の目的物（家屋や家財など）に事故の発生によって,被保険者が経済的な損害を受ける可能性がある場合にのみ存在する。さらに,支払われる保険金は,実際の損害額を超えては支払われない。事故によって生じた損害（経済的なマイナス）を回復させるところに目的があり,これを実損塡補の原則という。こうすることによって,この保険を悪用して利益を得ようとすることを防いでいるのである。

火災保険契約を結ぶ場合などには,保険金額を定める。しかし,この保険金額は生命保険のように常に一定の金額が支払われるのではなく,支払われる保険金の最高限度額を意味する。したがって,保険金額を1,000万円とする火災保険を結んでいても,実際の損害が100万円であれば,100万円しか支払われない。また,実際の価値（これを保険価額という）が1,000万円の家屋に2,000万円の火災保険を締結した時には,「超過保険」となり,超過部分が無効とされる（631条）。さらに,1,000万円の家屋に1,000万円の火災保険をA保険会社とB保険会社との間で結んだ場合には,「重複保険」となり,この場合1,000万円の部分については契約が無効とされる。しかし,A,Bいずれかの保険契約が無効となるのではなくて,1,000万円の損害が生じた場合,A社とB社は,それぞれの責任額に比例させ,両社合計で1,000万円を支払う。これとは逆に2,000万円の家屋に1,000万円の火災保険を締結するように,保険金額が保険価額に満たない場合を「一部保険」という。この場合,たとえ火災によって2,000万円の損害が生じても,1,000万円が支払われるのではなく,保険価額分の保険金額に実損害を乗じた金額,この場合は$\frac{1000万}{2000万} \times 1,000万$,つまり500万円しか支払われないのである（比例塡補,636条）。

このように,「超過保険」,「重複保険」そして「一部保険」の問題が生じる可能性があるために,保険価額（家屋の火災保険あればその家屋の価額）を正しく評価する必要があるのである。ところがこの保険価額の評価は実際には難し

いため，639条は評価済保険という契約を認めている。これは，保険会社と保険契約者の間で保険金額だけでなく保険価額も定めておくものである。この評価済保険の場合，その価額が著しく高額でない限り，保険会社は全損の場合に保険金額の限度一杯を支払うことになる。

この超過保険や一部保険という問題は，賠償責任保険の場合には発生しない。将来負担する恐れのある賠償責任に上限はないからである。

（6） 自動車保険

自動車保険は，自動車事故によって生じる「損害」の塡補を目的とするが，火災保険との大きな違いは，「賠償責任の発生に備えた保険」であるという点にある。不幸にして交通事故を起こし，加害者となった場合，加害者は被害者に生じた損害を賠償しなければならない（民709条）。責任保険は，被保険者が被害者に対する賠償責任を負担するにいたった場合に，被保険者に代わって被害者に賠償金を支払うのである。

自動車損害賠償保障法（自賠法）は，自賠責保険によって加害者に一定の賠償資力を確保させ，さらに立証責任を転換して被害者の救済を図ること等を目的として昭和30年に制定された。自賠法3条によれば，自己のために自動車を運行の用に供する者は，①自己および運転者が自動車の運行に関し注意を怠らなかったこと。②被害者または運転者以外の第三者に故意または過失があったこと。そして③自動車に構造上の欠陥または機能の障害がなかったこと。この三要件を満たさない限り責任を免れることができないとされる。これらの証明は容易でなく，実質的には無過失責任化していると理解されている。

自賠法5条は，すべての自動車について，自賠責保険契約が締結されているのでなければ運行の用に供してはならないものとし，車検リンク制によってほぼ100％の付保率となっている。しかし，自賠責保険が提供するのはあくまでも「基本的な補償」であって，すべての自動車事故に対して完全な補償を提供するのではない。現在の保険金額の上限は，対人1名につき死亡3,000万円，後遺障害3,000万円，傷害120万円である。また，対人賠償に限られるために，物に対する賠償責任は担保されない。さらに，賠償責任保険であるために，加害者に全く責任がない場合や，相手方のない自損事故の場合などには，自賠責保険からの支払は予定されていない。そのために，保険金額の上限を超えた賠

償額に備えたり，自賠責保険では担保されない損害を担保するものとして，任意保険が用意されている。なお，ひき逃げや無保険のように，加害者が不明または賠償資力がない場合に備えて，被害者に対して政府による保障事業が用意されている。

一般的に普及している任意保険は，対人賠償保険に対物賠償保険，自損事故保険，搭乗者傷害保険，無保険車傷害保険そして車両保険がセットになっている。最近の判決例を見ると，人身事故の賠償額が1億円を超えるものも珍しくなく，対人無制限のものが一般的となっている。また，対物賠償の事例では，1億円を超えるものも存在しているため，自賠責保険だけでは決して十分ではない。

ところで，自動車事故の損害賠償には民法の原則が適用されるため，過失相殺（民722条）の問題が生じる。自賠責保険では，被害者に重大な過失がある場合に限って損害賠償額を減額するという制度を採用し，被害者に90％の過失がある場合でも50％の減額しか行わない。しかし，任意保険では一般原則に従うため，過失割合に応じた減額が行われる。たとえ被害者の損害額が8,000万円であったとしても，その者の過失が60％であったとされると，60％の減額が行われ，3,200万円の賠償しか受けられないことになる。

最近では，一般的な賠償責任型の任意保険に加えて，特約の形で被害者の過失割合に関係なく全額を支払うものも販売されている。人身傷害補償特約がこれであり，これに加入していれば，先程の例でも減額されることなく満額の8,000万円が支払われる。しかし，これはあくまでもこの特約に入っていた者に対するものであり，事故の相手方に対して，相手方の過失の割合にかかわらず満額を支払うものではない。あくまでも自分に生じた損害に備える保険（特約）である。

（7）　生命保険にはどのようなものがあるか

生命保険は，人の生死を対象とした保険であるが，「死亡」を対象とする「死亡保険」と「生存」を条件とする「生存保険」に分けられる。実際には年金保険を除いて純粋な形の生存保険はない。この二つを組み合わせたのが「生死混合保険」で，養老保険とよばれている。次に保険期間について説明しよう。契約で定めた期間内に死亡した場合に保険金が支払われるものを「定期保険」

といい，保険期間内の死亡だけでなく，保険期間の満了時にも満期保険金が支払われるのが「養老保険」になる。また，保険期間を終身（死亡の時まで）とする終身保険もあり，この基本型に疾病や傷害の特約などが付加され，個人の必要に応じた商品設計ができるようになっている。

(8) 生命保険契約

生命保険契約には，以下のような人が登場する。保険者，保険会社のことである。保険契約者，これは保険会社と契約を締結する人である。被保険者，その人の生死が保険の対象とされている人である。損害保険における被保険者とは意味が異なる。保険金受取人，契約によって保険金を受け取ることができる人である。生命保険契約は，この四当事者のうち，保険者を除いた三者がいろいろに組み合わされ，それによって契約の性質も変化する。

保険契約者と被保険者が同一人の場合，自己の生命の保険契約となり，他人の場合は他人の生命の保険契約（674条）となる。保険契約者と保険金受取人が同一人の場合は自己のためにする保険となり，別人の場合は他人のためにする保険契約となる。

他人の生命に保険を掛けることを自由に認めてしまうと，保険金取得を目的として被保険者を殺害する危険性があるので，674条はこのような契約を結ぶ場合には「被保険者の同意」を必要としている。死亡を保険事故とする生命保険契約には，このような危険がつきまとうので，商法は，被保険者が自殺したり，保険金受取人・保険契約者が，故意に被保険者を死亡させた場合には，保険者は免責される（保険金を支払わない）ものと定めている（680条1項）。なお実際の保険約款では，被保険者の自殺については，保険会社の責任開始（保険契約が効力を発行した日）から1年以内の自殺に限って免責としているが，これを2年に延長する会社がふえてきた。

生命保険契約に重要なものとして「告知義務」がある。生命保険の保険料は，生命表の予定死亡率（どのくらいの確率でその年齢の人が死亡するか）によって決まってくる。健康な人を前提としているから，重病に罹っている人が生命保険に加入できるとすると，この予定死亡率に狂いが生じる。そこで保険会社は，契約の締結にあたって保険契約者・被保険者に対して重要な事実を告知するよう要求している。何が重要な事実かについて商法はとくに規定をしていないが，

客観的に危険を測定する上で重要な事実であるとされており，実際には保険会社が用意した質問票に回答する手段がとられている。この質問票に記載されている事項は重要な事実であると理解されている。なお，医師による診察が必要とされる契約では，被保険者の健康状態に関する事項については，診察医が告知を受ける権限が認められている。この告知義務に違反して，重要な事項について不実の告知をした場合には，保険会社はたとえ保険事故が発生した後であっても，契約を解除して保険金の支払いを拒否することができる（678条）。

　ところで，先ほど検討した損害保険契約は，被保険利益が存在することを要求しているが，日本の生命保険契約には要求されていない。そのため，入ることのできる生命保険契約の金額や数について制限はなく，損害保険契約で問題とされる「超過保険」，「重複保険」そして「一部保険」の問題は生じない。

（9）傷害保険

　生命保険は生命保険会社，損害保険は損害保険会社によって提供されているが，生命保険会社と損害保険会社の双方が提供しているものがある。傷害保険がこれである。傷害保険は，被保険者が急激かつ偶然な外来の事故によって身体に傷害を被った時に保険金を支払う保険である。この保険は，定額保険とすることも損害塡補の保険とすることも可能である。現在のところ，生命保険会社が提供する傷害保険は，基本の生命保険契約に特約のかたちで付加している。たとえば災害割増特約や傷害特約，疾病入院特約がこれである。これに対して損害保険会社は，特約だけではなく，基本契約としても傷害保険契約を提供している。たとえば，スポーツ団体傷害保険や海外旅行傷害保険などがこれである。なお，傷害保険契約は，海外旅行傷害保険を除いて定額保険となっている。

4 証券会社はどのような営業を行っているのか

(1) 証券取引法と証券会社

　証券会社については，証券取引法の中に規定がされている。この証券取引法とは，どういう法律なのであろうか。株式会社は，新株を発行して資金調達をすることが認められている。商法の中にもこの資金調達に関する規制はあるが，商法以外にもこの新株発行を規制する法律があり，それが証券取引法（以下証取法）である。この法律はアメリカ法をモデルにして作られたもので，アメリカでは第2の会社法とよばれるほど重要視されている。その目的は，株式や社債に投資する投資家の保護にある。企業内容開示（デイスクロージャー）と，不公正な取引の禁止が大きな柱であるが，この他にも証券市場や証券会社などについての規定も含んでいる。新株発行に限らず，監査など多くの場面で，証券取引法の規定に注意する必要がある。

　次に証券会社について考えてみよう。証券会社は，どのような業務を行っているのであろうか。一般的なイメージは，「株式」の売買を行っている会社であろう。証取法2条9項は，「証券会社とは，第二十八条の規定により金融再生委員会の登録を受けた株式会社をいう」と定め，証取法28条は，「証券業は金融再生委員会の登録を受けた株式会社でなければ営んではならない」と定めている。また，証取法2条8項は，「銀行，信託会社その他政令で定める金融機関以外の者」を証券業の主体から除外しているので，「証券会社とは，銀行，信託会社その他の政令で定める金融機関以外の株式会社で，証券業を行うについて金融再生委員会の登録を受けた会社である」と定義できる。

　日本版ビッグバン（金融大改革）がスタートして，証券会社をめぐる状況は，ここ数年めまぐるしく変化した。四大証券会社の一つに数えられていた「山一證券」の破綻は記憶に新しいところである。これまで大蔵省の規制下にあった証券業界も大きく変ってきている。平成10年の改正前は，「証券業」を営むためには，大蔵大臣から「免許」を受けなければならなかった，改正によって金融再生委員会への「登録制」へと移行し，これによって，証券業を営もうとする会社は，登録によって参入することができるようになったのである。さらに，

従来は認められていなかった銀行，信託銀行なども，子会社形態を利用して証券業へ参入できることになった。もっとも，金融再生委員会への申請があれば自動的に登録されるのではなく，登録が拒否される場合がある（証取28条ノ4）。投資者保護のためには，証券会社が健全な経営を維持し，財政状態も良好に保つことが必要であり，申請主体を「株式会社」に限定したり，一定の資本金または会社資産を要求したりしているのである。

（2） 証券業とはどのような業務か

それでは，「証券業」とは，どのような業務を指すのかをみてみる。証取法2条8項の1号から7号にその規定がある。①有価証券の売買（有価証券先渡取引を除く），有価証券先物取引，有価証券オプション取引または外国市場証券先物取引。②有価証券の売買，有価証券指数等先物取引，有価証券オプション取引または外国市場証券先物取引の媒介，取次または代理。③次に掲げる取引の委託の媒介，取次または代理。(イ)取引所有価証券市場における有価証券の売買，有価証券指数等先物取引またはオプション取引。(ロ)外国有価証券市場における有価証券の売買取引または外国市場証券先物取引。③有価証券先渡取引，有価証券店頭指数等先渡取引，有価証券店頭オプション取引もしくは有価証券店頭指数等スワップ取引（有価証券店頭デリバティブ取引）またはこれらの取引の媒介，取次もしくは代理（有価証券店頭デリバティブ取引等）。④有価証券の引受け。⑤有価証券の売出し。⑥有価証券の募集もしくは売出しの取扱いまたは私募の取扱い。⑦有価証券の売買またはその媒介，取次もしくは代理であって，電子情報処理組織を使用して，同時に多数の者を一方の当事者または各当事者として次に掲げる売買価格の決定方法またはこれに類似する方法により行うもの。ⓐ証券取引所に上場されている有価証券について，当該証券取引所が開設する取引所有価証券市場における当該有価証券の売買価格を用いる方法。ⓑ75条1項の規定により登録を受けた有価証券について，当該登録を行う67条1項に規定する証券業協会が公表する当該有価証券の売買価格を用いる方法。ⓒ顧客の間の交渉にもとづく価格を用いる方法。ⓓⓐからⓓまでに掲げるもののほか，総理府令・大蔵省令で定まる方法。

これらが証取法の規定する「証券業務」なのであるが，もう少し分かりやすく説明しよう。まず，有価証券からである。有価証券とはどのような証券を指

すのであろうか。手形・小切手法のところでは、「有価証券とは、私法上の財産権を表彰する証券で、その権利の行使の全部又は一部に証券の呈示を必要とするもの」と定義されたと思う。そして、手形や小切手がその典型例としてあげられていたであろう。しかし、証券会社が取り扱う「有価証券」は、この手形や小切手の定義とは若干異なるものなのである。

（3） 証券取引法における有価証券

有価証券を機能別に分類すると、手形や小切手のように、あらかじめ定められた額の貨幣を受け取る権利を表示した証券、貨物引換証、船荷証券、倉庫証券などのように、ある一定の品物あるいはサービスを受け取る権利を表示した証券、そして株式や債権のように、資本の一定部分を保有することを証し、配当や利子を受け取る権利を表示した証券に分けられる。経済的な見地から、手形・小切手などを「貨幣証券」、「貨物引換証」などを「物財証券」そして株式などを「資本証券」とよぶ。証券会社が取り扱う有価証券は、原則として最後の「資本証券」になる。この資本証券にはどのようなものがあるのだうか。

証取法2条1項は、この法律における「有価証券」を具体的にあげている。それは、①国債証券。②地方債証券。③特別の法律により法人の発行する証券。④社債権。⑤特別の法律により設立された法人の発行する出資証券。⑥協同組合金融機関の発行する優先出資証券または優先出資引受権を表示する証書。⑦株券または新株引受権を表示する証券もしくは証書。⑧証券投資信託または貸付信託の受益証券。⑨法人が事業に必要な資金を調達するために発行する約束手形のうち、大蔵省令で定めるもの。⑩外国または外国法人の発行する証券または証書で全各号の証券または証書の性質を有するもの。⑪外国法人の発行する証書または証書で銀行業を営む者その他の金銭の貸付けを業として行う者の貸付債権債権を信託する信託の受益権またはこれに類似する権利を表示するもののうち、大蔵省令で定めるもの。⑫前各号に掲げるもののほか、流通性その他の事情を勘案し、公益または投資者の保護を確保することが必要と認められるものとして政令で定める証券または証書。これらは、具体的に発行されているものであるが、さらに証取法2条2項は、①から⑫の有価証券に本来表示されているはずの権利が存在しそれが投資対象となるのであれば、有価証券が発行されていなくても証取法上有価証券とみなしている。このように、証券取引

法における有価証券は，いろいろな種類のものがあるが，大きく分けると「債権（公共債と社債）」，「受益証券」そして「株券」になる。証券会社はこれらの証券を取り扱う会社である。

（4） 証券会社の業務

それでは証券会社は，「有価証券」をどのように取り扱って営業活動をしているのであろうか。証取法2条8項1号から7号にその規定があるが，ここでは業務の方法からこれを見ることにする。証券会社の基本四業務というものがあり，以前はこの業務ごとに証券会社には免許が与えられていた。それは，①ディーリング業務（自己資金での有価証券売買）。②ブローカー業務（有価証券売買の仲介，代理などの委託売買業務）。この二つはいずれも証券の流通市場での業務である。③アンダーライター業務（公社債や株式の新規発行等に際しての引受および売出）。④ディストリビューター業務（有価証券の募集および売出の取扱いを行うこと）。この二つは発行市場での業務になる。次にこれらの具体的内容である。ディーリング業務は，証券会社が自分の資金を使って株式や債権を売買する業務であり，自己売買ともよばれる。ブローカー業務は，投資家が株式や債券を売買する際に，その取次や仲介を行う業務である。アンダーライター業務は，株や債権の発行を資金調達のために企業や公共団体が行おうとする場合，一般投資家に売りさばく前にいったんそれを証券会社が保有する業務である。新規発行に限らず，すでに発行されたものも同様である。これは，発行されたが人気がないといった場合に，引受証券会社は損失を抱え込むことになり，リスクが大きく，証券会社のノウハウが問われる業務でもある。ディストリビューター業務は，引き受けた株式や債権を投資家に販売する業務である。

現行の証取法は，証券業務を免許制から登録制へ移行させたが，証取法29条は，証取法2条8項3号ノ2に掲げるデリバティブ取引等，2条8項4号に掲げる行為のうち，元引受を行う業務そして2条8項7号に掲げる電子情報処理装置を利用した売買業務を行うには，金融再生委員会からの認可を必要としている。

（5） 基本四業務以外の証券会社の業務

証取法43条2項は，証券会社に対して，業務の状況が公益に反し，または投資者保護に支障を生ずるおそれがあるものを営むことを禁止しているが，現在

では多くの業務が行われており，これを兼業業務という。公共債の払込金の受入および元利金支払の代理業務などがこれである。また，証券投資信託の受益証券の収益金，償還金および一部解約金支払の代理業務なども盛んになってきている。金融の自由化・国際化が進むにつれて，日本企業による外国企業の合併・買収ケースはもちろん，日本企業同士や外国企業による日本企業の合併・買収の仲介業務も手がけるようになっている。なお，子会社を通じてではあるが，投資顧問業務を行っている。さらに，これから株式を上場しようとする企業に対する新規公開業務や，将来性のある企業に対して積極的に融資し，公開に際して収益を得ようとするベンチャーキャピタル業務なども同様に増加してきている。

　このように，現在の証券会社は，従来の「株式の売買」という枠組みから大きく離れ，「間接金融」機関として幅広い業務を行うようになっているのが現状である。

第4編

企業取引の決済

第1章 ■ 各種の資金決済方法

　決済とは，取引にもとづく債務の履行である。決済の形態としては，労務の提供，物々交換等から有価証券等による同等の価値のあるものの引渡，金銀貨幣や信用がある証書によるもの，法貨またはその代替物としての預金の引渡などさまざまなものが考えられ，債権者または債務者の事情によりその決済方法が選択される。決済システムは国々によって異なり，経済破綻により，過去に決別したはずの決済方法がふたたび主流に返り咲く国も見られるが，本章では，現在わが国において，広く企業取引や一般に利用されている決済方法を解説する。

1　企業の決済方法にはどのようなものがあるか

(1) 現　　金
　現金は，法貨として強制通用力が付与されているので，すべての取引の決済に利用できる。わずらわしい手続をとることなく，誰にでも利用することができるだけでなく，現金の受渡によって支払が完了するという特徴を有する。しかし，大量の現金は，その形状により調達・整理・搬送にかなりの手間がかかり，汎用性の裏面として，紛失・盗難後の回収が難しいため，多額の現金の搬送には，警備員・現金輸送車・保険料などのコストを伴うことから，専ら小口の取引にその機能を発揮し，高額の決済には向いていない。しかし，自ら現金取引を求めることで，仕入値を安くする企業もあり，また，相手方が取引実績がない企業の場合にも，現金取引であれば安心して取引に応じてくれるなどの利点がある。

(2) 小　切　手
　小切手は，小切手による支払・資金移動を行う者が銀行に当座預金口座を開設し，小切手契約等の所定の手続を行い，小切手帳の交付を受けることで利用

できる。小切手帳より小切手用紙を切り離し，小切手要件を記載し交付することで有価証券である小切手となる。小切手は，小切手による支払または資金移動を行う者（振出人）が支払人（広義の銀行に限定される。「小切手法ノ適用ニ付キ銀行ト同視スベキ人又ハ施設ヲ定ムルノ件」参照）に宛てて，一定の金額を受取人またはその他の正当な所持人に支払うよう委託した有価証券であり，常に一覧払いの現金の代用物としての機能を持つ。これにより振出人は，現金を調達・輸送する手間・コスト・リスクを軽減することができる（身元のはっきりしない者には，支払をしない線引小切手の制度もある）。

しかし，小切手を振出する際には，当座預金への入金や当座貸越契約により支払のための資金が用意されていなければならず，資金不足の場合には不渡といって支払がなされない（できるかぎり不渡を防ぐため，不渡処分や銀行取引停止処分といった制裁がある）。その小切手の中でも，振出人が支払人を兼ねる小切手を自己宛小切手といい，預金小切手（自店舗振出）・送金小切手（他店舗振出）とも呼ばれる。トラベラーズ・チェックも同性質のものであり，予め振出依頼人から銀行が資金の提供を受けた上で振り出すので，不渡の危険性がないため，とくに信用が高く現金並に扱われている。

（3） 約束手形

約束手形は満期の記載により，満期の日まで債務者の支払を繰延べる機能をもつ信用証券であり，満期の日までに当座預金への入金や当座貸越契約により，当座預金口座に支払のための資金が用意されていればよい（約束手形は，手形による支払・資金移動を行う者が銀行に当座預金口座を開設し，手形契約等の所定の手続を行い，手形帳の交付を受けることで利用できる。手形帳より手形用紙を切離し，約束手形要件を記載し交付することで有価証券である約束手形となる）。たとえば製造業者Bは，Aより原材料を仕入れて製品を製造し，販売業者Cに納入しているとする。時間的な流れどおりに決済を行えば，BはまずAに代金を支払って原材料を仕入れ，Cに製品にして売ることによって販売代金を得る。この場合は，常に一定の原材料を仕入れるための資金を用意しておかなければならないだけでなく，もし，従来以上の注文があれば急に資金をふやさなければならないので，場合によっては高金利による資金調達を要することとなる。しかし，Aへの支払をB振出の手形を交付することでCから支払を受けた後まで

繰延べてもらえばこうした問題は解決できる。Aとしてもこうした支払の繰延べを買掛金といった単なる債権として保有するより，有価証券である手形で保有した方が，手形の譲渡や売買（割引）に利用しやすく便利であり，さらに銀行による不渡処分や銀行取引停止処分による制裁があるため，買掛金よりも債権回収の可能性が高い。こうした機能によりわが国の経済界においては，手形は欠くことのできない決済手段となっている。

（4）為替手形

為替手形は引受の制度があり，満期の記載がある信用証券である。支払約束証券である約束手形と違い，為替手形は振出人が支払人に宛てて，受取人またはその他の正当な所持人に一定の金額を支払うことを委託した有価証券である。商人AがBに買掛金を有する一方，AはCに同額の売掛金を有している場合に直接CからBに支払ってもらえばAの債権債務関係が一度に解消する。そこでAはCに支払の委託を引き受けてもらい（Cを引受人とし），Bを受取人とする為替手形の振出をする。このような為替のシステムを利用して第三者に支払を委託しようとする場合に利用されるのが為替手形である。しかし，国内の商取引では手形の99％が約束手形であり，国内取引における送金手段においても，振込，送金といったものにその地位を奪われ，主に外国為替における取立の手段として機能を発揮するにすぎず（取立の為替手形に物的担保である運送証券が取組まれた荷為替手形の取組みという方法がある），その利用は大変減少している。

（5）一括手形方式・債権譲渡担保方式・ファクタリング

一括手形方式は，仕入先ごとに多数の手形を発行しないで，その総支払額を手形金額とする一括手形を発行し，仕入先と支払委託をなす銀行に内訳を通知することによる決済方法である。銀行は代理人として裏書し，支払期日に当該手形を取立て，内訳に応じて各仕入先の口座に入金し，貸越金残高がある仕入先については，その返済に充当した金額を入金する。裏書は，仕入先が貸越取引をする場合には譲渡担保のためであり，他の取引先の場合には取立委任のためになされる。さらに，債権譲渡担保方式をとれば，支払企業は，従来の振出日相当の日に銀行に対して代金債務の明細書を交付するとともに，支払期日に支払先に支払うよう委託することにより，手形をまったく使用しないシステムとなる。

またファクタリングと呼ばれ，ファクターが依頼者（クライアント）の取引先（カスタマー）の与信限度額（信用販売をしても焦付く危険がない範囲）を調査して依頼者に教え，依頼者が継続的に取引先と取引する結果得る与信限度額の範囲の売掛債権を買取ったり，その範囲で金融を行ったりする手形を使わない債権担保の信用制度も確立している。

2 銀行振込と銀行振替はどうちがうか

　振替とは，支払の依頼人と受取人とが同一銀行等の金融機関に預金口座を有する場合に，依頼に基づいて一方の預金口座から他方の預金口座へ，一定金額を付替えること（実際に現金の移動は行われない帳簿上の操作）をいう（振替に関する厳密な定義づけは定着していないことに注意を要する）。電気・ガス・水道等の公共料金，家賃，スポーツクラブの会費等の引落とし，クレジットでの買い物代金の支払，ローンの支払等に利用されるのが最も典型的な例である。利用者は，予め自らが預金口座を有する銀行等に依頼することによって，いちいち支払や送金のための手続をとることなく，支払・送金が順調に行われることになる。振替の依頼者の預金口座が，給料等が振込まれる口座であれば，自動的に資金が供給されることになり，全く現金の移動を必要としないため，継続的な支払・送金の利用に便利である。
　これに対し，振込とは，被振込人の銀行等の預金口座に，振込依頼人が提供する資金を移動する方法である（内国為替取扱規則に規定される）。振替と違い，被振込人が預金口座を有する銀行等の金融機関に，振込人が預金口座を有する必要がなく，提携の業者に資金を提供して振込を依頼することができる（ＣＤやＡＴＭを利用して，振替と同様に振替依頼人の口座から被振込人の口座に一定金額を付替える場合を含む）。いちいち手続をとらなければならない反面，そのつど支払額をチェックでき，また，預金口座の残高不足を心配する必要がないため，単発的な支払・送金や自動に引落とされる振替を嫌う場合に利用される（携帯電話料金の支払など増減が激しい支払に好まれる）。特に振込の場合には，被振込人の銀行等や提携の銀行等の他，営業時間が長く，比較的生活拠点に多く点在するコンビニエンスストアやＣＤ・ＡＴＭの設置店が銀行の店舗の代わ

りとして利用できることが多く便利である。

■手形交換のシステム

　手形・小切手が頻繁に利用され，手形・小切手の取立・支払事務を銀行に依頼することが一般的となったため，銀行間の複雑な決済を，簡易安全に行う方法として手形交換所が設けられた。銀行等の金融機関が手形交換をする場所および手形交換所で手形交換する金融機関が作っている団体を手形交換所という。手形交換は，加盟銀行がそれぞれ他の加盟銀行が支払担当者なっている手形・小切手を手形交換所に持ちより，自分が支払担当者となっている手形・小切手を持帰ることで手形・小切手を交換し，その差額である手形交換尻の銀行間の決済を，日本銀行にある各銀行の当座預金勘定を振替で処理するシステムである。手形交換所の事業は，手形・小切手の交換決済のほか，取引停止処分の運用，手形交換に関する資料の収集，その他の簡易円滑な取立ならびに信用取引の秩序維持に必要な事業も行う。

■内国為替取扱規則による振込手続

　内国為替取扱規則による振込とは，仕向銀行が振込依頼人の指示にもとづいて，被仕向銀行にある受取人の預金口座に金額を入金する方法であり，簡易かつ安全であることから，給与振込や公共料金の支払にも利用される最も利用頻度の高い資金移動方法である。

　送金依頼人は振込依頼書に振込資金（原則として現金）と手数料を添付して仕向銀行に依頼する（仕向銀行は依頼人に振込金受取書を交付する）。仕向銀行は振込依頼書にもとづいて，被仕向銀行宛に全国銀行データ通信システムの端末機（または通信回線）により発信する（テレ為替）か，振込票を送付する（文書為替）ことにより，振込の通知をする。被仕向銀行は，通知を受けたら直ちに振込口座に振込入金することにより，振込依頼人と受取人間の債権債務関係が決済される。なお，仕向銀行と被仕向銀行間の決済は振込通知到達の翌営業日に日銀の口座振替で決済で行う。

3　乗車券，回数券，プリペイド・カードはどうちがうか

　有価証券とは，財産的価値のある私権を表彰する証券であり，かつその権利の移転および行使のいずれについても証券を必要とする証券である。

　乗車券は，旅客運送契約において，運賃の支払と引換に発行される証券であり，一般の無記名式のものは，権利の移転・行使も証券によってなされること

から，運送人に対して，旅客を運送すべきことを請求する権利を表彰する有価証券であると一般に解されている（単なる技術にすぎないとして，有価証券性を否定する学説もある）。しかし，改鋏後や乗車後に車内で発行される場合は，単なる証拠証券や免責証券になる。

　回数券は無記名式が原則であり，権利の移転・行使も証券によってなされるなど，原則として，乗車券と同様に有価証券であると解する説が有力である（もちろんその機能は乗車券の代替に限ったことではなく，高速券やイベントの利用券もある）。しかし，回数券は，使用期間に定めがないものも多く，値上がりの際に差額を支払うことが一般に行われているため，判例は有価証券性を否定している（大判大正6年2月3日民録23輯37頁等は，運賃の前払を証する単なる証票ないしは運賃に代用する金銭代用証券と解する）。

　これに対し，代金前払式の決済手段であるプリペイドカードにも，オレンジカードやJスルーカードなど旅客運送契約において利用されるものがある。しかし，その利用範囲は，商品券のような商品の購入，役務の提供など多岐に渡る。さらにテレフォンカード・オレンジカード等のように使用残高が券面に表示されないもの，バスや電車のスルーカード等の回数券に近い機能をもつ残高が券面に記録されるもの，ハイウェイカード等の回数券に近い機能をもち，残高が券面に記録されるうえ，さらに証拠証券である領収書が発行されるものなど，その性質もさまざまであり，「私権の表彰」解釈にも影響を与えている。他方で，電磁的記録による偽造や変造は容易で，人を介さず機械を相手に行使する場合には，その行使も簡単であるという問題点もある。そこで，判例は，一般にプリペイド・カードの偽造・変造・行使に対し，有価証券偽造罪（刑162条）および同行使罪（同163条）の対象となることを認めており，また，同様の前払式証票の性質を持つ乗車券・回数券・商品券などとともに，刑法の特別法である「前払式証票の規制等に関する法律」により規制される。ただし，近時のカードは，ICカードを利用し，何度でも再利用できる電子マネーとしての機能とプリペイドカードとしての機能を合わせ持つ，「私権を表彰する証券」とは定義しにくいものも現れており，より問題を複雑化させている。

4 クレジット・カードの仕組みとはどのようなものか

　決済手段に用いられるカードには，①プリペイドカード，②クレジット・カード，③電子マネー（カード内のＩＣに，銀行等の預金を引落とすもの，ただし，ネットワーク上のカードを利用しないものもある），④デビットカード（キャッシュカードから即時に直接支払をなす方法）等があり，共通して，8.5cm×5.5cm程度の大きさ，1mm以下の厚さの形状である。しかし，その機能が，エンボスカード，磁気ストライプカード，小型コンピューターともいえる Integrated Circuit（集積回路）を持つＩＣカードへと発展するにつれて，1枚のカードに多様な機能を持たせることができるようになったため，各カードの境界線は不明確になってきている。また，その利用も決済に限らず，ＩＤカードやポータブルファイルとしても利用されている。

　クレジット・カードによる決済の特徴は，一定の日に契約者の口座から一括した決済金額の引落しが行われ，カード会社の口座に入金されるため（カード会社が取引相手に立替払いをしている），商品購入から決済まで自動的にタイム・ラグが与えられる代金後払式の決済手段としての機能（Delayed Payment 制）であり，これに代金分割払いの決済機能を持たせたものも多い。さらにこれにキャッシングの機能を付加したり，商品の割引購入の制度や購入商品に対する保証・保険を付すサービスなどが付加されたものもあって多彩である。また，海外等では高額の現金やトラベラーズ・チェックの携行に代わるといった決済機能の他，身分証明書の代わりとしても利用されている。

　一方，クレジット・カードは，その利便性の高さの裏返しとしての問題も多く，社会問題となっている。支払能力以上の買い物をしたり，ＣＤやＡＴＭを利用して預金を引出す感覚でキャッシングを利用した結果として，返済に苦慮したり破産に至る者も少なくない。さらに盗難・紛失の際にもその機能が危険度を増幅させており，また，こうした電磁的記録は，偽造・変造の技術が大変に進んでいるという問題点もある。保険での保護，カードの偽造防止システムの強化などの対応がなされているが，偽造・変造テクニックの進歩とのいたちごっことなっている。

発行会社や提携店の普及努力により，その発行枚数はわが国の総人口数を優に上回るが，利用者は，収入や法律行為能力の制限の有無・過去のカードの利用歴・収入の程度などに応じて限定される場合が多く，また，その利用を始めるにあたって審査等のわずらわしい手続きが要求されたり，前述の社会問題の存在により，資格がありながらカードを利用しない層が存在する反面，金融機関とのつきあいや特定の取引において割引を受けることを保有の動機とし，一人で何枚ものカードを保有しながら，決済手段として利用しないスリーピングカードを多数保有する者もおり，偏った普及となっている。

第2章 ■ 手形・小切手

1 手形・小切手にはどのような経済的機能があるか

(1) 手形と小切手

　手形と小切手は，いずれもお金の支払を約束した文書である。さらに，手形は約束手形と為替手形の二つに分けられる。これらの文書は，お金の代りとして用いられるものである。とくに，手形には，単にお金の代りの役割以上の便利な機能があるので，商人や企業が盛んに利用している。

　ところで，お金の支払の約束をした文書には，借用書があるが，それと手形や小切手はどう違うのであろうか。借用書も支払の約束をするものではあるが，これはそのことを示す証拠としての役割があるにすぎない（こういう文書のことを証拠証券という）。これに対して，手形・小切手には支払を求める権利自体がその文書に載っており，支払が確実になされる。その権利の移転も容易になされるような仕組みが組み込まれている。たとえば，手形に裏書をし，渡すだけで手形の権利が移ってしまうことや約束の日（支払期日）に支払えない場合は「不渡」になり，銀行から取引停止処分を受けることになる。そうなると，商人は事実上商売を続けることができなくなる。このようなペナルティーを科すことで支払を確実なものとしている。このように権利自体が文書というかたちで紙に載っている（「権利が表彰されている」といういい方をする）ものが有価証券である。

(2) 有価証券とは

　有価証券とは，一般的に「一定の私権を表す証券で，その権利行使および移転に証券を必要とするもの」と定義されている。つまり，有価証券とは，その権利を表彰した文書であり，その証券を譲ることがそのまま権利を譲ることになる。有価証券には，手形・小切手の他に，株券，社債券，倉荷証券，貨物引

換証などがある。

　ところで，株券や社債券，倉荷証券，貨物引換証などは証券の作成以前に権利が成立しており，証券には権利が発生する原因関係が必要とされるものであるが，これらの証券のことを非設権証券ともいう。これに対して，手形・小切手は，証券を作成することによって証券上に債権が発生するところに大きな特徴がある。つまり，証券以前に原因関係がなくても成立することができる。このように，権利の成立に証券の作成を必要とする証券のことを設権証券という。そして，手形・小切手のように権利の発生，行使そして移転のすべてに証券を必要とするものを完全有価証券といい，そうでないものを不完全有価証券という。

　また，手形・小切手のように証券の効力発生に，原因関係を必要としない証券のこと無因証券といい，株券や社債券のように原因関係が必要な証券のことを要因証券ということがある。

　このほか，手形・小切手は，一定の事項を券面上に記載しなければ効力が認められないとされ，手形要件や小切手要件が法定化されており，このような証券を要式証券という。

　また，手形・小切手は，権利の内容が証券上に記載された文言（もんごん）により決定されることから文言証券といわれる。手形・小切手は，権利の行使に際して必ず証券を呈示しなければならず，このような証券のことを呈示証券という。呈示を受けた債務者は，その証券と引替えに履行するればよいとされ，このような証券を受戻証券または引替証券という。

　また，手形・小切手は，権利者が証券上に指定されており，裏書きによって他の人に譲渡することができるとするものであるが，これを指図証券（さしず）という。ただし，小切手には権利者を特定せず，証券の所有者が形式的に権利者であるとされるものもあり，このような証券を無記名証券という。持参人払式小切手がこれに当たる。また，権利者が指定され，その譲渡には厳格な手続（指名債権譲渡の方式をとらなくてはならない）が求められるものもあり，指図禁止手形や指図禁止の記名式小切手がこれにあたる。

（3）　**手形法・小切手法と国際条約**

　手形や小切手は，もともと遠隔地間の取引の決済手段として発達したもので，

現在は基本的には国際条約の下で国際的に統一されたものとなっており、わが国においても手形に関しては手形法が、小切手に関しては小切手法が定められている。手形法においてはまず、為替手形にする規定がおかれ、約束手形はこれを準用するかたちで規定されている。

(4) 約束手形・為替手形

　手形や小切手は、自ら作成し、誰かに交付することにより権利が発生する。このことを「振出」といい、手形の交付を受けることを「受取」という。そして、現金化することを「取立」という。

　約束手形とは、約束手形を作成し交付した人（振出人）が手形を受け取った人（受取人）に一定の期日に一定の金額を支払うという約束をするものである。つまり、この2人の間に関係する手形ということになる。これに対して、為替手形とは、為替手形を作成し交付した人（振出人）が、手形金額を支払う約束をした人（支払人）に対して、手形を受け取った人（受取人）に一定の期日に約束の金額を支払ってほしいという依頼をするものといえる。つまり、ここには3人の関係が成立していることになる。

　言い換えると、手形はこの一定の期日までの間はお金の支払を猶予されることになるわけで、この期日までの間、受取人は振出人を信用しているということになる。手形がもっている最大の特徴は、それが単なる決済手段ではなく、相手に信用を与えるものであるというところにある。

　このように、手形には約束手形と為替手形の二種類あるが、国内では約束手形が一般的で、為替手形はあまり使われない。為替手形はもっぱら国際間の取引手段として利用されているのが実態である。

　ところで、手形はこのほか、実務ではいろいろな呼び方で区別することがある。たとえば、商業手形と融通手形、単名手形と複名手形、受取手形と支払手形、回り手形、買付手形、担保手形、不渡手形、書換手形、延期手形そして見せ手形などという呼び方があるが、いずれも法律的な種類をいうものではなく、実際の取引の中で経済的な機能からそれぞれ呼ばれているものである。

　商業手形は商取引がなされた結果振り出されるもので、これに対して、融通手形は他人に資金の融通をするために振り出すもので、実際の取引にもとづかないで振り出されることから乱用による危険がある。単名手形は手形上の債務

者が1人のもので，複数いるものが複名手形である。自分が受け取って所持している手形を受取手形といい，自分が振り出した手形を支払手形という。手形上に裏書がされている手形を回し手形といい，銀行がお金を貸すときに借用証書の代わりに振り出させる手形を買付手形といい，支払の担保のために振り出す手形を担保手形といいう。取立に出したら支払を拒否された手形を不渡手形といい，手形の支払を延期する目的で今までの手形の替わりに振り出された手形を書換手形とか延期手形という。また，資金があるように見せかけるための手形を見せ手形という。

(5) 小切手

　小切手は，小切手を作成した人（振出人）が小切手金額の支払を約束した人（支払人といい，一般には銀行などの金融機関である）に対して，小切手の所持人（受取人）に一定の金額を支払ってほしいと依頼（支払委託）するものといえる。為替手形によく似ているが，大きく異なる点は，手形には支払日が指示されており，それまでの間は支払ってもらうことができないのに対して，小切手には支払日が記載されておらず，いつでも支払ってもらえるところにある（これを一覧払いという。小28条1項）。つまり，小切手を受け取ったら，すぐに現金化することができることになる。したがって，小切手はもっぱら支払手段として，現金に変わるものとして利用されているということになる。現金を持ち歩くことは多額になれば重くなる上盗難や紛失の心配もあるが，小切手ならば1枚の紙を持ち歩くだけですむ。ちなみに，簿記でも小切手の入金は現金と同様に処理されていることがそのことを示している。

　なお，小切手にも預手（預金小切手），送手（送金小切手）などと呼ばれるものがある。預手とは銀行振出の自店舗宛の小切手のことで，送手は他の店舗や他の銀行宛の小切手のことである。いずれも，銀行が振り出すものであるから信用性が高く安心して受け取ることができる。

(6) 手形行為・小切手行為

　手形や小切手の振出人が手形を振り出すと受取人との間に法律関係が生じ，さらに，手形は裏書をして裏書人から被裏書人に譲渡されることになる。このような中で関係者の間で支払義務や償還義務という法律関係が生じてくることになるわけである。これらの関係を生じさせるために，法律は一定の形式を定

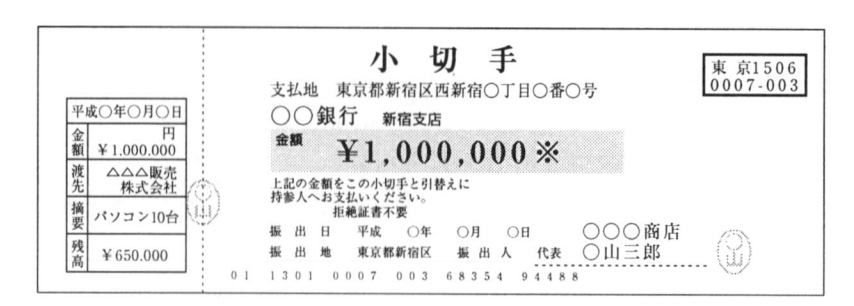

```
┌─────────────┬──────────────────────────────────────────────┬──────────────┐
│ 平成○年○月○日 │          小 切 手                            │ 東 京1506    │
│             │   支払地　東京都新宿区西新宿○丁目○番○号        │ 0007-003     │
│ 金額 ￥1,000,000 │   ○○銀行　新宿支店                        │              │
│             │   金額　￥1,000,000※                          │              │
│ 渡先 △△△販売 │   上記の金額をこの小切手と引替に             │              │
│    株式会社  │   持参人へお支払いください。                  │              │
│ 摘要 パソコン10台 │        拒絶証書不要                       │              │
│             │   振出日　平成　　○年　○月　○日　○○○商店    │              │
│ 残高 ￥650,000 │   振出地　東京都新宿区　振出人　代表　山三郎   │              │
│             │   01 1301 0007 003 68354 94488                │              │
└─────────────┴──────────────────────────────────────────────┴──────────────┘
```

め，手形や小切手上に所定の手続を求めており，この行為（法律行為）によって関係者間に権利と義務の関係が設定されることになる。これらの法律行為として法律は手形・小切手に必要な手続を踏むことを求めており，このことを手形行為・小切手行為という。

　手形行為は，約束手形の場合には，振出，裏書，保証の三種であり，為替手形の場合は，これに引受が加わり振出，引受，参加引受，裏書，保証の五種となる。また，小切手行為では，振出，裏書，保証，支払保証の四種である。

（7）　手形・小切手と金融機関の役割

　手形や小切手は，法律上は銀行との関わりなしに振り出すことができることになっているが，現実には，銀行との関わりなしに存在できない。通常，手形や小切手の支払場所は銀行になっており，銀行以外を支払場所とするものは，信用されず，振り出しても受け取ってもらえない。また，手形用紙や小切手用紙は銀行が定め（統一手形用紙），取引先に渡したものでないと流通しない。したがって，手形や小切手を利用する場合は，あらかじめ銀行との間に当座勘定取引契約を締結しておかなければならない。銀行は，取引先の振り出した手形や小切手をその取引先の口座から決済することになる。

（8）　約束手形の使われ方

　約束手形の典型的な使われ方は，次のようなものである。図1を見てほしい。
　衣料品店であるA商店は夏に水着を販売する場合，春，5月1日に商品をB卸店から仕入れることになる。この場合，実際に商品が売れるのは夏にならなければならない。そこで，A商店はB卸店から商品を購入するとき，代金100万円は支払日を8月1日としてある約束手形で支払う。A商店は6月〜7月に水着を販売し売上金から得た代金100万円を7月31日に自分の取引銀行Cに入

図1

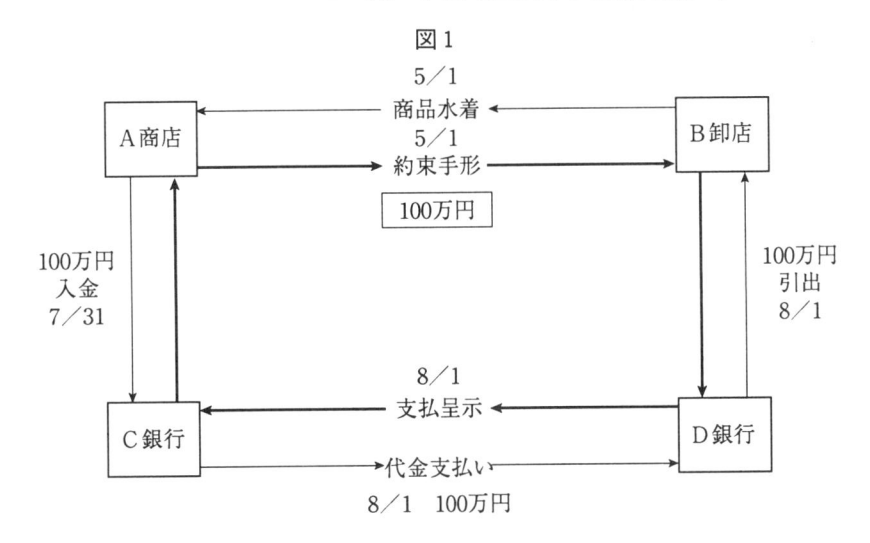

```
              5/1
              商品水着
  A商店 ←──────────────── B卸店
              5/1
        ────────────────→
              約束手形
              [100万円]

100万円                    100万円
入金                       引出
7/31                      8/1

              8/1
              支払呈示
  C銀行 ←──────────────── D銀行
        ────────────────→
              代金支払い
              8/1  100万円
```

金する。B卸店は，8月1日に自分の取引銀行Dに100万円の手形の取立を依頼する。D銀行は，8月1日にC銀行に手形を呈示し支払を求め，C銀行は自分の銀行のAの口座から100万円をD銀行に支払う。B卸店はD銀行から100万円を引き出すことでこの一連の取引が完了する。

　この場合，Aは3ヵ月間支払が猶予されているわけで，その間は信用が与えられているということができる。これにより，Aの資金繰りは楽になるわけで，これが約束手形の大きな機能の一つである。

　また，一方でB卸店が8月1日以前に現金化したい場合は，D銀行にこの手形を買い取ってもらうことができる。D銀行は，この100万円の手形を8月1日までの利息（これを割引料という）を差し引いて買い取ることになり，B卸店は8月1日を待たずに現金化することができる。このことを手形割引という。これも手形の大きな機能である。

　ところで，B卸店は，同じ時期に別のE社との取引で100万円を支払わなければならない場合，A商店の振り出した手形をE社に渡して支払に充てることもできる。これを裏書譲渡という。この場合，Aの手形の裏面の裏書欄に裏書をしてE社を被裏書人にすることになる。このように，手形は裏書を繰り返すことによって，転々流通することができる。これも手形の大きな機能である。

2 手形・小切手はどのように振り出すか

(1) 振出の意義

　約束手形の振出は，手形金額の支払義務の負担を目的とする行為であり，手形行為の一種となる。手続的には，基本手形を作成してこれを受取人に交付する行為であり，この基本手形が全手形関係の発展の基礎をなすところから，振出は基本手形行為とよばれる。為替手形の振出は，支払人に対する手形金額の支払の委託を目的とする行為であって，約束手形の振出と同様，基本手形を作成してこれを受取人に交付する手形行為をいうが，付随的には支払担保責任を負担する行為でもある。小切手の振出は，支払人（＝支払銀行）に対し支払の委託をなす目的で，基本小切手を作成し，これを相手方に交付する行為をいう。小切手を振り出すには，振出人が支払銀行のもとに処分できる資金（小切手資金）を有していることが必要であり，事前に，振出人と支払銀行との間には，この資金から小切手の支払をなすことを委託する小切手契約が締結されていなければならない。これが銀行実務でいう当座勘定取引契約であり，この契約は，小切手資金に関する当座預金契約と小切手支払事務の委託に関する小切手契約とが結合してなりたっている。

　なお，上述の手形行為とは，手形や小切手の振出・裏書・保証・為替手形だけにある引受と参加引受・小切手だけにある支払保証をまとめていう言葉ではあるが，学説上，手形行為の本質をめぐる解釈は，手形理論の違いにより異なっている。いずれにせよ，これらの各行為は，必ず手形上に署名をしなければならず，この署名行為にもとづいて手形債務が生ずることでは共通する。以下，約束手形を中心にして述べることにしよう。

(2) 手形の記載事項

　振出によって作成される手形を基本手形というが，基本手形の記載事項にはどのような事項があるのであろうか。

　(a) 絶対的記載事項　これは法により絶対的に記載が要求されているものであって，この記載を欠けば約束手形としての効力が生じないものである。手形要件ともいい，これには，①約束手形文句，②支払約束文句，③手形金額，

④満期，⑤支払地，⑥受取人，⑦振出日，⑧振出地，⑨振出人の署名，がある（手75条）。①は約束手形であることを示す文字である。②は手形金額を支払う旨の振出人の意思表示をなす記載であり，実際に広く使用されている統一手形用紙では，「上記金額をあなたまたはあなたの指図人へこの約束手形と引替えにお支払いいたします」と記載されている。③は一定額が記載されなければならない。④は手形金の支払われるべき期日であり，以下の四種類がある。すなわち，ⓐ確定日払……何年何月何日と確定した日が満期となる，ⓑ日付後定期払……振出日から一定期間経過した日が満期となる，ⓒ一覧払……所持人が手形を呈示して支払請求した日が満期となる，ⓓ一覧後定期払……所持人が振出人に支払呈示してから一定期間経過した日が満期となる（手77条1項2号・33条1項），である。⑤は手形金の支払をなすべき地であり，支払の場所を含んだこれより広い地域である。⑥は手形金支払請求権を取得する最初の手形権利者であり，手形の流通はこの者の裏書から始まる。振出人と受取人は同一人であってもよい（自己受手形・自己指図手形）。⑦は振出の日付であるが，現実に手形を振り出した日でなくてもよい（将来の日を記載すれば先日付手形，過去の日を記載すれば後日付手形）。⑧の記載も現実に手形を振り出した地でなくてもよい。⑨に関しては数人の者が振出人として署名することも可能であり（共同振出），その場合，それらの者は合同して責任を負う（同77条1項4号・47条2項）。

　(b)　有益的記載事項　　これは手形要件のように必ず記載する必要はないが，記載すれば記載どおりの効力が認められる事項である。代表的なものは，支払場所の記載であり（同77条2項・4条），統一手形用紙では，振出人が当座預金口座を持つ銀行店舗が支払場所として印刷されており，これが支払担当者となっている。ほかに振出人の肩書地（同76条4項）あるいは一覧払手形と一覧後定期払手形における利息文句がある（同77条2項・5条）。

　(c)　無益的記載事項と有害的記載事項　　手形法が記載を認めている事項以外は，たとえ記載しても手形上の効力はなく，これを無益的記載事項という。指図文句・受戻文句・確定日払手形や日付後定期払手形における利息文句が該当し，記載しなかったものとして扱われる。さらに，その記載があるため手形全体が無効になるものを有害的記載事項という。分割払の記載や支払の条件に

関する記載などが該当する。

（3） 手形の署名

　振出のみならずいかなる手形行為をなすにあたっても，その手形行為者を手形上に表示することが必要であり，これが署名である。署名は本来は行為者の名称を自ら手書することをいうのであるが（自署），記名捺印をもって署名にかえることも可能である（「商法中署名スヘキ場合ニ関スル法律」）。記名捺印とは行為者の名称を何らかの方法（タイプライター・活字などを用いる）によって記載し，行為者の意思によってこれにその印章を押捺することをいう。名称としては氏名・商号のほか，行為者を認識できる名称であるならば通称・雅号・芸名・ペンネームでもよい。会社その他の法人が手形行為をなす場合には，法人名のほか代表資格を示した代表者自身の署名または記名捺印が必要である（最判昭和41年9月13日民集20巻7号1359頁）。

（4） 他人による手形行為

　手形行為は，その効果は本人に帰属するものの，行為自体は他人に行わせることも可能である。この場合，他人によってなされたことが手形上明らかにされている場合と，手形上はあたかも本人自身がなしたように表わされていて，実際に署名した者の名称は表示されていない場合とがあり，前者は手形行為の代理といい，後者は機関による手形行為という。

　(a)　手形行為の代理　　この場合には，形式的要件として，本人のためにすること（代理文句）を手形上に記載し，代理人が自己の署名または記名捺印をなすことが必要である（「A代理人B」「A株式会社代表取締役B」「A株式会社○○支店長B」など）。手形行為の代理形式がとられているにもかかわらず，代理人が代理権を有していない場合は無権代理となり，本人は責任を負わない。この場合には無権代理人自らが手形上の責任を負う（手77条2項・8条）。ただし，本人が追認したり，表見代理（民109条・110条・112条）が成立する場合には，本人が責任を負う。では本人が10万円の手形を振り出す代理権を代理人に付与した場合に，代理人が20万円の手形を振り出した場合はどうなるか（越権代理ないし超権代理）。本人は10万円の責任を負い，越権代理人は20万円全額につき責任を負う（多数説）。

　(b)　機関による手形行為　　機関による手形行為は，本人の指図に従って他

人が本人名義の手形行為を代行することをいう。主人が支配人に印章を預け，留守中必要に応じて手形を振り出すよう指図して振出権限を授与するような場合が該当する。この場合，記名捺印の代行を認めることに異論はないが，個性的な行為である自署の代行まで認めうるかについては肯定説と否定説が対立している。

　(c)　**手形の偽造**　機関方式の手形行為がなされているが，代行者にこれをなす代行権限がない場合を手形の偽造という。換言すれば他人名義の冒用を偽造というのであって，これには，自署を偽造したり，偽造印章を押捺したり，真正印章を盗用したり，他の目的でなされた署名・記名捺印を転用するなどの場合が考えられる。偽造の場合，名義を偽られた本人（被偽造者）は，被害者であって原則的に手形上の責任は負わない。それでは偽造者が手形責任を負うかというと，偽造者の名称が手形上に表示されていない以上，手形行為の文言性（手形債務の内容はもっぱら手形上の記載によって定まるということ）からいって，それは原則的に無理であると解されている。結局，手形の偽造の場合には，偽造者が民法上の不法行為責任（民709条）や刑事罰（刑159条）を問われることにはなっても，本来的には手形法上の責任は負わないはずである。しかし，判例は手形所持人の保護のため，前述した無権代理人の責任を規定する手形法8条を類推適用して，偽造者に手形責任を問うている（最判昭和49年6月28日民集28巻5号655頁）。また，偽造という結果を招くにあたり被偽造者に帰責原因が認められ，第三者がそれを真正な署名と信頼したのもやむをえないと認められる場合には，外観理論の適用により，被偽造者にも手形責任を負わせようと解する学説が有力である。

　(d)　**手形の変造**　手形上にすでに記載されている文言を，権限なくして変更することを手形の変造という。偽造が手形行為の主体を偽るものであるのに対して，変造は手形行為の内容を偽ることをいう。変造の対象となる文言は絶対的記載事項に限らず，任意的記載事項にも及ぶ。なお，手形関係者の同意があってなされる手形文言の変更は変造にあたらない。変造後の署名者は変造された文言に従い，変造前の署名者は原文言に従い，それぞれ責任を負う（手69条）。したがって，何者かにより手形金額が10万円から100万円に変造された場合，変造後に裏書署名した者は100万円につき責任を負うが，10万円で振出署

名していた者は，10万円についてのみ責任を負えばよい。

（5）白地手形

　手形は，その絶対的記載要件のすべてが記載されていなければ手形としては無効であるが，実際には手形金額や受取人などが種々の理由から決まらないうちに，振出人が署名をして，当該要件が空白のままこれを流通におき，後日空欄の補充を手形取得者に委ねる場合が多い。このような手形は，完成はしているが要件の欠けた不完全な無効の手形と区別され，要件が補充されて完成すれば完全な手形となる未完成な手形と解されており，白地手形とよばれている。白地手形といえるためには，少なくとも1個の手形署名がなければならず（振出署名に限らず，振出以前の白地裏書や白地保証もある），かつ，その署名者が空欄の補充を他人に委ねたことが必要である（白地補充権の付与）。

　白地手形は，補充を停止条件とする手形上の権利と白地補充権とを表彰する有価証券であり，完全な手形と同じ方法で流通する。しかし，未補充のまま手形上の権利を行使することはできず，未補充のまま支払呈示をしても債務者を遅滞に陥れたり遡求権を保全することはできない（最判昭和41年10月13日民集20巻8号1632頁）。ただし，時効の中断効は認められている（最判昭和41年11月2日民集20巻9号167頁）。

3　手形・小切手はどのようにして譲渡するか

（1）手形の裏書

　(a)　裏書の意義　　約束手形・為替手形上の権利を譲渡することを目的とする手形行為を裏書という。手形上の権利は通常の債権譲渡の方法（民467条）によっても譲渡できるが，手形には特に裏書という譲渡方法が法定されている。手形は法律上当然の指図証券であり，振出人が裏書禁止文句を記載していない限り，この方法で譲渡することができる（手77条1項1号・11条1項）。裏書により手形を譲渡する者を裏書人，この譲受人を被裏書人という。裏書譲渡は，通常，手形の裏面に，手形金額を自分自身にではなく，被裏書人に支払うことを依頼する旨の文言を記して（統一手形用紙には印刷されている），裏書人が署名し，被裏書人に交付してなされる。なお，被裏書人の名称を記載した裏書を

記名式裏書，これを記載しない裏書を白地式裏書という。また，以後新たな裏書を禁ずる旨（裏書禁止文句）を記載してなされる裏書を裏書禁止裏書（禁転裏書）という。

　小切手も法律上当然の指図証券であり，指図式小切手（「A殿またはその指図人へお支払い下さい」と記載するもの）は当然に，また，指図禁止文句のない記名式小切手（「A殿へお支払い下さい」と記載するもの）も裏書譲渡できる（小14条1項）。

　(b)　裏書の効力　　裏書には，①権利移転的効力，②担保的効力，③資格授与的効力，が認められる。①は，裏書により手形上の一切の権利が被裏書人に移転する効力をいう（手77条1項1号・14条1項）。②は，裏書人に，原則としてその者の後者全員に対して手形の支払を担保する責任を負わせる効力をいう（同77条1項・15条1項）。すなわち，手形所持人が適法に支払呈示をしたのに振出人が手形金を支払わなかった場合には，裏書人が支払わなければならないのである（遡求義務・償還義務）。なお，裏書人がこの責任を免れようとする場合には，無担保文句を記載して無担保裏書をなせばよい（同77条1項・15条1項）。また，裏書禁止裏書をなした裏書人は，自己の直接の被裏書人を除いてそれ以降の後者に対しては遡求義務を負わない（同15条2項）。③は，連続した裏書のある手形の所持人は，手形上の権利者と推定されるという効力である（同77条1項1号・16条1項1文，ここにいう「看做ス」は「推定ス」の意味）。したがって手形所持人は自己が権利者であることを証明しなくても手形上の権利を行使できるのであって，手形債務者は所持人が無権利者であることを証明しない限り支払を拒むことができない。このように形式的に連続する裏書が有する資格授与的効力により手形の所持人は権利者と推定される形式的資格を取得するのである。

　(c)　裏書の連続・不連続　　裏書の連続とは，手形が受取人AからBへ，BからCへ……と譲渡された場合に，手形上の記載が，受取人A，第一裏書人A・第一被裏書人B，第二裏書人B・第二被裏書人C……と現在の所持人にいたるまで連続していることをいう。このように，裏書が連続している手形の所持人が資格授与的効力により権利者としての形式的資格を取得するのは，このような手形の所持人における権利者としての外観は通常の場合には真実に相応

しているという社会的な蓋然性に依拠するからである。したがって裏書の連続の有無はあくまでも外観から判断されるのであって，裏書の実質的有効性は問われない。偽造の裏書や無権代理人の裏書が介在していても裏書の連続の成立にとってはさしつかえないのである。なお，判例・学説は比較的広範に裏書の連続を肯定する傾向にあり，必ずしも前の被裏書人の表示と後の裏書人の表示とが一字一句同じであることを求めてはいない。両者の記載に多少の違いはあっても，社会通念上同一性が認められればよいのである。判例上，(第一被裏書人)「万代食品工業株式会社鹿取久三郎」と (第二裏書人)「万代食品工業株式会社取締役社長鹿取久三郎」(最判昭和27年1月25日民集6巻10号1051頁)，(受取人)「株式会社宇和島造船所」と (裏書人)「株式会社宇和島造船所東京出張所所長中村省三」(最判昭和29年6月2日民集8巻6号1029頁)，(受取人)「愛媛無尽会社岡支店長」と (裏書人)「北宇和郡泉村岡善恵」(最判昭和30年9月30日民集9巻10号1513頁)，(受取人)「ミツワ商品株式会社」と (裏書人)「ミツワ商品株式会社黒田知弘」(最判昭和56年7月17日金判630号15頁)，などは裏書の連続ありと判断されている。

　裏書が不連続の場合には，実質的には権利の承継があったとしても，手形所持人には形式的資格はなく，権利者とは推定されない。しかし，この場合，所持人が別の方法で自己が実質的権利者であることを証明すれば権利は行使できる。なお，一度裏書が中断しても，その後の裏書が連続している場合には，不連続部分についてのみ実質的な権利移転の事実を立証できれば，裏書の連続は回復し，その後の移転についてまで逐一実質関係を立証しなくても，所持人には形式的資格が認められると解されている（架橋説）。

　(d) 裏書における善意者保護　　法は，手形を信頼して取得した者を保護するため，①抗弁の制限と②善意取得という制度を設けて，手形の流通を保護し，手形取引の円滑をはかっている。

　①　抗弁の制限　　一般原則によれば，手形債務者が権利行使に対抗しうる何らかの抗弁を有している場合，この手形債権が他に譲渡されても，譲受人は抗弁の付着した債権しか取得できないはずである（ローマ法「何人も自己の有する以上の権利を譲渡することはできない」）。しかし手形の裏書譲渡の場合にもこの原則をつらぬくと，裏書が重なるにつれ，所持人は手形面上からは知りえな

い多くの抗弁を対抗されかねず，安心して手形取引にのぞめなくなってしまう。そこで，ある種の抗弁は手形所持人に対抗できないものとされており，これを抗弁の制限ないし切断という。なお，手形金の請求を受けた手形債務者が，支払を拒絶する理由として請求者に主張できる一切の事由を手形抗弁と総称するが，このうち，誰に対しても対抗できる抗弁を物的抗弁といい，特定の者に対してのみ対抗できる抗弁を人的抗弁という。

物的抗弁に該当するものとしては，解釈上，(イ) 手形の外観上明らかな事項……支払済の記載（手39条1項）がある場合の債務消滅の抗弁，満期の記載から知れる手形債務の時効消滅の抗弁，など。(ロ) 制度の本質上物的抗弁とされる事項……除権判決により手形が無効になったこと，手形金額を供託したこと，など。(ハ) 手形債務者の保護を優先すべき事項……無能力者による取消，など。(ニ) 原告の請求を否認する事項……手形要件の不備，満期未到来，偽造，無権代理，変造，などがある。

物的抗弁以外の手形抗弁がすべて人的抗弁となるが，これには，特定の者に対して何人も主張できる抗弁（無権利の抗弁）と特定の者に対して特定の者だけが主張できる抗弁（狭義の人的抗弁）に分かれる。通常，人的抗弁という場合は，狭義の人的抗弁をさすが，これは，手形外の法律関係にもとづき，主として手形を流通させる原因となった原因関係上の瑕疵に起因するものが多い。手形授受当事者に契約の取消・解除事由が存すること，手形外において支払猶予・支払免除などの特約が存すること，手形の受戻がないまま手形金が支払われたこと，手形金の支払が相殺しうること，などである。

人的抗弁は，当該抗弁が本来的に対抗される人的関係の当事者およびその者から悪意で手形を譲り受けた者に対してしか対抗できない。換言すれば，人的抗弁はこれを対抗しうる直接の相手方以外の第三者に手形が裏書譲渡されると，原則として，切断されてしまうのである（手17条本文）。ただし，手形所持人が「債務者を害することを知って手形を取得した」場合には，手形債務者は所持人の前者に対する抗弁をもって所持人にも対抗できる（同但書）。したがって，債務者が所持人に抗弁を対抗しようとするならば，所持人が悪意者（害意者）であることを立証しなければならないが，この場合の悪意者とは，手形を取得するにあたり，満期において，手形債務者が取得者の直接の前者に対し当該抗

弁を主張することが確実であると認識していた取得者のことをいう（「河本フォーミュラ」）。以上のように，債務者が悪意の所持人に対して対抗しうる抗弁を悪意の抗弁という。たとえば，A・B間における売買契約を原因関係として，AがBに約束手形を振り出したとしよう。後日，この売買契約が当事者間で合意解除されたにもかかわらず，Bが満期に手形金の支払を請求したならば，Aは原因関係の消滅を人的抗弁として手形金の支払を拒絶することができる。しかし，満期前にこの手形がBからCに裏書譲渡されていて，Cが譲受当時悪意（害意）でなかったならば（すなわち善意者であったならば），満期にCが手形金の支払請求をなせば，AのBに対する人的抗弁は切断され，Aは支払に応じなければならない。これに対し，Aが，Cの譲受当時における悪意を立証できるならば，AはCに対して悪意の抗弁を対抗し，手形金の支払を拒むことができる。

② 善意取得　　一般原則によれば，手形の無権利者（盗取者・拾得者など）から手形を取得した者は，手形上の権利を取得できないはずである。しかしこれでは，手形を取得しようとする者は，そのつど，自己の前者に無権利者がいないことを確認しなければならず，これでは手形取引の円滑性は望めない。そこで，法は手形の善意取得制度を定めている。すなわち，手形所持人が前者から裏書によって手形を取得しており，裏書が連続している場合には，所持人は手形を返還する義務を負わないのである（手16条2項）。したがって，前者が無権利者であっても所持人は手形上の権利を原始取得し，その反射的効果として旧所持人は権利を喪失するのである。もっともこの制度はあくまでも譲渡人が無権利者であることを知らなかった善意の譲受人を保護するためのものであるから，譲受人が前者の無権利を知りつつ取得した悪意者もしくは善意であることに重大な過失のある者であった場合にまで，この者を保護するものではない（同項但書）。AがBに約束手形を振り出し，これをCが盗取したとしよう。CがBの名義を偽造して，BからCに裏書譲渡された外観を作出し，さらにこれをDに裏書譲渡した場合，DがCの無権利者であることにつき，善意・無重過失の場合には，Dは手形上の権利を善意取得することになる。なお，譲渡人が無権利の場合のみならず，無権代理，無能力，意思の欠缺・瑕疵などの理由で，裏書が無効か取り消された場合にも，この制度によって善意の取得者が保

護されるかについては解釈が分かれるが，近時の通説・判例はこれを肯定している（最判昭和35年1月12日民集14巻1号1頁）。

（2）特殊の裏書

法は，①裏書に特別の記載がなされた場合か，あるいは②裏書が特別の時期・条件下でなされた場合に，以上で述べてきた通常の裏書の場合の効力の一部を排除している。これらの裏書を特殊の裏書と総称するが，①としては，すでに述べた無担保裏書と裏書禁止裏書がある。②としては以下の裏書がある。

ⓐ　期限後裏書　　支払拒絶証書作成後または支払拒絶証書作成期間経過後になされた裏書をいう（手20条）。この裏書には指名債権譲渡の効力しか認められず，抗弁の切断も善意取得もない。

ⓑ　戻裏書（もどりうらがき）　　すでに手形上の債務者である者を被裏書人とする裏書をいう（A→B→C→D→C）。手形債権は混同（民520条）により消滅せず，被裏書人はさらに手形を他に裏書譲渡できる（手77条1項1号・11条3項）。なお，人的抗弁の対抗を受ける地位にあった者（C）は，自己の後者（D）に対しては抗弁が切断されても，戻裏書を受ければ再度抗弁の対抗を受けることになる（最判昭和40年4月9日民集19巻3号647頁）。

ⓒ　取立委任裏書　　これは被裏書人に手形金取立の代理権を付与する目的で，手形面上にその旨の取立委任文言（「取立のため」など）を記載してなされる裏書である（同77条1項1号・18条）。この裏書には資格授与的効力はあるが，権利移転的効力はなく，裏書人は担保責任を負わない。手形債務者は裏書人に対抗しうる人的抗弁のみ所持人に対抗できる（同18条2項）。なお，取立委任文言を記載せず，通常の譲渡裏書の形式をとりながら取立委任の目的で裏書をなす場合を隠れた取立委任裏書というが，その法的性質をめぐっては学説が分かれている。

ⓓ　質入裏書　　手形上の権利に質権を設定するために，手形面上にその旨の質入文言（「質入のため」など）を記載してなされる裏書をいう（同77条1項1号・19条）。被裏書人（質権者）は，自己の利益のために自己の名をもって手形上の権利を行使する。手形債務者は，通常の裏書におけると同様，被裏書人に対する人的抗弁は対抗できるが，被裏書人が悪意者（害意者）でないかぎり，裏書人に対する抗弁をもって，被裏書人に対抗することはできない（同19条2

項)。資格授与的効力や善意取得は認められる。なお，質入文言を記載しないまま質入の目的でなす裏書を隠れた質入裏書という。手形関係上は通常の譲渡裏書と同じであるが，当事者間では質入であることを対抗できる。

4　手形・小切手はどのようにして決済されるか

(1)　手形・小切手の支払

手形・小切手は，商取引の決済手段として考案された制度である。そこで，手形・小切手が金銭の支払を目的とする本来の決済手段としての役割を果たすためには，最終的に手形が決済されなければならないことはいうまでもない。手形（小切手）の支払ということであり，手形上に手形の支払をなすべき者として指定された者が，手形の額面金額を手形所持人に支払えば，手形関係はそれで終了し，手形は決済されたことになる。手形の支払をなすべき者（支払人）とは，約束手形の振出人，為替手形の引受人，そして小切手の場合には支払人（支払銀行）である。

手形の所持人は，満期（支払期日）に手形上の権利を行使すること，すなわち手形の支払人に対して手形金の支払を請求することができる。この支払請求に際しては，所持人は，手形自体を支払人に呈示しなければならない（手38条1項・77条1項3号，小29条1項）。これを「支払のための呈示」または「支払呈示」とよんでいる。この支払呈示がない限り，支払人はたとえ満期が到来しても支払う必要がなく，遅延利息を請求されることもない（517条）。このように支払呈示が必要なのは，手形債務は民法上の債務（民484条）とは違い取立債務だからである（516条2項）。手形上の権利の譲渡が行われても（裏書），民法上の債務と異なり（民467条），債務者への譲渡通知がないから，手形債務者としては現時点の債権者を知りようがなく，満期に手形債権者のもとに手形金を持参することも不可能だからである。なお，手形の所持人とは，裏書の連続した手形の所持人またはその代理人が原則であるが，裏書の連続を欠くため形式的資格を有していない場合にも，実質関係（実質的権利）を証明すれば，有効な支払呈示をすることができる。

この支払呈示に対して，支払人が支払を拒絶したときは，手形所持人は手形

金額を確保するために，その他の手形債務者である裏書人や保証人に対して手形金の請求をすることもできる（遡求—後述）。この場合には，満期に手形は決済されなかったわけであり，このときの遡求義務者の手形金の支払は，支払った者がさらにその前者もしくは支払をなすべき者に対し手形金の支払を請求できる関係が残るので，手形関係自体はなお終了していない。

　支払のための呈示をなすべき期間（支払呈示期間）は，それぞれの手形の満期日の設定の仕方によって異なる。満期日が予め定められている手形，すなわち確定日払（平成12年4月1日というように確定の日を満期とする），日付後定期払（振出の日後1ヵ月とか3ヵ月とかの手形に記載した期間の末日を満期とする），一覧後定期払手形（振出の日から定められた期間内に一覧のための呈示がなされ，その呈示の日から手形に記載された期間の末日を満期とする）の場合には，支払をなすべき日とそれに続く2取引日が支払呈示期間となる（手38条1項・77条1項）。満期日を含めて3日間の期間であるが，すべて取引日が当てられる。一覧払手形（支払のための呈示のあった日を満期とする）の場合は，原則として振出の日付から1年間とされている（手34条1項・77条1項2号）。また，国内小切手については，振出日付後10日間が支払呈示期間である。この呈示期間内における支払のための呈示は，後述の裏書人その他の遡求義務者に対する償還請求をなすためにもしておく必要がある。

　支払呈示の相手方は，上記のように支払をなすべき者（約束手形の振出人，為替手形の引受人等）であるが，手形所持人はこれらの者の営業所または住所に出向いて手形を呈示しなければならない。しかし，実際の手形の呈示場所がこのように手形債務者の営業所または住所とされることはほとんどなく，手形自体が第三者方払（その手形が第三者の住所において支払われる旨の記載（「第三者方払文句」），手4条・27条・77条2項）手形として振り出されるため，呈示場所は，支払場所としての銀行の店舗とされているのが通常である。現在，金融機関がその取引先に交付する「統一手形用紙」のうち約束手形用紙には，予め支払場所欄に交付金融機関名・店舗名が記入されている。この場合には，同銀行が支払担当者であり，振出人は，金銭出納事務を支払場所である銀行（支払銀行）に担当させているのである。もっとも，手形面には支払場所として銀行店舗名が記載されていても，現実に直接この支払銀行の店頭で支払呈示される

ことはほとんどなく，手形所持人は，自己の取引銀行を通じて後述の手形交換所の交換呈示によって手形金の取立を行っている。

　呈示期間内に支払呈示がなされると，支払人は，手形金の支払をしなければならないが，その際手形所持人に対し，支払と引換に手形に受取を証する記載をしてそれを交付すべきことを請求できる（手形の受戻証券性，手39条1項・77条1項3号，小34条1項）。手形債務者に二重払の危険を免れさせ，支払をした後にさらに所持人の手もとから裏書譲渡されることを防ぐ趣旨である。手形交換を通じて手形金の取立がなされている場合には，交換印の押捺によって受取証の記載にかえることができる。また，手形金の支払は，額面金額の全額一括支払だけでなく，一部支払も許される（手39条2項・77条1項3号，小34条2項）。この場合には，所持人は，残額の支払請求（遡求）をする必要から，手形を交付しなくてもよい（手39条3項・77条1項3号）。

　手形の支払がなされると，手形債務者が負担していた手形債務は消滅し，手形関係は終了する。ほんらい債務者は，真実の権利者に支払わない限り免責されず，それ以外の者を権利者と誤認して支払をなしても，後日真実の権利者からの請求があれば，二重払を余儀なくされるはずである。しかしこのような一般原則を手形の場合にも貫くと，「手形の支払をなす者」（手40条3項，約束手形の振出人，為替手形の引受人のような手形債務者のこと，引受をなしていない支払人や手形の支払担当者（手4条参照）も含む（通説））は，支払呈示をしてきた手形所持人が真実の権利者か否かの調査をしなければ支払に応じられないことになる。たとえば，手形を盗んだ者が盗まれた者の裏書を偽造して自らが手形上の権利者であるかのような外形を整えて，手形を呈示してくることもありえよう。手形呈示者が裏書の連続した手形所持人であるというだけで支払をなすわけにはいかず，その者が真の手形権利者であるか否かのみならずその前者にまで遡って調査しなければならないことになろう。これでは手形の支払は容易にはできないことになり，手形の流通がそこなわれ，その機能が半減しかねない。今日では手形の支払が手形交換所を通じて大量に一括してなされる必要のあることからすれば，なおさら問題である。

　そのため，手形法は，一律に支払をなす者の調査すべき事項を手形の外観から判断できる裏書連続の整否だけに限って，それだけを調査して支払うなら，

たとえ無権利者に支払った場合にも，悪意・重過失のない限り，それで支払の責任を免れる旨を定めている（手40条3項・77条1項3号，小35条）。したがって，少なくとも裏書の連続が整っているかを調べた上で支払をしなければ免責されないが（裏書の連続が形式的に完備しているか否か確認するだけでよい），裏書人の署名の真否，すなわち裏書人としての署名が裏書人本人または本人から権限をあたえられた者によって有効になされているか否かを，一々調査する必要はないことになる。

　有効な支払として免責されるためには，悪意または重過失のないことが必要である（小切手については，記名式の場合は手形と同じであり，無記名式の場合は裏書の連続は要件とならないから単に小切手の所持人に悪意・重過失なく支払えばよい）。この「悪意・重過失」の内容については，悪意とは，単に手形所持人が無権利者であることを知っていたというだけでなく，無権利者であることを容易に立証して支払を拒むことができたにもかかわらず，あえて支払をしてしまった場合をいう。また，重大な過失とは，わずかな注意を尽くせばそのような証拠方法を手に入れることができたにもかかわらず，それを怠った場合と，そのような証拠方法を有していたけれども，不注意に支払をしてしまった場合とをいうと解されている。「悪意・重過失」は，通常の用語法としては，手形所持人が無権利者であることを知っていたか，知らなかったとしても知らないことについて重大な過失があったことを意味するが（手16条2項（「善意取得」）参照），それとは異なっている。このような区別があるのは，後者の善意取得の場合は，手形を譲受けるかどうかは取得しようとする者の自由であるが，前者の手形の支払人には，支払に応じるか否かの選択の余地はなく，支払を義務づけられているからである。義務者の立場にある支払人は，単に所持人が無権利者であることを知っていたというだけで証拠を有しないときに，支払を拒めば，所持人から手形金の支払を求めて訴えを提起されるなら，結局敗訴してしまうことになる。支払を拒む場合には，後述の不渡処分等の事業上の不利益も考慮に入れる必要があり，前者において免責の生ずる要件を，後者に比べて緩和して解釈することには意味があるといえる。

（2）手形交換

　手形所持人がその手形の支払を得るためには，満期に支払担当者である銀行

の店舗（支払銀行）で支払のための呈示をしなければならない。しかし，前述のように手形所持人が支払銀行の店舗に出向いて手形金の支払を受けるということはほとんどなく，所持人は，自己の取引銀行に取立を依頼するのが通常である。したがって，銀行は，この取立委任または取引先の保有する手形を割引くことによって多数の手形・小切手を所持することになる。これらの多数の手形・小切手を各銀行が個別的に異なる支払銀行に出向いていって手形金を取り立てるわけではない。こうした手形金の取立のために，一定の地域内で営業している銀行が参加して手形交換所が設けられている。手形交換所は，法務大臣が指定するものとされているが（手83条，小69条），この指定を受けていない小規模の交換所もあり，そこでも同様に手形交換がなされている。

　手形交換に参加できるのは，一定の金融機関だけであり，手形交換所を運営している銀行協会の社員銀行，それ以外の銀行で直接参加が認められている準社員銀行および客員（日本銀行および郵便局）が，直接の参加者である（加盟銀行という）。その他，この参加者に交換を委託するという代理交換の方法で参加する間接的な参加者がある（参加銀行という）。各加盟銀行は，手形の満期の到来を待って，その手形を交換所に持ち出して，支払場所として指定された相手方加盟銀行に支払呈示をすることになる。手形交換所における手形の呈示は，支払呈示としての効力が認められている（手38条2項・77条1項3号，小31条）。なお，銀行が取立委任などで受け取った手形は，それが手形交換に参加している銀行で支払われるべきものであれば，総て手形交換を通じて決済をなすべきものとされている。

　手形交換の特色は，いわゆる「交換尻」の決済によって行われることである。交換所においては，加盟銀行ごとに手形の授受が行われることは当然であるが，手形金額の決済は，加盟銀行ごとに受取総額（他の銀行から支払を受ける手形（持出手形）の総額）と支払総額（他の銀行に自行が支払う手形（受入手形）の総額）の差額を算出し，日本銀行における各銀行の当座勘定の貸借振替によって決済するという方法が採用されている。これを交換尻決済といい，これによって手形交換は終了し，個々の手形についても支払の効力が生ずる。

5 手形・小切手の不渡処分とはなにか

(1) 不渡処分

　手形が適法に支払呈示されたにもかかわらず，支払が拒絶された場合に，一般にこの手形を「不渡手形」という。他方，この不渡手形という用語は，手形交換との関係では，支払拒絶された手形一般を意味するのではなく，手形交換を通じて支払呈示されたにもかかわらず支払拒絶された手形を指し，限定されて用いられている。銀行取引においては，不渡手形は，支払拒絶後の措置である「不渡処分（銀行取引停止処分）」という制度と結合している点に重要な意味がある。すなわち，一定期間内に2回不渡手形を出した者があった場合には，手形交換所参加の全銀行は，この者との当座勘定取引および貸出取引が2年間禁止される（東京手形交換所規則62条）。これを銀行取引停止処分といい，期日に支払義務を果たさなかった手形債務者を以後の手形取引から排除し，手形取引の信用を維持するための制度である。いわば一種の経済的制裁行為であり，この処分がなされると通常は倒産という事態にまで至ることになる。

　手形交換において，交換手形の受入銀行（支払銀行）は，持出銀行から持ち出された手形を受け入れ，いったん支払場所とされている銀行の店舗に持ち帰るが，支払に応じられない場合には，これを持出銀行に返還する。この不渡返還に際しては，不渡事由を付すことが必要である。このうち「形式不備」，「期日未到来」など支払呈示自体が適法になされていないことを理由とするものは，不渡処分の前提となる交換所に対する「不渡届」の対象とはならない。これに対し，「資金不足」（たとえば振出人と支払銀行との間に当座勘定取引契約が存在するが，支払呈示の時点で支払資金が手形金額に不足している場合），「取引なし」（振出人と支払銀行との間に契約がない場合）などの資金関係を理由とするものは，支払義務者の信用に関する事由なので，必ず不渡届を提出しなければならない。この場合には，異議申立は許されない（同規則63条）。また，「債務不履行」，「詐欺」，「紛失」，「偽造」，「変造」など，取引関係を理由とする場合には，不渡届は必要であるが，異議申立により，不渡手続を止めることができる（同規則64条1項・65条1項1号）。この資金関係以外の，信用に関しない不渡届の提

出に際して異議申立をするときには，支払銀行は，交換日の翌翌営業日の営業時限までに，交換所に不渡手形金相当額（異議申立提供金）を提供しなければならない（同規則66条1項本文）。不渡届が提出され，不渡報告に掲載された者が，当該不渡手形交換日後6ヵ月以内に再度不渡手形を出し，かつその手形について不渡届が提出されたときには，不渡処分を受けることとなる（同規則65条1項）。

（2） 遡求（償還請求）

手形の所持人が満期（小切手の所持人が適法の時期）に支払呈示をしたにもかかわらず，支払を得られなかった場合（不渡），また満期前においても，為替手形の引受が拒絶されたとき，および支払人・引受人が破産したときなど，手形が支払われる可能性がほとんど失われた場合には，手形（小切手）の所持人は，裏書人など自己の前者に（遡求義務者）に対して，本来の支払の代償として，一定の金額（遡求金額）を請求することができる（手43条・77条1項4号，小39条）。この制度を遡求または償還請求といい，この遡求に応じて支払った遡求義務者が，さらにその前者に請求することを再遡求という。遡求によって手形・小切手の所持人は，満期に支払われたのと同様の経済的効果を収めることができる。手形の信用を高め，流通を確保するための制度である。

遡求をすることができる者（遡求権利者）は，手形・小切手の所持人であるが，遡求義務者である裏書人なども自己の後者に支払って手形を受け戻したときは，自己の前者に対して遡求権利者となる（手49条・77条1項4号，小45条）。遡求を受ける者（遡求義務者）は，裏書人，振出人（為替手形，小切手の場合）などである（手9条1項・15条1項・77条1項1号，小12条）。つまり，振出人と所持人の間にいる裏書人は，自己の後者に対しては遡求義務者であり，自己の前者に対しては遡求権利者であるという地位にある。

遡求が認められるのは，手形所持人が支払呈示期間内に，為替手形の支払人・引受人，約束手形の振出人に対し，支払の呈示をし，それが拒絶された場合である（実質的要件，手43条・77条1項4号，小39条）。さらに，呈示期間内にその事実を証明するために，「支払拒絶証書」が作成される必要がある（形式的要件，手44条・77条1項4号，小39条）。この拒絶証書は，作成を免除することが認められている（手46条）。実務上は，これに応じて，手形用紙の裏書の

欄に,「無費用償還」,「拒絶証書作成不要」などの文言(免除文句)を予め印刷しておき,免除しているのが普通である(現在使用されている統一約束手形用紙の裏書欄および為替手形用紙の表面には「拒絶証書不要」の文言が印刷されている)。

手形所持人は,遡求義務者に通知をする必要があるが(手45条),自己の直接の前者にだけ請求できるのではなく,遡求義務者の債務を負った順序に関係なく,何人に対しても直接請求できるし,また,同時に数人または全員に対して請求することもできる(手47条2項・同4項,77条1項4号,小43条2項・同4項)。

6　手形・小切手を紛失した場合にはどうするか

(1)　公示催告手続

手形・小切手を喪失した場合(紛失・遺失の場合だけでなく,盗難,滅失,破損等の場合を含む)にも,喪失した者は当然に手形・小切手上の権利を失うわけではない。しかし,手形(小切手)は有価証券であるから,その権利の譲渡・行使には,証券の移転・所持が必要である。手形という証券を失った者はそのままでは,権利の譲渡も行使もできないし,またその手形がいわゆる善意の第三者の手に入れば,手形上の権利を失う(「善意取得」)おそれもある。そこで,このような喪失者の不利益を救済するために,公示催告手続による除権判決の制度があり,証券がなくても権利を行使できる方法が認められている。

公示催告手続は,手形を喪失したもとの所持人が,手形の支払地(履行地)を管轄する簡易裁判所に公示催告の申立をすることから始まる(公催仲裁764条2項・779条1項)。申立の際には,手形を喪失したこと,および公示催告を申立てることのできる理由を疎明しなければならない。疎明は,証明とは異なり,裁判所に確信をもたせるほどの証拠はいらない。一般に,警察署発行の紛失または盗難の届出のあったことの証明書あるいは罹災証明書などが,疎明の手段として利用される。警察署発行のこれらの証明書は,そのような届出があったことを証明するだけで,真実,紛失などの事実があったことを証明するものではない。

申立を受けた裁判所は，申立について形式的・実質的要件を調査したのち，公示催告の公告を行う。公告の内容は，申立のあったこと，もし当該手形を所持する者がいれば，裁判所の定める一定の期日（公示催告期日，公告の日とこの期日との間には6ヵ月以上の期間をおかなければならない）までに権利の届出をして手形を提出すべきこと，その期日までに届出がないときは手形の無効を宣言することがあるというものである（公催仲裁781条・782条・783条）。

（2） 除 権 判 決

この公示催告期日までに誰からも権利の届出がなければ，裁判所は，申立人の申請にもとづいて除権判決をする（公催仲裁784条）。除権判決というのは，「権」利を証券から「除」く効果をもつ判決である。その結果，有価証券としての手形・小切手と権利との結合が解かれ，手形（小切手）証券は，手形（小切手）上の権利を表彰しない単なる紙片になってしまうのである（「消極的効力」）。したがって，この時以降，第三者が手形証券を善意で取得しても，手形上の権利の善意取得（小16条2項）は生じない。そして，この判決により，申立人（手形の喪失者）は，手形の所持人と同一の地位が与えられるので，証券なしで権利を行使することができるようになる（「積極的効力」，公催仲裁785条）。

公示催告期日までに，証券を提出して権利の届出をする者が現われた場合には，公示催告手続はそこで打ち切られ，その届出人と公示催告申立人との間でいずれが真実の権利者かが争われることになる。

事項索引

い
一括手形方式 ……………………226
違法な財産上の利益の供与 ………110
違法配当 …………………………135

う
裏書禁止裏書 ……………………243
裏書禁止文句 ……………………242
裏書譲渡 …………………………237
裏書の連続 ………………………251
売主の供託権 ……………………161
運送契約 …………………………176
運送状 ……………………………178
運送取扱人 ……………………184,182

え
営業活動 ……………………………42
営業所の法的効果 …………………43
営業譲渡 ……………………………33
営業譲渡契約 ………………………34
営業的商行為 ………………………17
営業報告書 ………………………128
営利保険 …………………………209

か
外観主義 ……………………………7
会計監査人 ……………………57,123
会計監査役 …………………………97
会計帳簿 ……………………………31
外国預託証券 ……………………102
会社の設立登記 ……………………64
会社の分割 ………………………142
海上運送 ……………………………77
回数券 ……………………………229
確定期売買 ………………………162
買主の検査・通知義務 …………163
買主の保管・供託・競売義務………16
火災保険 …………………………210
火災保険契約 ……………………212
貸付信託 …………………………206
合　　併 …………………………138
合併における増加資本 …………126
株　券 ……………………………55,71
　──の不所持 ……………………82
　──の保管振替 …………………86
株　式 ……………………………54,70
　──の記載事項 …………………71
　──の最低金額 …………………81
　──の発行 ………………………62
　──の名義書換 …………………81
株式移転における増加資本 ……127
株式会社財団説 ……………………69
株式会社の機関構造 ………………96
株式交換における増加資本 ……127
株式債権説 …………………………69
株式社員権説 ………………………69
株式譲渡 ……………………………74
　──の自由 ……………………71,74
株式譲渡制限 ………………………75
株　主 ……………………………71
　──の違法行為差止請求権 ……114

株主権行使………………………80
株主総会…………………………98
　　──の運営………………100
　　──の権限………………112
　　──の招集…………………99
株主総会中心主義……………96,97
株主代表訴訟……………112,113,114
株主平等の原則…………………78
株主名簿…………………………82
　　──の閉鎖………………83
株主割当………………………136
貨物引換証……………………180
為替手形…………………226,234
為替取引………………………199
簡易合併………………………141
簡易な分割……………………145
監査人…………………………121
監査役………57,65,96,115,120,121
　　──の違法行為差止請求権…115
監査役会………………………58
　　──の独任制……………122
監視権……………………………50
間接責任…………………………50

き

機関による手形行為……………240
企業維持の原則…………………7
企業会計原則……………………33
企業説……………………………4
企業内開示（ディスクロージャー）…217
企業の決済方法………………224
企業の不祥事…………………112
企業補助者………………………37
議決権……………………………55

──の不統一行使……………102
期限後裏書……………………247
基準日の制度……………………83
擬制商人…………………………11
議題提案権……………………101
基本手形………………………238
基本手形行為…………………238
キャッシュ・カード…………198
吸収合併……………………143,139
共益権……………………………77
競業避止義務…………………171
共同代表取締役………………108
業務監査………………………106
業務監査権限……………………97
業務執行権……………………108
業務担当取締役………………109
銀　行…………………………192
銀行業務………………………193
銀行取引………………………192
銀行振替………………………227
銀行振込………………………227
金銭信託………………………206
禁反言……………………………26
　　──の原則…………………8

く

クーリング・オフ……………167
クレジット・カード………227,230

け

経済の自成法…………………156
計算書類の確定手続…………131
形式的意義における商法………2
形式的審査主義…………………29

事項索引 259

欠格事由 …………………………104
議決権 ……………………………101
　——の代理行使 ………………101
決　済 ……………………………224
現　金 ……………………………224
建設利息 …………………………133
権利移転的効力 …………………243
権利株譲渡の制限………………76

こ

公開会社…………………………60
航空（空中）運送 ………………177
公示催促の申立 …………………255
抗弁の制限 ………………………244
抗弁の接続 ………………………168
公保険 ……………………………209
小切手 ………………224, 232, 235
小切手行為 ………………………235
国際海上物品運送法 ……………177
告知義務 …………………………215
個品運送契約 ……………………182
誤認者の責任……………………27
固有の商 …………………………3
固有の商人 ………………………10

さ

債権譲渡担保方式 ………………226
財産価値塡補責任 ………………111
財産保険 …………………………209
最低資本金 ………………………125
指図証券 …………………………233

し

自益権……………………………77

資格授与的効力 …………………243
自己宛小切手 ……………………225
自己指図手形 ……………………239
自己手形 …………………………239
自己取引 …………………………110
自己のためにする保険契約 ……212
自助売却権 ………………………161
下受運送取扱 ………………186, 182
質入裏書 …………………………247
実質株主…………………………86
実質的意義における商法 ………4
自治法説 …………………………158
支　店 …………………………42, 44
自動車保険 ………………………232
支配人……………………………39
支払提示 ……………………248, 252
支払提示期間 ……………………249
私保険 ……………………………209
資　本 …………………………51, 67, 125
　——の欠損 ……………………128
資本確定の原則…………………51
資本額の算定 ……………………126
資本三原則………………………51
資本充実・維持の原則………51, 125
資本充実責任 ……………………111
資本準備金 ………………………128
資本証券 …………………………219
資本多数決………………………55
資本不変の原則………………51, 125
仕向銀行 …………………………200
社　員……………………………48
社員権否認説……………………69
社外監査役 ………………………122
社債の発行 ………………………137

授権資本	136	人的抗弁	245
準備金	127	信用販売	168

せ

場屋営業者	190
小会社	57, 59
商慣習法説	158
上級使用人	39
商業使用人	37
──の種類	39
商業帳簿	31
商業的手形	234
商業手義務	38
商業登記	228
常勤監査役制度	98
証券投資信託	207

生損保の兼営禁止	211
生命保険	209
生命保険契約	212
絶対的記載事項	238
絶対的商行為	14
設立登記	30
善意取得	246, 255

そ

総合口座	194
総合口座貸越	198
倉庫営業者	188
倉庫証券	189
相互保険	209
送金小切手	225
相次運送	181
相次運送取扱	186, 182
遡求義務者	254
遡求権利者	254
損益計算書	32, 128
損害賠償責任	115
損害保険	209
損害保険契約	212
損失処理案	131

商号	22
──の仮登記	24
商号権	22
商号登記	23
乗車券	228
招集権者	99
招集通知	100
小商人	12
少数株主権	78
譲渡人の競業避止義務	35
商人資格の喪失時期	21
消費者寄託契約	195
書面投票	101
白地手形	242
白地補充権	242
新株の発行	136
新株引受権	136
新設合併	139
信託会社	204
信託の引受	204

た

大会社	57
第三者保護	115
第三者割当	137
貸借対照表	32, 128

大数の法則 …………………… 208
代表取締役 …………………… 107
代理 …………………………… 40
代理商 ……………… 37, 39, 170, 172
　――の権利 ………………… 40
　――の善管注意義務 ……… 40
他人による入金の場合 ……… 197
他人のためにする保険契約 … 212
他の重要なる業務執行 ……… 106
単位株制度 ………………… 89, 92
単位未満株式買取請求権 …… 94
単独株数権 …………………… 78
単独代表取締役 ……………… 108
担保付社債 …………………… 138
担保的効力 …………………… 243

ち

媒介 …………………………… 40
中会社 …………………… 59, 57
中間配当 ……………………… 133
中間法人 ……………………… 13
忠実義務 ……………………… 109
直接責任 ……………………… 48

つ

通常決議 ……………………… 102
通信販売 ……………………… 166
通知義務 ……………………… 171

て

提案権 ………………………… 100
定額保険 ……………………… 210
定款の作成 …………………… 60
定款の絶対的記載事項 ……… 60

定款の任意的記載事項 ……… 61
定期預金 ……………………… 194
提訴権 ………………………… 113
ディーリング業務 …………… 220
手形 …………………………… 232
　――の裏書 ………………… 242
　――の偽造 ………………… 241
　――の署名 ………………… 240
　――の変造 ………………… 241
　――の満期 ………………… 249
手形行為 ……………………… 235
　――の代理 ………………… 240
手形交換所 ………………… 228, 252
手形割引 ……………………… 195
デビット・カード …………… 230
転換社債 ……………………… 138
電子マネー …………………… 230
電話勧誘販売 ………………… 166

と

問屋 …………………………… 174
統一手形用紙 ………………… 249
投機購買 ……………………… 14
投機貸借 ……………………… 17
登記手続 ……………………… 28
登記の公示・閲覧 …………… 29
投機売却 ……………………… 15
当座勘定取引契約 …………… 238
当座預金 ……………………… 195
登録機関 ……………………… 85
登録制 ………………………… 217
特殊決議 ……………………… 103
特殊の裏書 …………………… 247
特殊販売 ……………………… 166

特定金銭信託 …………………207
特別決議 ……………………102
特別法定責任説 ……………116
取　次 ………………………174
取締役 ………………………104
　──に対する金銭の貸付 ………110
　──の悪意・重過失 …………116
　──の義務 …………………109
　──の権限 …………………112
取締役会 ………………102, 119
取立委任裏書 ………………247
取引所…………………………16

な

内国為替 ……………………228
名板貸……………………………26
仲立人 ………………………172

に

任意積立金 …………………127
任務懈怠の責任 ……………116

は

配当可能利益 ………………133
端株券…………………………91
端株原簿………………………91
端株制度………………………89
端株主の権利…………………91
端株の買取請求………………92
場所的中心……………………43
払込金保管証明………………68

ひ

被仕向銀行 …………………200

1株1議決権 ………………55, 99
人保険 ………………………209
標準宅配便約款 ……………181
平取締役・名目的取締役の責任 ……117

ふ

ファクタリング ……………226
複合運送 ……………………178
複数監査役……………………98
不実の情報開示の責任 ……117
不実の登記……………………30
不正競争防止法………………24
付属的商行為…………………19
附属明細書 ……………32, 131
普通取引約款 ………………156
物的抗弁 ……………………245
船荷証券統一条約 …………177
部分運送取扱 …………186, 182
振　替 …………………199, 227
振　込 …………………199, 227
振　出 ………………………238
プリペイドカード …………229
不渡処分（銀行取引停止処分）………253
不渡手形 ……………………253
不渡届 ………………………253
分割型 ………………………144
分社型 ………………………144

へ

閉鎖会社 ………………… 52, 60

ほ

法外観説…………………………8
法定準備金 …………………127

訪問販売 …………………………… *166*
法律行為理論 ……………………… *157*
保管振替機関 ………………………… *86*
保険利益受益約款 ………………… *160*
募集設立 ……………………………… *63*
発起設立 ……………………………… *62*
発起人 ………………………… *60, 65*
本　店 ………………………… *42, 44*

ま

満　期 ……………………………… *239*

み

見せ金による払込 …………………… *63*
民法の商化現象 ………………………… *5*

む

無益的記載事項 …………………… *239*
無額面株式 …………………………… *89*
無限責任 ……………………………… *48*

め

名義書換代理人 ……………………… *85*
名目上の取締役 …………………… *118*
免　許 ……………………………… *217*
免責約款 …………………………… *156*

も

戻裏書 ……………………………… *247*
物保険 ……………………………… *209*
モントリオール協定 ……………… *177*

や

約束手形 ……………………… *225, 234*

ゆ

有益的記載事項 …………………… *239*
有価証券 ……………………… *228, 232*
有限責任 ……………………………… *49*
融通手形 …………………………… *234*
優先株 ………………………………… *79*

よ

要式証券 …………………………… *233*
傭船契約 …………………………… *182*
預金契約の成立時期 ……………… *196*
預金口座 …………………………… *201*
預金小切手 ………………………… *225*
預金者の認定 ……………………… *197*

り

利益準備金 ………………………… *128*
利益処分案 ………………………… *131*
利益配当 …………………………… *133*
陸上運送 …………………………… *176*
留置権 ……………………………… *171*
旅客運送 ……………………… *182, 183*

れ

レセプツム責任 ……………… *179, 191*
劣後株 ………………………………… *79*
連鎖販売取引 ……………………… *166*

ろ

ローン提携販売 …………………… *168*

わ

ワルソー条約 ……………………… *177*

編者　酒巻　俊雄（さかまき　としお）
　　　　　（早稲田大学名誉教授）
　　　　石山　卓磨（いしやま　たくま）
　　　　　（早稲田大学教授）

〔執筆者〕　　　　　　　　　　　　〔執筆分担〕

石山　卓磨（早稲田大学教授）　　　第1編第1章，第2編第2章7〜10，
　　　　　　　　　　　　　　　　　第4編第2章2〜3

山城　将美（沖縄国際大学教授）　　第1編第2章

藤村　知己（徳島大学教授）　　　　第1編第3章1〜3，第4編第2章1

受川　環大（国士舘大学助教授）　　第1編第3章4〜5，第2編第2章18

松崎　良（東日本国際大学助教授）　第1編第4章，第3編第7章1〜2

金子　勲（東海大学教授）　　　　　第2編第1章，第4編第2章4〜6

後藤　幸康（京都学園大学助教授）　第2編第2章1〜2

藤原　祥二（明海大学教授）　　　　第2編第2章3〜6

酒巻　俊之（奈良産業大学助教授）　第2編第2章11〜13，第4編第1章

秋坂　朝則（日本大学助教授）　　　第2編第2章14〜17

王子田　誠（東亜大学講師）　　　　第3編第1章，第2章

増尾　均（東亜大学講師）　　　　　第3編第3章，第4章

長島　弘（産能短期大学講師）　　　第3編第5章，第6章

福田　弥夫（武蔵野女子大学教授）　第3編第7章3〜4

〔執筆順〕

みぢかな商法入門

2000年5月10日　第1版第1刷発行

編者　酒　巻　俊　雄
　　　石　山　卓　磨

発行　不　磨　書　房
〒113-0033 東京都文京区本郷6-2-9-302
　　　TEL　(03) 3813-7199
　　　FAX　(03) 3818-7104

発売　㈱　信　山　社
〒113-0033 東京都文京区本郷6-2-9-102
　　　TEL　(03) 3813-1019
　　　FAX　(03) 3818-0344

制作：編集工房 INABA　　印刷・製本／松澤印刷
Printed in Japan, ©著者 2000

ISBN4-7972-9224-5 C3332

みぢかな法学入門　慶應義塾大学名誉教授 石川 明 編　■2,500円

有澤知子（大阪学院大学）／神尾真知子（帝京平成大学）／越山和広（近畿大学）
島岡まな（亜細亜大学）／鈴木貴博（東北文化学園大学）／田村泰俊（東京国際大学）
中村壽宏（九州国際大学）／西山由美（跡見学園女子大学）／長谷川貞之（駿河台大学）
松尾知子（京都産業大学）／松山忠造（山陽学園大学）／山田美枝子（大妻女子大学）
渡邊眞男（常磐大学短期大学）／渡辺森児（平成国際大学）

みぢかな民事訴訟法　慶應義塾大学名誉教授 石川 明 編　■2,800円

小田敬美（松山大学）／小野寺忍（山梨学院大学）／河村好彦（明海大学）
木川裕一郎（東海大学）／草鹿晋一（平成国際大学）／越山和広（近畿大学）
近藤隆司（白鷗大学）／坂本恵三（朝日大学）／椎橋邦雄（山梨学院大学）
中村壽宏（九州国際大学）／二羽和彦（高岡法科大学）／福山達夫（関東学院大学）
山本浩美（秋田経済法科大学）／渡辺森児（平成国際大学）

みぢかな商法入門　酒巻俊雄（早稲田大学）・石山卓磨（早稲田大学）編　■2,800円

秋坂朝則（佐野国際情報短期大学）／受川環大（岐阜経済大学）／王子田誠（東亜大学）
金子勲（東海大学）／後藤幸康（京都学園大学）／酒巻俊之（奈良産業大学）
長島弘（産能短期大学）／福田弥夫（武蔵野女子大学）／藤村知己（徳島大学）
藤原祥二（明海大学）／増尾均（東亜大学）／松崎良（東日本国際大学）／山城将美（沖縄国際大学）

ゼロからの民法（財産法編）　監修：松浦千誉・片山克行　■2,800円

片山克行（作新学院大学）／小西飛鳥（平成国際大学）／中村昌美（拓殖大学）
中山泰道（佐賀大学）／花房博文（杏林大学）／松浦聖子（十文字学園女子大学）
松浦千誉（拓殖大学）／村田彰（佐賀大学）／森田悦史（国士舘大学）

ゼロからの民法（家族法編）　監修：松浦千誉・片山克行　■2,800円

遠藤みち（税理士）／岡部喜代子（東洋大学）／片山克行（作新学院大学）
小石侑子（杏林大学）／河野のり代（明治大学）／中村昌美（拓殖大学）
永山榮子（共立女子大学）／松浦千誉（拓殖大学）／松山忠造（山陽学園大学）
村田彰（佐賀大学）／森田悦史（国士舘大学）

これからの 家族の法（親族法編）　奥山恭子 著（帝京大学）　■1,600円

市民カレッジ◆知っておきたい 市民社会の法　会計検査院長 金子 晃 編著

石岡克俊（慶応義塾大学産業研究所）／山口由紀子（国民生活センター）　■2,400円

Invitation 法学入門　304頁　■2,800円

岡上雅美（新潟大学）／門広乃里子（実践女子大学）／船尾章子（龍谷大学）
降矢順子（玉川大学）／松田聰子（帝塚山学院大学）

発行：不磨書房／発売：信山社